Max Bense

Theorie der Texte

ASPEKTE DER AVANTGARDE

dokumente, manifeste, programme

Herausgegeben von Anja Ohmer

Band 7

Max Bense

Theorie der Texte

Eine Einführung in neuere Auffassungen und Methoden

WEIDLER Buchverlag

Für Elisabeth Walther

Printed in Germany

ISBN 978-3-89693-435-2

Herstellung durch Frank & Timme GmbH
Wittelsbacherstraße 27a, 10707 Berlin
info@frank-timme.de

www.weidler-verlag.de

Inhalt

ANJA OHMER: Logik und Poesie: Zur Texttheorie von Max Bense 7
Vorwort 27
Informationstheoretische Grundbegriffe 29
Allgemeine Bewußtseinstheorie 43
Elemente und Zeichen 51
Allgemeine Grundlagen moderner Ästhetik 55
Allgemeines Schema ästhetischer Kommunikation 75
Kritik und Kommunikation 77
Textsemiotik 81
Der textstatistische Aspekt 87
Grundlagen der Textsemantik 99
Topologische Texttheorie 127
Allgemeine Textästhetik 141
Textsorten 151
Theorie der Interpretation 155
Natürliche und künstliche Poesie 161
Experimentelle Schreibweisen 167
Literaturverzeichnis 169
Namensverzeichnis 171
Sachwörterverzeichnis 173

Anja Ohmer

Logik und Poesie: Zur Texttheorie von Max Bense

Mit der vorliegenden Ausgabe wird eine zentrale Schrift zur Literaturästhetik und Texttheorie von Max Bense neu herausgeben und damit nach langer Zeit wieder der interessierten wissenschaftlichen Öffentlichkeit zugänglich gemacht.

Die „Theorie der Texte", 1962 bei Kiepenheuer& Witsch erschienen, wurde weltweit rezipiert. Sie hat die Entwicklung der Computerkunst und der aleatorischen Literatur ebenso beeinflusst wie die literaturwissenschaftliche Texttheorie im Nachkriegsdeutschland. Nach einer Zeit der hochideologischen Forschung und restriktiv gehandhabten Wissenschaft in den Universitäten, bemühte sich Max Bense wie kaum ein Wissenschaftler in dieser Zeit um einen bewusst sachorientiert-präzisen, ideologiefreien Zugang zum Text. Das heute so dringlich geforderte diziplinenübergreifende Denken hat Max Bense in seinen Arbeiten früh verwirklicht.

„Modern ist, wer seinem Zeitalter gewachsen ist"[1], schreibt Bense 1946. Als ein intellektueller Wanderer zwischen der geistes- und naturwissenschaftlichen Welt war Max Bense seiner Zeit weit voraus.

In „Theorie der Texte" führt er in herausragender Weise Philosophie und Physik, Informations- und Kunsttheorie, Linguistik und Literatur zusammen. Seine (Text-)Ästhetik ist eine rational ausgerichtete Ästhetik, die sich vor allem mathematischer und experimenteller Methoden bedient. Sie ist damit eher eine technologische als eine metaphysische Ästhetik mit überwiegend mathematischen, nicht philosophischen Begriffsbildungen. Er nimmt in seiner Positionsbestimmung der Ästhetik eine radikale Umorientierung vor zu einer Verwissenschaftlichung der ästhetischen Untersuchungen. Benses Zugriff auf den Text und ist einer der frühsten und interessantesten Ansätze der Verwendung des Computer in der Kunst. Was heute als Computerkunst im internationalen Kunstbetrieb alltäglich ist, hat seinen Ausgangspunkt in den frühen sechziger Jahren an der Technischen Hochschule Stuttgart im Kreis um Max Bense.

Benses Ästhetik und Texttheorie findet in der Konkreten Poesie und Malerei der fünfziger und sechziger Jahre wichtige Verbündete wie Eugen Gomringer und Max Bill in der Hochschule für Gestaltung in Ulm.

---

1 Bense, Max: Der geistige Mensch und die Technik (1946), in: Ausgewählte Schriften, hrsg. von Elisabeth Walther, Stuttgart 1998, Bd.1, S. 73-162.

Auch Autoren wie Heißenbüttel, Döhl, Harig, Mon, Jandl und andere verdanken Max Bense ebensoviel wie brasilianische, japanische, französische und spanische Konkretisten. Bense bringt die nationale und internationale Avantgarde dem deutschen Publikum näher und bemüht sich immer wieder um eine neue, ideologiefreie und experimentierfreudige Literatur.

Max Benses theoretischer Zugriff auf den Text zielt auf eine Verwissenschaftlichung der Literaturtheorie im ideologiegeschädigten Deutschland der Nachkriegszeit. Immer wieder kritisiert er die mangelnde innere Klassifikation der herrschenden Literaturtheorie. „Sie stellt zu allgemein auf vage umrissene Wissenschaften wie Historie, Psychologie und Soziologie sowie auf Begriffe allgemeiner Stilistik ab, statt auf konzise Theorien, die, nicht-literarischen Ursprungs, auf singuläre literarische Probleme angewendet werden können“[2], schreibt er im Augenblick, der führenden deutschen Intellektuellenzeitschrift in den Sechzigern. Angesichts der Probleme zerfalle die Literaturtheorie in zwei Hauptbereiche, die Literaturphysik und die Literaturästhetik. Zwischen diesen beiden Bereichen pendelt nach Bense die Texttheorie. Seine auf Rationalität basierende Texttheorie ist immer auch in den geschichtlichen Kontext der Nachkriegszeit zu verorten.

> Unseres Erachtens kann nur eine Literaturtheorie, deren Effekt in der methodischen Anwendung von Theorien nicht-literarischen Ursprungs besteht, dem evidenten Zurückbleiben der ideologisierenden offiziellen und offiziösen Literaturwissenschaft entgegenarbeiten. Rationalität war noch immer der erfolgreiche Gegner der Ideologie.[3]

Max Benses Lust an der Provokation und seine Suche nach neuen ästhetischen Ausdrucksformen sorgte nicht nur an seinem Hauptwirkungsort, der Technischen Hochschule Stuttgart (heute Universität Stuttgart) für heftige Diskussionen, sondern prägte darüber hinaus auch im internationalen Bereich die Atmosphäre der sechziger Jahre.

Die Situation der Ästhetik in dieser Zeit kann man, trotz aller individuellen Abweichungen und Akzentuierungen, typologisch folgendermaßen zusammenfassen: es gibt eine marxistische oder sozialästhetische Richtung westlicher oder östlicher Prägung, eine phänomenologisch- hermeneutische und eine empirische oder informationsästhetische Richtung der Ästhetik. Zu den Hauptexponenten der ersten Richtung kann man Georg Lukács, Herbert Marcuse und Theodor W. Adorno rechnen, zu der

---

2 Bense, Max: Klassifikation in der Literaturtheorie. In: Augenblick, 3. Jahrgang, 2. Heft (1958), erscheint demnächst neu in der Reihe „Aspekte der Avantgarde“, hrsg. von Anja Ohmer, Berlin 2006, Bd.3.

3 Ebd.

zweiten Hans-Georg Gadamer und zu der dritten Abraham M. Moles und Max Bense.

Das Verbindende aller drei Richtungen ist ihre Ablehnung der traditionellen idealistischen Genieästhetik, sofern diese unter metaphysischem Einfluss steht und von sich proklamiert, sie wisse, was Schönheit und Kunst sei, indem sie Kunstwerke unter dem Aspekt eines allgemeinen Wesens zusammenfasst, das Idee oder Ideal genannt wird. Während aber die ersten beiden Richtungen die Möglichkeiten moderner Ästhetik in einer anders gearteten Verwurzelung in der Tradition sieht, nimmt die Informationsästhetik, die Max Bense maßgeblich in Deutschland repräsentiert, eine gesonderte Rolle in den bisherigen Versuchen ein. Max Bense hat den für die Geschichte der Ästhetik entscheidenden Schritt gemacht, indem er die Ästhetik aus den Bereichen Philosophie und Metaphysik herausführt und von der Interpretation ablöst. Ästhetik bedeutet für ihn eine abstrakte Ästhetik, die auf alle Formen ästhetischer Objekte universal anwendbar ist. Dabei geht Bense nicht wie die klassische Ästhetik von einer philosophischen Konzeption aus, sondern von einer methodologischen, an objektiven Problemen orientierten Konzeption. „Wir sprechen wieder von einer poietike techne", sagt Bense 1964.

Bense differenziert zwischen einer allgemeinen und einer speziellen Ästhetik. Die allgemeine Ästhetik, die als abstrakte Theorie „das Ästhetische" losgelöst von Prozessen und Objekten untersucht unterscheidet er von der „speziellen Ästhetik", die relational zum ästhetischen Prozess „das Ästhetische" untersucht. Er spricht nicht mehr vom Kunstwerk im allgemeinen, sondern vom ästhetischen Träger. Bense arbeitet mit mathematischen und empirischen Verfahrensweisen und strebt die Form einer Theorie an. Unter Verzicht auf alle metaphysischen und philosophischen Begriffe entwickelt er, „nicht die Vorstellung eines abgeschlossen oder abschließbaren und auf künstlerische Bereiche und Gattungen übertragbaren Systems, sondern einer wissenschaftlichen Theorie, eines Gefüges von Methoden und Theoremen, deren Anwendung eine für immer mehr oder weniger offene Forschungsdisziplin ermöglicht."[4] Vergegenwärtigt man zudem, dass Bense eine Ästhetik entwirft, die nicht nur eine Ästhetik der Künste, der traditionellen und modernen, sein will, sondern so allgemein und abstrakt ist, dass sie sich „auf die Klasse der ästhetischen Objekte" im allgemeinen bezieht und diese spezifische „ästhetische Realität" nicht hermeneutisch, sondern numerisch feststellend beschreibt, dann

4 Bense, Max: Aesthetica. Einführung in die neue Ästhetik, Baden-Baden 1965, S.10. Vgl. auch die aus der Bense-Schule entstandene Schrift von Siegfried Maser: Numerische Ästhetik. Neue mathematische Verfahren zur quantitativen Beschreibung und Bewertung ästhetischer Zustände, Stuttgart und Bonn 1971.

erhält Benses Anspruch auf Wissenschaftlichkeit und Offenheit eine andere Dimension.

Seine Typologie der Ästhetiken differenziert zwischen „Interpretationsästhetiken“ und der „Objektästhetik“, dementsprechend unterscheidet er zwischen zwei Grundtypen der Ästhetik: einem Hegelschen und einem Galileischen Typus. Nach Bense ist der erste eine Form der Ästhetik, die das ästhetische Sein durch metaphysische Ideen und Ideale bestimmt. Sie lässt „keine Forschung im expliziten Sinne, noch nicht einmal eine Beschreibung“, sondern lediglich „Interpretation“ zu. Dagegen gesteht der Galileische Typ dem ästhetischen Sein „höchsten Eigenwert“[5] zu, der auch feststellbar sein muss. Bense fasst die moderne Ästhetik als Galileische Ästhetik und betont damit zugleich seine Differenzierung zwischen der ‚physikalischen Realität‘ und der ‚ästhetischen Realität‘ eines Kunstwerks. Die physikalische Realität versteht er dabei nur als materiellen Träger der ästhetischen Realität der Kunstobjekte, der als solcher meßbar ist. „Jede Frage nach ‚Realität‘ lässt sich danach auf zweierlei Weise beantworten: feststellend und interpretierend. Die Feststellung erzielt Objektivität, erkauft sie aber durch den Detaillismus gewonnener (numerischer Meß-) Werte, die Wirklichkeit bezeichnen. Der *Interpretation* haftet Subjektivität an, sie kann aber dafür eine geschlossene, systematische, zusammenhängende Wirklichkeitsvorstellung erreichen.“[6] Bense lehnt also die hermeneutische Richtung nicht, wie häufig behauptet, vollständig ab.

Die technologische Ausrichtung seiner Ästhetik wird an seiner Formulierung von drei Mindestanforderungen evident: 1. Das materielle Substrat, 2. Die Machbarkeit und 3. Die Interpretierbarkeit der Kunst und Literatur. Verbunden mit den vier Höchstanforderungen: 1. Triadische Zeichenfunktion, 2. Ordnungsrelation, 3. Ästhetische Unbestimmtheitsrelation und 4. Wertrelation[7] zeigt sich der kategoriale Zusammenhang zwischen der ästhetischen Information und den drei Mindest- und vier Höchstanforderungen. Benses Texttheorie basiert auf der allgemeinen Informationstheorie der Kommunikationsforschung. Er versteht jeden Text zunächst im generellen Sinn als Nachricht. Eine Information im ästhetischen Sinne ist nach Bense als Nachricht und Botschaft „ein ausgedehntes Gebilde“ mit einem materialen Träger, dem eine „kommunikative Rolle“, eine Übermittlungsfunktion zukommt. Die ästhetische Information ist aus „Zeichen“ aufgebaut und kann einem gewissen „Ordnungs-

5 Ebd. S. 317.
6 Ebd. S.318.
7 Ebd. S. 320.

schema“ unterworfen werden, sie ist „störanfällig“ und weist eine „Unbestimmtheit“ auf.[8]

Die von Bense vertretene Informationsästhetik differenziert zwischen einem semantischen und einem ästhetischen Informationsbegriff, der sich aus der Art und Weise ergibt, wie ein Außenstehender auf eine Information reagiert. Ist die Information logisch strukturiert, aussprechbar, zweckgebunden und in eine fremde Sprache übersetzbar, dann hat die Information semantischen Charakter. Reagiert man aber auf eine Information so, dass sie nur Auslöser für einen inneren Zustand dient, sie nicht direkt übersetzbar, sondern kanalspezifisch ist, dann hat die Information ästhetischen Charakter. Moles betont die Relevanz der Differenzierung zwischen der semantischen und der ästhetischen Information besonders bei der Strukturanalyse von Kunstwerken. „In einem Theaterstück gehören Inhalt, Handlung und Fabel zur semantischen Information, desgleichen grammatische Strukturen und logische Implikationen. Das Spiel der Darsteller, die Wärme ihrer Stimme, Ausdruck und Reichtum der Regie gehören zur ästhetischen Information. Doch ist zu bedenken, daß beide Informationen, obwohl sie materiell miteinander verbunden sind, eigenen, unabhängigen Strukturregeln gehorchen.“[9] Nach Moles wendet sich die semantische Information an die allgemeine Struktur des Menschen, an sein Wissen von Zeichen, Stilen usw. die man mit Redundanz bezeichnet. Dagegen ist die aleatorische ästhetische Information nicht mess- und bestimmbar. Ihre spezifische Variabilität für den Empfänger beinhaltet maximale Orginalität, die der Redundanz dialektisch gegenübersteht. Moles sieht in dem spezifischen Charakter der ästhetischen Information den Grund für die fehlenden Untersuchungen zu dem Strukturgesetzen der ästhetischen Information. Die Informationsästhetik nach Bense und Moles befasst sich aber nicht nur mit der funktionalen Analyse der ästhetischen Information, sondern versteht sich als generative Ästhetik oder als Erzeugungsästhetik, die darüber hinaus ästhetische Strukturen durch Programme entwirft und realisiert. Diese „Programmierung des Schönen“[10], wie ein Titel von Max Bense lautet ist Ziel und Aufgabe der Ästhetik der Benseschen Schule.

In seiner Texttheorie geht Max Bense von einer breiten Konzeption des Wortes „Text“ aus. Er bezieht in seinen Textbegriff nicht nur „‚kunstobjekte‘ aus wörtern (poesie)“ ein, sondern auch „‚designobjekte‘ aus wörtern (werbung)“ in die Texttheorie ein.

---

8 Ebd. S.327.

9 Moles, A.A.: Informationstheorie und ästhetische Wahrnehmung, Köln 1971, S.174.

10 Bense, Max: Programmierung des Schönen. Allgemeine Texttheorie und Textästhetik (= Aesthetica 4), Baden-Baden und Krefeld 1960.

Die Texttheorie von Max Bense umfasst „grundsätzlich nicht nur alle Formen klassischer poetischer und literarischer Produktionen, Gedicht, Drama, Roman Novelle, Aphorismus, Essay usw. ein, sondern auch Reportage, Feature, Feuilleton, Nachricht, Werbung, Ansage Bericht, Begleittexte für visuelle Mitteilungen usw.“[11]

Auf der Grundlage eines textalgebraischen mengentheoretischen Textbegriffs, wird „Text“ einfach als „beliebige materiale menge von wörtern“ definiert. Bense unterscheidet dabei verschiedene Textstrukturen: Die metrische Textstruktur, die statistische Textstruktur und die topologische Textstruktur. Zu der statistischen Textstruktur unterscheidet er zusätzlich Markoffsche Texte, bei der topologischen Textstruktur differenziert er zwischen visuellen und konkreten Texten und zwischen abstrakten und konkreten Texten.

Die metrische Textstruktur entspricht dabei der Ebene überwiegend optophonetischer Bezüge der Kohäsion, wobei Wörter und Sätze traditionell entsprechend der Syntax gereiht werden. Die metrische Textstruktur arbeitet mit Versen, Zeilen und Strophen. Sie verwendet Metaphern und gestaltet den Text mit metrischer Ordnung. Bense führt als metrischen Text das Gedicht „Das helle Dorf“ von Arno Schmidt an. Der Text ist strukturiert durch fünf- bis sechszeiligen Abschnitte mit je siebenfacher Untergliederung über drei vierwortige Themen.

> Das helle Dorf: es schlug erwachend alle blanken Fenster auf; jedes Haus krähte wie ein Hahn, und Gardinen wippten dazu mit den pastellenen Flügeln. (Eine hatte dicke rote Punkte drauf; hübsch, über geblähtem Hellgelb.)
> Büsche in seegrünen Schuppencapes erschienen an allen Wegen, und winkten mich zitternd und sehnsüchtig tiefer die Straße entlang; standen als Zuschauer am Wiesenrand; machten schlanke Gymnastik; wischelten lüstern auf Chlorophyllzungen, oder pfiffen plötzlich laute Triller: die Büsche.
> Die Magd im violetten Kittel stürzte den Eimer und gelbes glitzerndes Abwasser, daß ihre schwarzen Fliegen unten murmelten. Blaunarbiger Kohl und schlappe Zwiebelstacheln. Wieder kloppte die flinke Tür: und besiegelte die Stille. Gut. (Stille: gut!)“ (Arno Schmidt)

Von der metrischen Textstruktur unterscheidet Bense die statistische Textstruktur, die die Wortverteilung im Verhältnis zum Sprachstandart untersucht. Bense betont oft, dass zum Handwerkszeug eines Schriftstellers ein Häufigkeitswörterbuch gehöre, wie z.B. Friedrich Wilhelm Kädings „Häufigkeitswörterbuch“ (1898) oder dessen Überarbeitung in Helmut Meiers „Deutsche Sprachstatistik“ (1964).[12]

---

11 Bense, Max: Klassifikation in der Literaturtheorie, in: Augenblick 3. Jahrgang, 2. Heft.

12 Konrad Balder Schäuffelen verarbeitet die 999 häufigsten Wörter des Deutschen. Vgl. dazu: „beseitigt dichters. Aus der deutschen Rangliste“, in: Elisabeth Walther und Ludwig Harig (Hrsg): muster möglicher welten. Wiesbaden 1970, S.157-159.

Benses Beispiel eines statistischen Textes ist das System aller zufälligen Textereignisse als System der Teilmengen der Menge von sechs elementaren Wortereignissen.

> es, ist, wenn, aber, doch, nicht; es ist, es doch, es aber, wenn es, wenn ist, es nicht, aber ist, doch ist, wenn doch, wenn aber, nicht ist, aber doch, doch nicht, wenn nicht, aber nicht; wenn es ist, es aber ist, ist es doch, wenn es aber, wenn es doch, es aber doch, es nicht ist, es doch nicht, wenn doch ist, wenn aber ist, aber doch ist, es aber nicht, wenn es nicht, doch nicht ist, wenn aber doch, wenn nicht ist, ist aber nicht, wenn doch nicht, wenn aber nicht, aber doch nicht; wenn es aber ist, es aber doch ist, wenn es doch ist, wenn es aber doch, es doch nicht ist, wenn es nicht ist, es aber nicht ist, wenn es aber nicht, wenn aber doch ist, es aber doch nicht, wenn es doch nicht, wenn doch nicht ist, aber doch nicht ist, wenn aber nicht ist, wenn aber doch nicht; wenn es aber doch ist, wenn es aber nicht ist, wenn es doch nicht ist, es aber doch nicht ist, wenn es aber doch nicht, wenn aber doch nicht ist; wenn es aber doch nicht ist.
>
> (Max Bense)

Die statistische Textstruktur arbeitet nicht mit Rhythmik, Periodik und Metrik, sondern mit der Häufigkeit, mit der sich bestimmte Textzustände ereignen. Zufällige Mischungsgrade, die Bense als „Textentropien“ bezeichnet, lassen dabei unwahrscheinliche Textereignisse entstehen. Bei Arno Holz, der im „Phantasus“ ungewöhnliche Silbenmischungen wie z.B. „kokosfasermattenbelegt“ zum poetischen Träger macht, sieht Bense die statistische Schreibweise verwirklicht. Als Beispiel führt Bense folgenden Text von Arno Holz aus dem „Phantasus“ auf:

Die alten
Eisenholzlaffetigen
buckelbilderigen, buckelringigen, buckelschilderigen
Bronzekanonen,
Bronzehaubitzen, Bronzemörser, Bronzehaufnitzen
Bronzebasilisken,
Bronzekartaunen und Bronzefalkaunen
unten im Hafen werden
abgeprotzt:
siebenundsiebzig
donnerdröhnbummerbrummernde
Salutschüsse,
Puff ... pro ... Puff
fünfundsiebzigtausendachthundertundneunundsechzig
Piaster

Eine weitere Betrachtungsweise der Herstellung und Struktur eines Textes ist die Analyse eines Textes als Umgebungssystem für Worte. Dies bezeichnet Max Bense in verschiedenen Schriften als topologische Textstruktur. Er geht dabei davon aus, dass Texte als Umgebungssystem von

Wörter betrachtet werden können und dass Wörter bevorzugte Umgebungsklasse besitzen. Im ästhetischen Schreibprozess, wie z.B. in der Bildung von Metaphern werden diese gewohnten Umgebungsklassen verändert. Hier wird das Wort durch den Kontext verändert. Die topologische Textstruktur beschreibt schließlich die Elemente überwiegend sematischer Bezüge der Kohärenz. Bense unterscheidet hier hochkonstistent gebrauchte Kohärenz als Kontex von einer nur schwach konsistente als Konnex. Für Texte mit topologischer Struktur sind weder die metrischen Distanzverhältnisse noch die statistisch Häufigkeitsverteilung relevant, sondern die Umgebung des Wortes in Kontext. Bense definiert dies als

> texte als umgebungssysteme b.z.w. umgebungsklassen konventioneller oder nichtkonventioneller art. lineare oder flächige konnexe von wörtern, die deformiert oder nicht-deformiert sind; arrangements von konnexen, die wörter gemeinsam oder nicht gemeinsam haben; metaphern, die abbildungen eines wortschatzes in einen anderen sind; separierte oder nichtseparierte konnexe oder texte, offene oder abgeschlossene wörtermengen; wörtermengen, denen nur einsilbige wortschätze oder nur einwortige wortschätze zugrunde liegen, ketten, graphen aus wörtern oder bloßen morphemen, all dies gehört zu den konstruktiven elementen und verfahren der topologischen schreibweise.[13]

Als Beispiel für einen topologischen Text zeigt Bense dieses Gedicht von Fernando Pessoa, das einen menschen- und naturbezogenen Wortschatz abbildet.

> Os nossos dedos foram vinho novo
> correndo ä pele do corpo alegremente
> foram pö de flores foram cantigas
> que so as sabe o vento.
> Viajaram por nös os nossos dedos
> *como* o vento na erva da manhä.
>
> Unsere Finger waren neuer Wein,
> der heiter über die Haut des Körpers floß.
> Sie waren Blütenstaub, sie waren kleine Lieder,
> die der Wind nur kennt.
> Unsere Finger gingen für uns spazieren
> wie der Wind durch das Gras am Morgen ...[14]

In der statistischen und der topologischen Auffassung von Texten liegt nach Bense ein großes Potential, denn sie ermöglichen

> nicht nur neue mathematisch orientierte Beschreibungen, sondern auch neue Formen und Schreibweisen, die erprobt werden müssen, und im Unterschied zu den bisher üblichen führen die statistische und die topologische Schreib-

---

13 Bense, Max: experimentelle schreibweisen. (edition rot text 17), Stuttgart 1964.

14 Ebd.

weise zu viel weniger speziellen, als vielmehr äußerst generalisierten Formen und liegt ihr Reiz weniger in makroästhetischen als in mikroästhetischen Zusammenhängen.[15]

Bei der Gruppe der statistischen Texte unterscheidet Bense in verschiedenen Schriften zusätzlich die ‚Markoffschen Texte'. Dabei bezieht er sich auf den Ausdruck ‚Markoffketten', der in der Mathematik für die Verkettung von Wahrscheinlichkeiten benutzt wird. Markoffsche Texte entstehen, wenn verschiedene Stufen der statistischen Annäherung von Wortfolgen an einen sinnvollen Satz durchlaufen werden und diese Stufen selbst zum Eigentlichen des Textes werden. Der Text zeigt dabei, wie die Wahrscheinlichkeit des Auftreten eines bestimmten Wortes oder einer bestimmte Folge von Worten von der Wahrscheinlichkeit vorangehender Worte oder Wortgruppen abhängt. Bense bezieht sich hier auf mathematische Untersuchungen von Shannon, der die statistische Annäherungen von Buchstaben an sinnvolle Worte bzw. von analysiert hat. Stufen der Auswahl[16] bestimmen die Annäherung.

Grundlage für das folgende Textbeispiel eines Markoffschen Text ist das von Elisabeth Walther erstellte Häufigkeitswörterbuch von ihren deutschen Übersetzungen einiger Werke von Francis Ponge. Es enthält 5.126 Worte, darunter 1.562 verschiedene. Zur besseren Unterscheidung zunächst nochmals einen stochastischen Text:

Nicht jeder Blick ist nah. Kein Dorf ist spät. Ein Schloß ist frei und jeder Bauer ist fern. Jeder Fremde ist fern. Ein Tag ist spät. Jedes Haus ist dunkel. Ein Auge ist tief. Nicht jedes Schloß ist alt. Jeder Tag ist alt. Nicht jeder Gast ist wütend. Eine Kirche ist schmal. Kein Haus ist offen und nicht jede Kirche ist still. Nicht jedes Auge ist wütend. Kein Blick ist neu. Jeder Weg ist nah. Nicht jedes Schloß ist leise. Kein Tisch ist schmal und jeder Turm ist neu. Jeder Bauer ist frei. Jeder Bauer ist nah ...

Im Unterschied dazu die verschiedenen Stufen des Markoffschen Textes:

1. sehr drollig gehalten haften Skala lückenhaft mir Prügel Gegenstand untersuchen der sich einweisen um annehmbar Wagemut
2. hält fliehen vollkommen kleiner träumt her über herlaufen feinsten vermag Himmel vertrauen setzen tausenden Kiellinie niemals Grenze

---

15 Bense, Max: modelle. (edition rot text 6), Stuttgart 1961.

16 „Die erste Annäherung an den Text erfolgt durch Auswahl der Worte bzw. der Wortfolge aus einem Wörterbuch, in dem jedes Wort einmal (also gleichwahrscheinlich) vorkommt. Die zweite Annäherung erfolgt durch Auswahl der Worte bzw. der Wortfolge aus einem Repertoire, in dem die Worte im Verhältnis ihrer Häufigkeit, wie sie für einen Autor, eine Sprache, ein Werk oder eine Gruppe von Werken usw. charakteristisch ist, vorhanden sind. Die dritte und weitere Annäherung erfolgt durch Auswahl aus einem Repertoire, in dem die Worte im Verhältnis der Häufigkeit gemeinsamen Vorkommens zu zweit, zu dritt usw. enthalten sind." Bense, Max: modelle. (edition rot text 6), Stuttgart 1961.

3. als im im anderen Weg der von die ermutigt Himmel den mit Körper einige der aus
4. sich immer lassen Stolz betrifft nur die alle Idee von läßt mich die weniger zu bewegen und darüber
5. wie ein machen ist könnte aber wessen Mensch Geist heißt daß nur der mehr sei ist das Fest
6. Milieu des beim Angriff nur der Kieselstein ganz ewig hin wie Erdkugeln doch so stolz davon verzichteten"[17]

Generell stellt Bense fest, dass sich in der experimentellen Poesie die verschiedenen Textsorten überschneiden, vor allem die statistische und die topologische Textstruktur, die in visuellen Texten, wie den flächigen Konstellationen ineinander übergehen. Von daher geht Bense nahezu von einer Übereinstimmung der topologischen mit der materialen Schreibweise aus. Bense definiert einen materialen Text als Text, der die Verwendung und Stellung eines Wortes im Gedicht nicht von seiner herkömmlichen Bedeutung abhängig macht, sondern von seinen strukturellen und ästhetischen Funktionsmöglichkeiten. Die materiale Schreibweise eines Textes hängt wiederum von der materiellen Funktion des Textes ab, der von dem Kontext der Wörter abhängt. Bense sieht insbesondere in den Konkreten Texten der Noigandres Gruppe die topologische Struktur der Texte im Vordergrund.

Auf dieser Grundlage differenziert er den „visuellen" vom „konkreten" Text.

> ein ‚visueller text' ist ‚material', sofern die optischen aspekte der sprachlichen zeichen ihre Verwendung als ästhetisches ‚material' bestimmen. hingegen wird von ‚konkreten texten' (oder von ‚konkreter poesie') gesprochen, wenn die sprachlichen elemente in ihrer triadischen funktion des verbalen, visuellen und vokalen gleichzeitig und ebenso semantisch wie ästhetisch ausgenützt werden, wenn also der text (partiell oder total) seine sprachliche eigenwelt mit seiner sprachlichen außenwelt identifiziert oder, wie man auch sagen kann, wenn das, was die Wörter (mit ihren morphemen oder ihren konnexen) inhaltlich ausdrücken, im visuellen arrangement und in der vokalen wiedergabe gespiegelt ist. [18]

Bense fasst den Konkreten Text als flächiges bzw. visuell-materiales Ikon eines intentionalen Kontextes. Ludwig Harig schreibt dazu:

---

17 Ebd.

18 Bense, Max: experimentelle schreibarten, (edition rot text 17).

> Dieses Geschaffene aus Sprache hieß – wie Max Bense es formulierte: Text; und es war nicht eigentlich etwas Geschaffenes: es war hergestellt, konstruiert, gemacht. Es war berechenbar, und es wurde gelernt.[19]

Ein Konkreter Text ist z.B. der folgende von José Lino Grünewald:

vai e vem

vem e vai

Darüberhinaus unterscheidet Bense zwischen abstrakten und konkreten Texten.

> abstrakte texte sind texte, die an stelle konkreter substantivischer, verbaler, adverbaler oder adjektivischer bedeutungen variablen enthalten. konkrete texte hingegen sind texte, die in stärkstem Maße auf genau diese konkreten substantivischen, verbalen, adverbalen oder adjektivisch auftretenden daten oder ihre linearen und flächigen systeme reduziert sind. im anschluß hieran gewinnen die begriffe VARIABLENFREIE und MATERIALE TEXTE ihren sinn. variablenfreie texte sind texte über den rein sprachlichen funktoren b. z. w. partikeln, die keine variablen und keine konkreta mehr enthalten. materiale texte sind texte, deren sinn ausschließlich auf der linguistischen eigenweltdes verwendeten sprachlichen materials beruht. ihr gegensatz besteht in den INTENTIONALEN texten, deren sinn auf der in das linguistische material übertragenen außenwelt beruht. semiotisch gesehen stellen die materialen texte bloße symbole, die intentionalen texte aber ikone oder indices dar.[20]

Die folgenden Beispiele sollen Bense Differnzierungen verdeutlichen. Bense gibt nachstehendes Beispiel für einen abstrakten Text:

es ist nicht wahr daß es dann und nur dann wahr ist daß es wenn es nicht wahr ist daß es

Als Beispiel für einen materialen Text nennt Bense:

laublaublaublaublaublaublaublaublaublaublau

Ein variablenfreier Text kann nach Bense folgendermaßen aussehen:

wahr Ist wahr dann und nur dann wenn nicht wahr nicht wahr oder nicht wahr und wahr nicht wahr ist

Ein Beispiel für einen konkreten Text nach Bense edition rot 6 ist folgender Text von Gertrude Stein:

americans and apricots american apricot apricot americans apricots and americans

Ein intentionaler Text sieht nach Bense so aus:

---

19 Harig, Ludwig: Im geheimen ein spiel. In: zeichen von zeichen für zeichen. □festschrift für max bense. [zum 80. geburtstag], herausgegeben von Elisabeh Walther und Udo Bayer, Baden-Baden 1990, S 245f.

20 Bense, Max: modelle. (edition rot text 6).

Verfolger verfolgen die Verfolgten. Verfolgte aber werden Verfolger. Und weil Verfolgte Verfolger werden werden aus Verfolgten verfolgende Verfolgte und aus Verfolgern verfolgte Verfolger

Als Beispiel für einen linearen Text nennt Bense:

wenn es wahr ist daß es ist und wenn es wahr ist daß es war ist es wahr daß es wahr ist daß es ist und daß es war

Abstrakte Texte können durch die ausschließliche Benutzung von grammatikalischen und logischen Bestandteile herstellt werden, also durch das was Bense logistisch die Konstanten und Funktoren nennt. „Wenn so oder wenn dann was nicht und“[21] Konkrete Texte bestehen aus der flächigen Anordnungen von Wörtern, bevorzugt von Substantiven und Prädikativen, den sog. „Konkreta“. Diese werde nichtsemantisch und frei von grammatikalischer Ordnung oder Logik zweidimensional angeordnet.

Bense differenziert weiterhin zwischen zwölf Textsortenpaare, um jeden Text mit Hilfe einer „textmengenlehre, (...), textstatik und (...) texttopologie“ zu klassifizieren. Der Grad der Ausdifferenzierung zeigt Benses hohe mathematische Formalisierung und Abstraktion, die immer wieder auch das Verstehen seiner Texttheorie für die Literaturwissenschaft schwierig macht.

Ausgangspunkt der Texttheorie ist die Unterscheidung von intentionaler und nichtintentionaler Werkgenese, d.h. er klassifiziert vom Standpunkt der Textproduktion. Benses Aufteilung überschneidet sich an verschiedenen Stellen. In der „Theorie der Texte“ unterscheidet er als Textpaare semantische und nichtsemantische Texte, prädikative und mechanische Texte, konstruktive und automatische Texte, logische und stochastische Texte, abstrakte und konkrete Texte, determinierte und randomisierte Texte, hochentropische und niederentropische Texte, reduzierte und komplexe Texte, offene und geschlossene Texte, homogene und heterogene Texte, Textschiffe und Textstücke, Textfluß und Textmontage.

Die Unterscheidung zwischen semantischen und nichtsemantischen Texten entspricht indirekt der Differenzierung zwischen intentionaler und nichtintentionaler Textgenese. Die Verwendung von Semantik erfordert eine Aussage- oder Wirkabsicht, demgegenüber kann ein syntaktisches Spiel rein mechanisch ablaufen. Nichtsemantische Texte haben keine inhaltliche Konzeption, keine festgelegte Bedeutung. Nach Bense können sie rein statistisch wie Shannonsche Approximationen in Markoffketten erzeugt werden oder einfach durch willkürliche Wortreihung. Max Bense legt folgendes Verfahren zugrunde: jedes neue Zeichen wird so gewählt,

---

21 Bense, Max: Neue Textsorten. In: Augenblick, 1. Heft, 5. Jahrgang Januar- März 1961, erscheint demnächst neu in der Reihe „Aspekte der Avantgarde“, hrsg. von Anja Ohmer, Berlin 2006, Bd.5.

dass es eine Kombination mit den vorhergegangenen Texten ergibt, die in der verwendeten Sprache statistisch wahrscheinlich ist. Destomehr vorangegegangene Zeichen miteinbezogen werden können, umso mehr ähneln die Zeichenketten dem Druckbild. Ein Beispiel von Moles das auf der Zeichenrekurrenz des Deutschen beruht kann das verdeutlichen:

Ordnung 0 (alle Buchstaben sind gleich wahrscheinlich)
ITVWDGAKNAJTSQOSRMOIAVFWTKHXD
Ordnung 1 (die Buchstaben erscheinen mit der Häufigkeit eines normal gedruckten Textes)
EME GKNEET ERS TITBL BTZENFNDGBGD EAI E LASZ BETEATR IASMIRCH EGEOM ...
Ordnung 2 (die Buchstaben beeinflussen sich entsprechend ihrem Trigramm-Wahrscheinlichkeiten)
PLANZEUNDGES PHIN INE UNDEN ÜBBEICHT GES AUF ES SO UNG GAN DICH WANDERSO ...
Ordnung 4 (die Buchstaben beeinflussen sich entsprechend ihrem Tetragramm-Wahrscheinlichkeiten)
ICH FOLGEMÄZIG BIS STEHEN DISPONIN SEELE NAMEN[22]

In der Gruppe der nichtsemantischen Texte unterscheidet Bense verschiedene Textsorten nach ihrer Herstellung. Die Begriffe, die Bense dabei benutzt, sind im folgenden kursiv gesetzt.

Ein *mechanischer Text* entsteht, wenn eine bestimmt Wortart zu einem minimalistischen Katalog zusammengestellt wird. Ein *automatischer Text* entsteht durch Improvisation mit lockeren semantischen Bezügen. Ein *stochastischer Text* entsteht durch die Wortverteilung per Zufallsfunktion. Ein *konkreter Text* entsteht, wenn ausschließlich Substantive, Verben und Adjektive katalogisiert werden. Ein durch Zufallsfunktion lediglich gestörter Text ist ein *randomisierter Text.* Wenn diese Zufälle zur dominierenden Struktur werden, dann spricht Bense von einem *hochentropischen Text.* Ein *reduzierter Text* schränkt das Vokabular auf ein charakteristisches Kohäsionsmuster ein. Ein *offener Text* nimmt diese Selektion so streng vor, sodass sie leicht nachvollzogen und weitergeführt werden kann. Ein in Kohärenz und Kohäsion *heterogener Text* ist ein *Textschliff*, während bei der *Textmontage* die verschiedenen Quellen anhand ihrer Kohäsions- und Kohärenzmuster noch erkennbar sind.

Auch in der Gruppe der semantischen Texte differenziert Bense die Textarten weiter aus. Ein *prädikativer Text* entsteht, wenn jedem Subjekt ein einzelnes Prädikat zugeordnet wird. Ein *konstruktiver Text* parallelisiert die Worte nach Kohäsionsmustern. Ein *logischer Text* erzeugt Aussagen nach logischen Verknüpfungsregeln. Ein *abstrakter Text* ist nach

---

22 Moles, A.A.: Kunst und Computer, Köln 1973, S. 150.

Bense ein Text der nur Konjunktionen, Präpositionen, Partikel und Artikel auf minimalistische Art katalogisiert. Ein *determinierter Text* hat Kohärenz und Kohäsion regelhaft vorgegeben. Ein *niederentropischer Text* verwendet diese Regeln konsistent. Bei einem *kompletten Text* ist das Verfahren hermetisch und unfortsetzbar. Ein *geschlossener Text* hat eine bestimmte semantische Dichte. Ein *homogener Text* ist ein in Kohäsion und Kohärenz hochkonsistenter Text, der ein *Textstück* erzeugt. Ein im ganzen intentional organisierter, festgelegter Text ist nach Bense ein *Textfluss*.

Abraham Moles hat für dieses Fortschreiten von rein werkinternen Bezügen der Kohäsion zu werkexternen Kohärenzmustern die Begriffe *Nah- und Fernordnung* geprägt. Die Kohäsion der Buchstaben oder Zeichen ist die Nahordnung eines Textes. Nach Charles Sanders Peirce kann sie durch rein pragmatisches Schreiben erzeugt werden. Syntaktisch-grammatikalische Relationen zwischen den Wörtern bezeichnet man als *mittlere Reichweite. Fernordnung* besitzt ein Text dann, wenn er Kohäsion und Kohärenz über den ganzen Text konsistent gebraucht. Nach Peirce heißt ein solches Schreiben auch semantisches Schreiben. Es liegt dann vor, wenn sich der Autor auf ein Vorbild in der Realität außerhalb des Werkes stützt, d.h., dass seinem Text ein bewusstes oder unbewusstes Weltbild zugrunde liegt.

Bense unterscheidet weiterhin adjunktive und separierende Schreibweisen.

Ein Text, der durch eine Schreibweise, die durch methodische Hinzufügung bzw. Adjunktion „von Worten zu Sätzen, von Sätzen zu Zeilen, von Zeilen zu Perioden, Abschnitten, Passagen, Kapiteln etc." vom Element zum Text gelangt, nennt *adjunktierte Texte*. Separierende Schreibweisen produzieren dagegen Dünnschliffe:

> Das Schreiben als methodische Zerlegung bzw. Substraktion kommt vom Text zum Element. Es ist eine Konsequenz statistischer und topologischer Textauffassungen. Es geht von einem makroästhetisch hergestellten oder vorgefundenen Text aus und gewinnt daraus zerkleinernd ein abstraktes, konkretes, materiales oder intentionales kleinstes einheitliches Stück, das das statistisch oder intentional wesentliche strukturelle Element, eine ästhetische oder semantische Zelle, wie man sagen muß, aufzeigt. Solche mikroästhetischen Textstücke, zu deren Hervorbringung ebenso viel Methode wie Intuition der Auffindung gehört, sind echte minimale statistische Formen einer separierenden Schreibweise, die im Gegensatz zur adjunktierenden steht und deren Ergebnisse wir Dünnschliffe nennen."[23]

Ein Beispiel für Dünnschliffe ist der folgende Text von Max Bense:

---

23 Bense, Max: modelle. (edition rot text 6).

seitlich an der Straße verbranntes Weiß
schlanker Röhrchen
paralleles Gras der Ruhe
nicht doch auch nicht nicht
morgen war
ich umschreibe auf Umwegen wie niemals
drei Schläge der Nachtigall
vielleicht zunächst wirklich nur
Haut einer Negerin erdacht über deiner
fast milder Nachmittag im Septemberstil
wenn der kleine rote Austin
der Wind ist oder der Wind ist im Rosenbeet ist Yeats
Balzacs Haus Pappelstraßen Mais Kreide Vierecke Total Shell Azur
Angler an der Marne und Wir
davon weg zu hin fort dazu bei über Wasser
hastig rieselnd dünn spitz dumm bröckelnd lästig fortlaufend verschwindend dazwischen gefiedert
Dauer entblößt von Gedächtnis
Pascals anregende Kraft eines Schlüssels[24]

Dieser kurze Einblick in die Texttheorie von Max Bense zeigt, dass er in herausragender Weise Logik und Poesie vereinigt. Poesie zielt auf ästhetische Information, auf Innovation und damit auf einen höheren Grad an Komplexität. Logik zielt auf Prognose und Determination.

> Logik geht redundant, Poesie innovativ vor. Das bedeutet, daß sich auch Texte REDUNDANTER und Texte INNOVATIVER POESIE ergeben können, die ästhetisch das PRINZIP REINHEIT und das PRINZIP GESTALTUNG zum Ausdruck bringen. Die Ausnützung logischer Formen wie Konjunktion, Disjunktion, Implikation, überhaupt der Wahrheitsfunktionen der Zustandsbeschreibungen und Inhaltselemente oder der Systeme carnapscher Q-Eigenschaften zu poetischen ergeben sich hiernach genau so zwangsläufig wie die Benutzung programmgesteuerter elektronischer Rechenanlagen bzw. arithmetischer Zufallsgeneratoren zur Herstellung STOCHASTISCHER TEXTE. Dabei erweisen sich übrigens konkrete Texte unter Umständen bereits als Beispiele für das Prinzip Reinheit in den Logiktexten und die Zufallstexte lassen bereits das Prinzip Gestaltung der innovativen Poesie erkennen.[25]

Stil entsteht nach Bense erst als Ergebnis einer intentionalen Verwendung von Kohäsion und Kohärenz; individuelle Wirklichkeit durch einen Vermittlungsprozess zwischen Welt und Bewußtsein.

---

24 Ebd.
25 Bense, Max: modelle. (edition rot text 6).

> Wirklichkeit, das wollen wir sagen, ist also nicht feststellbar, sondern nur interpretierbar; sie fixiert keine Einzelheit, sondern einen Zusammenhang, einen Nexus, keine Singularität, einen Konnex, kein Fakt.[26]

Im Zentrum von Benses Interesse steht die Beziehung zwischen Kunst und Realität, Dichtung und Wirklichkeit. Realität ist bei Bense „nicht feststehend und konstant", sondern „höchst veränderlich, variabel". Hinzu kommt, dass „nur diejenigen Bereiche der Realität, deren Dinge und Ereignisse ausgedrückt werden können in den Zeichen unserer Sprache, in den Formen eines Stils, in den Röhren einer Methode" auch existent sind und alles andere „genau genommen gar nicht vorhanden"[27] ist. Daraus folgt für die Kunst, dass ihre Aufgabe nicht die Wiedergabe der vorhandenen Wirklichkeit ist, sondern die Erschließung neuer Realitäten. Damit sich der Mensch diese ungewohnten, fremden Realitätsbereiche erschließen kann, muss er seine Denkweise verfeinern und erweitern. Er braucht, nach Bense, einen *neuen Rationalismus*.[28] Diese neue Realität wird „als ein Labyrinth empfunden", weil „ihre Gegenstände voll Dunkelheit" sind, ohne Begriffe und Bezeichnung und ohne vertraute Verknüpfungsmöglichkeiten. Um das vom Menschen empfundene Unbehagen an der ungewohnten Welt zu überwinden, gibt es nur ein Weg. Der Mensch muss das Ungewohnte in die vertraute Realität hineinprojizieren:

> Es gibt gleichsam nur ein einziges Mittel, dem Unbehagen in der labyrinthischen Undurchsichtigkeit der neuen Realität zu entgehen, und diese Mittel besteht darin, das Labyrinth durch phantastische Relationen zwischen den altbekannten Dingen der vertrauten Realität noch einmal zu produzieren. Wir überlassen uns der großmütigen Gnade unserer Einbildungskraft und reproduzieren die Undurchsichtigkeit des Labyrinths der fernen Realität in der gewöhnlichen Welt, verleihen dieser damit die Schrecken, sehen also einerseits in dieser Reproduzierbarkeit des Labyrinths den Trost und werden doch erstaunt gewahr, wie sehr die fremde, dunklere Realität in die vertraute hineinreicht.[29]

Bense will, dass wir das Bekannte entfremden in dem wir es Dekontextualisieren, es in neue Kontexte hineinstellen und damit neue, ungewohnte Zusammenhänge herstellen. Das ist das Ziel der Konkreten Poesie und der zugrundeliegenden Texttheorie vom Max Bense und der Stuttgarter Gruppe um ihn.

---

26 Bense, Max: Über die Realität in der Literatur. In: ders.: Die Realität der Literatur. Köln 1971, S. 7.

27 Bense, Max: Konturen einer Geistesgeschichte der Mathematik. Bd. 2: Die Mathematik in der Kunst. Hamburg 1949, S.166.

28 Bense, Max: Konturen einer Geistesgeschichte der Mathematik, S. 167f.

29 Bense, Max: Konturen einer Geistesgeschichte der Mathematik, S. 168.

Für Max Bense ist ein Kunstwerk etwas Gemachtes, in dem Sinne als dass der Mensch mit technologischer Intelligenz kombinatorisch ordnend in die physikalischen Zustände eingreift und ästhetische Zustände produziert. Bense geht also davon aus, dass es eine physikalische und eine ästhetische Realität gibt. Der ästhetischen Träger ist eine materiale Gegebenheit, d.h. ein realer Gegenstand oder auch ein Ereignis. Bense spricht in diesem Zusammenhang von einer ‚materialen Ästhetik':

> die reale materiale gegebenheit der künstlerischen objekte, an denen zwischen ästhetischem träger und ästhetischem zustand unterschieden werden kann, rechtfertigt es, von materialer ästhetik zu sprechen, abstrakte ästhetik, die anwendbar ist, schliesst materiale ästhetik ein. es wird damit zum ausdruck gebracht, dass ästhetische zustände nur durch materiale zustände diskutiert werden können, also nur durch manipulation vorgegebener materialien erzeugbar sind.[30]

Unter ‚Materialien', den Trägern des ästhetischen Zustandes, sind auch Töne, Farben, Wörter, Bedeutungen, Vorstellungen zu verstehen. Bense definiert ‚Material' und das damit verbundene ‚Repertoire' folgendermaßen:

> der ausdruck material versteht sich allgemein im sinne unterscheidbarer, diskreter, manipulierbarer elemente, und der inbegriff einer menge elementarer, diskreter und manipulierbarer materialien heisst repertoire. ästhetische zustände sind repertoireabhängig, ein ästhetisches repertoire ist ein materiales repertoire, aus dem durch manipulation ein entsprechend materialer ästhetischer zustand erzeugt werden kann.[31]

Daraus ableitend definiert er den ästhetischen Zustand als „distribution materialer elemente über ihrem endlichen repertoire".[32]

Der ästhetische Prozess wird durch Distribution, Selektion und Transport erzeugt. Bense unterscheidet dabei zunächst grob zwischen ‚determinierten' und ‚nichtdeterminierten' Prozessen, und zieht dann die Unterscheidung feiner zwischen ‚voll determinierten', ‚schwach determinierten' und ‚nichtdeterminierten Vorgängen'. Makrophysikalische Vorgänge wie der freie Fall sind voll determinierte Prozesse. Mikrophysikalische Vorgänge wie z.B. Quantensprünge sind nichtdeterminierte Vorgänge, während sprachliche Vorgänge schwach determiniert sind. Bense definiert folglich:

> unter einem ästhetischen zustand verstehen wir somit die schwach oder nicht determinierte distribution materialer elemente über ihrem endlichen manipulierbaren repertoire. [33]

---

30 Bense, Max: kleine abstrakte ästhetik, (edition rot text 38), Stuttgart 1969.

31 Ebd.

32 Ebd.

Kreative Prozesse sind als ästhetische Zustände an Zeichen gebunden, d.h. an semiotische Prozesse. Bense entwickelt so den von Hegel gebrauchten Begriff des „Scheins", mit dem Hegel die Seinsweise von Werken der Kunst als „eine höhere, geistgeborene Wirklichkeit"[34] bestimmt, in seinen späteren Arbeiten mit der Semiotik[35] weiter. Das ästhetische Sein ist nach Bense eine „Welt der Zeichen". Durch den Prozess einer „ontologischen Verdichtung der Realität"[36], werden die zur Herstellung eines Kunstwerkes benutzten Realien wie Farbe, Leinwand, Worte, Blatt, Silbe, Rhythmus usw. vom Seinmodus der Wirklichkeit in den Seinsmodus der Schönheit transferiert und so zum ästhetischen Zeichen.

Bei der Herstellung eines Kunstwerks werden physikalische Zustände in Zeichen verändert, d.h. in bedeutungsvolle Sinn-Einheiten deren Verbindung zu Superzeichen werden. Fasst man ein Kunstwerk als Zeichenkomplex, kann man daraus ableiten, dass man es in Zeichen aufbauen und in Zeichen zerlegen kann. Ästhetische Zustände zeigen eine Tendenz zur irregulären Verteilung der Elemente im Sinne hoher Unwahrscheinlichkeit, d.h. sie sind Zustände künstlich hergestellter unwahrscheinlicher Ordnung.

Bense betrachtet Lexikon und Grammatik einer Sprache als *Repertoire*. Folglich kann man jeden Text als eine individuelle Auswahl aus dem Repertoire, der durch Unwahrscheinlichkeit und Unüblichkeit der Textfolgen eine *Innovation*, d.h. eine überraschende Information hervorruft. Die Herstellung eines Textes lässt sich deshalb statistisch beschreiben als formale, willkürliche oder zufällige Auswahl aus dem Repertoire der Sprache. Bense fasst in der „Theorie der Texte" das ‚Ästhetische' als eine statistische Zustandsfunktion der Textmaterialität und folglich ist es logisch, dass er Texte durch eine Rechenmaschine herstellen lässt, indem er diese aus einem eingespeicherten Lexikon nach einen Programm Zeichenfolgen auswählen und zusammenstellen lässt. Benses computergenerierte Kunst ist in den sechziger Jahren Avantgarde und die Würdigung seiner Rolle als „Vater der Computerkunst" beginnt erst in unserer Zeit.

Max Benses „Theorie der Texte" eröffnet grundlegend neue Perspektiven für Literaturwissenschaft und Kunsttheorie. Er konfrontiert den Rezipienten mit einer Auffassung von Kunst, die in den Sechzigern sicherlich noch provokanter war als sie in unserer heutigen computergewohnten Zeit ist. Die Polarisierung der Meinungen, die Bense in den Sechzigern

---

33 Ebd.

34 Hegel, Georg Wilhelm Friedrich: *Vorlesungen über die Ästhetik I,* in: ders: Werke in 20 Bänden, Bd.13, Frankfurt am Main 1986, S. 22.

35 Bense, Max: *Aesthetica. Einführung in die neue Ästhetik,* 2. Ausgabe, Baden- Baden 1982, S. 39f.

36 ebd., S 46.

auslöst und die bis heute noch anhält, zeigt, dass die Fragen, die sich durch Benses Ästhetik der Literatur und Kunst stellen, auch noch heute nichts an Relevanz verloren haben. Kann ein Text, der das wiederholbare Resultat eines Computerprogramms ist, ein ästhetischer Text sein? Wie können Texte, deren Anordnungswerte wichtiger sind wie ihre Aussagewerte, die sich durch Anonymität und Formalität auszeichnen, ästhetische Gebilde sein? Wie kann man sie beschreiben und analysieren? Es ist der Verdienst von Max Bense, die Frage nach der Relation von Computer, Kunst und Literatur als einer der ersten gestellt zu haben. Er hat es nicht nur durch präzise Theorien, sondern auch durch künstlerische Arbeiten umgesetzt. Die Auswirkungen seiner Theorie und Kunstpraxis sind heute bleibende Fundamente unseres Kunstsystems.

Vorwort

Die Aufgabe dieses Buches besteht darin, gewisse Begriffsbildungen, Vorstellungen und Methoden bekannt zu machen, die von der neueren Linguistik, Informationstheorie, Kommunikationsforschung und Ästhetik erarbeitet und auf Texte angewendet wurden. Der zugrunde gelegte Begriff Text wird dabei primär in höchster Allgemeinheit verstanden, umfaßt also künstlerische und wissenschaftliche Texte ebenso wie z.B. Werbetexte. Er engt sich jedoch im Laufe der Darstellung vor allem auf jene Texte ein, die eine ästhetische Funktion besitzen, also auf Prosa und Poesie. Die Verwendung des allgemeineren Begriffs Text soll die materielle Betrachtung sprachlicher Gebilde, die hier im Vordergrund steht, erleichtern. Eine materiale Betrachtung ist eine Betrachtung, die nur auf das Material des Textes, nicht auf die Bedeutung des Materials eingeht. Denn es gibt, will man nicht weiterhin Literatur und Kunst als konstanten Luxus unserer Zivilisation der bloßen Spekulation überlassen, primär nur die Möglichkeit, ihre geistigen Vorgänge und Gehalte an Hand ihrer unmittelbaren Manifestationen zu studieren. Allerdings wird neben der materialen Texttheorie auch die intentionale entwickelt, also aus der Eigenwelt der Texte in ihre Außenwelt, wie wir hier sagen, eingedrungen. Neben die mathematische Beschreibung tritt damit die phänomenologische Deutung. Die Realisationstheorie der Texte wird durch eine Interpretationstheorie ergänzt. Im Ganzen sollen die hier gegebenen Grundlagen der Texttheorie weniger linguistischen als ästhetischen Interessen dienen. Den Abschnitt über Textsemiotik hat meine Assistentin, Frau Dr. Elisabeth Walther, beigesteuert. Ich danke ihr dafür. Im übrigen widmet der Verfasser dieses Buch seinen brasilianischen Freunden, für die er in ihrem schönen Land Vorlesungen aus den hier auftretenden Gebieten gehalten hat.

Informationstheoretische Grundbegriffe

Eine Theorie ist ein typisch modernes Mittel wissenschaftlicher Erkenntnis und des Verstehens von Sachverhalten, deren Zusammenhang bisher unbekannt oder unklar war. Daher gibt es Beisiele von Theorien, die beinah das gesamte geistige Leben bewegt und beeinflußt haben. Vor allem die Naturwissenschaften bilden das Feld solcher Theorien, die auch außerhalb des eigentlichen Fachbereichs Bedeutung gewonnen haben. Nach dem Auftreten der Relativitätstheorie, die vor allem in den zwanziger Jahren lebhaft diskutiert wurde, hat sich nach dem zweiten Weltkrieg, insbesondere in den letzten zehn Jahren, die sogenannte Informationstheorie in den Vordergrund eines allgemeineren Interesses geschoben. Es ist wichtig zu wissen, daß wie die Relativitätstheorie auch die Informationstheorie im Grunde eine mathematische Theorie ist, eine Theorie also, die nur mit dem Rüstzeug des Mathematikers dargestellt und verstanden werden kann, doch ist es auch notwendig, zu sagen, daß der zentrale Begriff dieser Theorie, eben der Begriff der Information, übrigens genau wie der Begriff Relativität, in der Umgangssprache vorkommt und etwas bezeichnet, was jedermann geläufig ist; wahrscheinlich beruht ein Teil der Anziehung, die die Informationstheorie genau wie seinerzeit die Relativitätstheorie auf ein breiteres Publikum ausübt, genau auf diesem Umstand.

Doch darf man auch Folgendes nicht übersehen: während die Relativitätstheorie ganz und gar ein Ergebnis subtiler Entwicklung der Physik, genauer der Mechanik, gewesen ist, also eine rein naturwissenschaftliche Theorie darstellt, ist die Informationstheorie vor allem aus nachrichtentechnischen Erwägungen hervorgegangen, so daß wir hier tatsächlich zum ersten Male eine rein technische Theorie vor uns haben, die im Mittelpunkt der Aufmerksamkeit auch bei Nichtfachleuten steht.

Natürlich hängt das auch damit zusammen, daß eben der Begriff Information neben einem mathematisch und technisch präzisen noch einen allgemeinen Sinn besitzt und die Informationstheorie das echte Erzeugnis der Grenzgebiete zwischen Physik und Nachrichtentechnik, Mathematik und Kommunikationsforschung, Regeltechnik und Signaltheorie ist. Man faßt ja heute alle diese Grenzgebiete zwischen reiner Technik, und reiner Mathematik, dazu noch Wahrnehmungspsychologie, Zeichentheorie, Strukturtheorie und etwas Mathematische Logik gehören, gern unter dem Ausdruck Kybernetik zusammen, den vor allem der amerikanische Mathematiker Norbert Wiener, einer der Erzväter dieser Wissenschaft und damit auch der Informationstheorie, geprägt hat.

Vor allem die technische Seite des gesellschaftlichen Lebens im Rahmen unserer Zivilisation beruht in starkem Maße auf Information und Kommunikation, und so kann man sagen, daß die Informationstheorie die theoretische Quintessenz des gesamten Nachrichtenwesens der modernen technischen Welt darstellt. Information ist natürlich nicht einfach als Wissen zu verstehen, Information ist Wissen, dessen Sinn darin besteht, übertragen, vermittelt zu werden. Es ist klar, daß auf diese Weise Information eine Nachricht ist, die Kommunikation erzeugt. Die Begriffe Information und Kommunikation gehören also durchaus zusammen, sie beschreiben im Grunde ein und denselben Tatbestand, je nachdem man ihn stärker als Nachricht oder als Botschaft, als Kenntnis oder als Mitteilung auffaßt. Tatsächlich werden die Ausdrücke Informationstheorie und Kommunikationstheorie gleichwertig benutzt. Jedenfalls handelt es sich noch um eine relativ junge Theorie, ihre Begriffsbildung ist noch nicht in jeder Hinsicht geklärt, auch enthält sie stets noch umstrittene Bestandteile.

Bei der Darstellung der Hauptprobleme der Informationstheorie scheint es zunächst einmal wichtig, zwischen dem umgangssprachlichen Begriff von Information und seiner präzisen wissenschaftlichen bzw. mathematischen Fassung zu unterscheiden. In der Umgangssprache bezeichnet der Ausdruck Information im allgemeinen eine übermittelte Nachricht, die eine mehr oder weniger eindeutige sachhaltige Bedeutung besitzt und die das Ausschlaggebende an ihr ist. Information bedeutet hier also eine Zufuhr an Wissen. Information beseitigt eine gewisse Unkenntnis. Der Grad der Kenntnis ist nach dem Zugang der Information größer als vorher.

Da der Begriff „sachhaltige Bedeutung“ der Nachricht jedoch höchst vage und relativ ist, denn „Bedeutungen“ sind ja höchst schwankende Gebilde, kann man den Begriff der Information, will man ihn wissenschaftlich, gar mathematisch präzisieren, nicht auf den der „inhaltlichen Bedeutung“ gründen. Man muß einen anderen Weg suchen. Man muß den Begriff der Information gewissermaßen bedeutungsfrei und abstrakt einführen, ähnlich wie man ja seit Galilei in der Physik und in der Mathematik vorgeht. Das erreicht man eben dadurch, daß man nur das an einer Sache, hier an der Information, durch den Begriff bezeichnet, was man zahlenmäßig, meßbar fassen kann. Das ist aber ohne Zweifel etwas ganz anderes als die sachhaltige Bedeutung der Nachricht. Denn wie sollte man denn Bedeutungen, Inhalte zahlenmäßig bestimmen, unterscheiden oder messen? –

Während also der umgangssprachliche Informationsbegriff unter Information die Bedeutung oder den Bedeutungsgehalt der Nachricht versteht, bezeichnet der wissenschaftliche Informationsbegriff als Information nur das Meßbare oder Abzählbare an der Nachricht.

Diese Unterscheidung ist gar nicht so absonderlich, wenn man bedenkt, daß ja auch ein Telegramm, das ja stets eine übermittelte Information darstellt, diese doppelte Rolle spielt: für den Empfänger ist das Telegramm nämlich ganz und gar Bedeutung, Inhalt, aber für das Fräulein an der Telegramm-Annahme ist der Inhalt völlig gleichgültig, es zählt lediglich die Worte bzw. die Buchstaben, um ihnen eine Zahl, nämlich die Telegrammgebühren, zuzuordnen. Für den Empfänger ist das Telegramm also eine inhaltliche Information, aber für den Techniker eine meßbare Größe. Zuweilen dringt natürlich auch in den umgangssprachlichen Informationsbegriff eine blasse Vorstellung von der ausmeßbaren Größe einer Nachricht ein, wenn nämlich der Empfänger der Meinung ist, daß eine Mitteilung um so mehr enthält, je länger sie ist. So einfach, wie die umgangssprachliche Orientierung es hier vortäuscht, ist natürlich die Ausmessung einer Information nicht. Das war bereits Hartley klar, als er in der berühmt und klassisch gewordenen Abhandlung „Transmission of Information = Übertragung von Information“ 1928 den Begriff geprägt hat, der sich nun zu einer ganzen Theorie entwickelte. Hartley sah sich sehr bald gezwungen, unter dem Maß für Information etwas ganz anderes zu verstehen als etwa ihre Länge, zumal er ja als Nachrichtentechniker auch ökonomisch zu denken hatte und stets darauf bedacht sein mußte, mit Hilfe einer geringsten Zahl von Signalen einen größten Betrag von Nachrichten zu übermitteln.

Auf der Suche nun nach einem Begriff von Information, der nicht als Bedeutung, sondern als Betrag aufzufassen war und gemessen, also zahlenmäßig bestimmt werden konnte, ergab sich die Möglichkeit, als Maß für Information den Grad ihrer Wahrscheinlichkeit einzuführen. Man setzt dabei voraus, daß jede Nachricht auch eine andere sein könnte, daß jeder Nachricht also eine gewisse Chance eingeräumt werden muß, als eine bestimmte unter einer gewissen Zahl anderer uns tatsächlich zu erreichen, oder, wie man auch sagen kann, von uns ausgewählt zu werden.

Diese Definition des Informationsbetrages durch den Grad ihrer Wahrscheinlichkeit ist wiederum nicht so absonderlich, wie sie sich anhört. Man kann sich z.B. die Sache dadurch plausibel machen, daß man unter der Information den Plan zur Durchführung einer Seereise versteht, der unter einer gewissen Zahl anderer Pläne, die vorgeschlagen werden, ausgewählt wird. Meßbare Information ist jedenfalls immer auswählbare Information, und der Betrag dieser auswählbaren Information steigt natürlich an, wenn die Zahl der zur Konkurrenz zugelassenen Informationen, unter denen also ausgewählt werden soll, größer wird.

Der englische Forscher D.M. Mackay, der meiner Auffassung nach bisher die klarste und allgemeinste Begründung der Informationstheorie gegeben hat und vor allem versuchte, eine saubere Terminologie zu schaffen, geht bei der Definition des Informationsbegriffs folgendermaßen vor. Für ihn ist – und darin besteht die Allgemeinheit des Informationsbegriffs – Information so viel wie Darstellung, und unter Darstellung wird die Wiedergabe oder Verwirklichung irgendwelcher Sachverhalte oder Zusammenhänge in einem zeichenhaften, bildhaften, struktur- oder modellhaften bzw. schematischen Symbolismus verstanden. Genauer ist dann Information etwas, was eine Darstellung vermehrt, vergrößert oder erweitert. Kommunikation ist darüber hinaus für Mackay die Übertragung einer bestimmten Darstellung aus einem bestimmten Darstellungsraum, in dem sie angefertigt wurde, in einen anderen. Doch darauf kommt es uns hier nicht an. Uns interessiert vielmehr, daß Mackay zwei Möglichkeiten der Messung des Informationsgehaltes, also dessen, was eine Darstellung verändert, bestehen läßt.

Man kann unter dem Informationsbetrag eine zahlenmäßige Größe verstehen, die sozusagen auf irgendeine Weise die zur Darstellung aufgewendeten Elemente abzählt und den gewonnenen Wert als numerischen Index für den Umfang der Darstellung einführt. „Aber" – so entwickelt Mackay – „anstatt zu fragen ‚Wieviel Elemente sind in der Darstellung enthalten?' stellen wir die Fragen ‚In wieviel Schritten und auf welche Weise ist sie aufgebaut worden?'" Bei dieser Fragestellung ergibt sich kein numerischer Index für den Umfang der Darstellung selbst, wohl aber ein numerischer Index für die Zahl der Schritte, die konstruktiv zu ihrem Aufbau führten.

Ich will das an einem bekannten Beispiel erläutern, am Beispiel des Erratens einer bestimmten Karte in einer Menge von 32 Karten. Die zu erratende Karte ist unbekannt, man hat keine Kenntnis von ihr, man kann sie jedoch unter 32 Karten erraten, also auswählen. Erhält man eine Information über die unbekannte Karte, dann hilft diese Information, die Unkenntnis zu beseitigen. Nun besteht die Möglichkeit, diese Information Schritt für Schritt zu gewinnen. Man teilt die Menge von 32 Karten in zwei Hälften von je 16 Karten und fragt, in welchem Haufen sich die zu erratende Karte befindet. Hat man die Antwort erhalten, teilt man den gewonnenen Sechzehner-Haufen erneut in zwei Hälften zu je acht Karten und fragt erneut, in welchem Teil sich die unbekannte Karte befinde. Man bemerkt schnell, daß man auf diesem Wege die 32 Karten fünfmal in solche geteilte Häufchen zerlegen kann. Das zuletzt geteilte Häufchen enthält auf jeder Seite nur eine Karte, und die auch jetzt wieder gestellte

Frage nach der unbekannten Karte kann natürlich nur zur endgültigen Antwort führen.

Der schrittweisen Teilung des Kartenspiels entspricht das schrittweise Beseitigen der Unkenntnis durch schrittweise Konstruktion der Information. Die konstruktiven Schritte erweisen sich dabei deutlich als Entscheidungen. Der Befragte muß Ja oder Nein sagen. Er muß im Ganzen fünfmal Ja oder Nein sagen. Er muß also fünf Entscheidungen fällen. Fünf Entscheidungen wiegen schließlich die gewonnene Information auf, die notwendig ist, um die Unkenntnis einer Karte unter 32 zu beseitigen. Die Schulmathematik erinnert sofort daran, daß $2^5 = 32$ ist oder daß der Logarithmus von 32, bezogen auf die Basis 2, gleich 5 ist. Der mathematische Zusammenhang zwischen der Schrittweisen Beseitigung einer genau bestimmten Unkenntnis durch schrittweise konstruierte Information, und zwar durch gefällte Entscheidungen konstruierte Information, wird also durch den Logarithmus, genauer durch eine logarithmische Abhängigkeit beschrieben. Die interessante Beziehung, die dabei zwischen einer Entscheidung bzw. einer Wahl und der Information besteht, drückt sich in der Basis 2 des Logarithmus aus. Man sieht leicht ein, daß die Einheit der Entscheidung stets eine Entscheidung zwischen zwei Möglichkeiten ist. Man spricht von „binary digit“, zusammengezogen zu „bit“. So kann man also Information durch Entscheidung messen, genauer den Informationsbetrag durch den Gehalt an Entscheidungen. Die Zweierntscheidung ist die Einheit. Man sagt, eine Information enthält so und so viel „bit“, d.h. also Zweierentscheidungen.

Vorhin verwendeten wir den Ausdruck Darstellung, um mit Mackay zu sagen, was Information ist. Dieser Ausdruck hilft uns nun auch sofort, um einen anderen wichtigen Begriff der Informationstheorie zu verstehen, den Begriff des Kodes bzw. der Kodierung. Denn es ist ja klar, daß der schrittweise Aufbau des Informationsbetrages in Zweierentscheidungen zugleich einem Aufbau der Information selbst in einer bestimmten Darstellung, in einem bestimmten Kode entspricht, der nur mit zwei Symbolen arbeitet, mit Ja und Nein, die man selbstverständlich auch als 1 und 0 bezeichnen kann. Jedenfalls beruht auf diesem Kode die Messung der Information, oder, anders ausgedrückt, wird die Information in dieser Kodierung gemessen. Shannon und andere Informationstheoretiker haben immer wieder darauf hingewiesen, daß „der Kode ein Mittel zur Zerlegung beliebiger Zeichen oder Zeichenserien in Elementarzeichen“ ist „und zur Verringerung des Elementarzeichenbedarfs“ dient. Übrigens kann man hier einschieben, daß die Entwicklung der Informationstheorie auch ziemlich viel der allgemeinen Zeichentheorie verdankt, die in den letzten Jahrzehnten vor allem von Seiten der Logik, der Wahrnehmungstheorie, der Gestalt- und Strukturtheorie und sogar der Psychologie und Physiologie entwickelt worden ist. Der erst 1914 verstorbene amerikanische Philosoph Peirce, der zu den Mitbegründern des Pragmatismus gehört, und dann Charles S. Morris, der in den dreißiger Jahren auf die Verselbständigung der Zeichentheorie hinarbeitete, haben auf diesem Gebiet jene Vorarbeiten geleistet, die es heute möglich machen, die Allgemeine Zeichentheorie als eine Grundlage für die Allgemeine Informations- und Kommunikationstheorie anzusehen.

Denn niemand wird bezweifeln, daß das Auftreten von Information an das Auftreten von Zeichen gebunden ist. Kodierungen und Dekodierungen vollziehen sich selbstverständlich als Zeichenprozesse. Jeder Wahrnehmungsvorgang, jeder Übertragungsvorgang von Information wird durch Zeichen vermittelt. Zeichen sind Informationsträger. Kommunikation wäre nicht möglich, wenn es keine Übermittlung von Zeichen gäbe. Warren Weaver, der durch seinen schönen Kommentar zur „Mathematischen Theorie der Kommunikation" von Shannon bekannt geworden ist, hebt vor allem zwei Probleme der Theorie hervor, deren Behandlung jeweils ganz verschiedene Ebenen der Forschung betreffen. Das eine Problem umschreibt er etwa folgendermaßen: Wie groß ist der Grad der Genauigkeit, mit der überhaupt Symbole, die zur Nachrichtenbildung verwendet werden, übermittelt werden können? – Das andere Problem wird so formuliert: Wie genau vermitteln die übertragenen Symbole eine gewünschte Bedeutung? – Man erkennt sofort: das erste ist im wesentlichen ein technisches Problem der Nachrichtentechnik, aber das zweite ein semantisches Problem, wenn man darunter eben das Problem der sachhaltigen Bedeutung bzw. des Inhaltes einer aus Zeichen aufgebauten Information versteht. In beiden Fällen, auf beiden Problemebenen spielt der Begriff des Zeichens offenbar die entscheidende Rolle. Tatsächlich ist in mancher Beziehung das Verständnis des Zeichens der Schlüssel zum Verständnis des Wesens der Information, gleichgültig ob man den Begriff nun in seiner mathematisch-technischen Präzisierung oder in seiner umgangssprachlich-semantischen Fassung nimmt.

Wie das Zeichen ist auch die Information kein naturwissenschaftlicher Gegenstand. An und für sich kommen Zeichen wie Informationen in der Natur, in der physikalischen Realität nicht vor. Doch sind sie auch wieder nicht bloße Fakten menschlichen Bewußtseins. Es handelt sich offenbar um Vorkommnisse genau auf jener Grenzzone zwischen Bewußtsein und Außenwelt. Es hat den Anschein, als würde das, was man heute Zeichenwelt nennt oder auch Informationssphäre, als Zone der Berührung zwischen physikalischer Realität und phänomenologischem Bewußtsein zu deuten sein. Setzt man diese Überlegung voraus, wird verständlich, wenn

Norbert Wiener und Gotthard Günther unter Information in einem allgemeinen Sinne etwas Drittes, meinetwegen eine dritte Seinsart neben Materie und Bewußtsein, verstehen.

Doch möchte ich diese spekulative Seite des Informationsbegriffs hier nicht weiter verfolgen, sondern noch eine andere Formulierung ins Auge fassen. Der durch elementare Zweierntscheidungen gemessene Informationsgehalt legt es nahe, von selektiver Information zu sprechen. Diese selektive Information wächst, wenn die Zahl der Zweierentscheidungen, aus denen sie konstruiert werden kann, ansteigt. Wir sahen schon, daß die Information, die nötig ist, um eine unbekannte Karte unter 32 aufzufinden, den Wert 5 bit besitzt. Würde diese unbekannte Karte unter den 32 Karten aber mehrfach vorkommen, so würden weniger als fünf Entscheidungen nötig sein. Das deutet schon darauf hin, daß eine Information, die ein Zeichen, hier die eine unbekannte Karte, mitführt, absinkt, sobald dieses Zeichen innerhalb des betrachteten Repertoires, in unserem Beispiel der Gesamtzahl der Karten, öfter vorkommt. Die selektive Information hat also einen deutlichen statistischen Charakter, d.h. sie hängt in ihrem Zahlenwert auch von der Häufigkeit des sie darstellenden Zeichens im Rahmen eines Repertoires ab.

Tatsächlich, so kann man nun wiederum umgangssprachlich argumentieren, ist eine Information nur so weit wirkliche Information, als sie eine Neuigkeit darstellt. Mit der Innovation, mit der Originalität des Auftretens eines Zeichens in der Zeichenfolge aus einem bestimmten Repertoire wächst also der Betrag an Information, den dieses Zeichen mitführt. Vom Standpunkt der Informationstheorie besagt also ein Zeichen um so mehr, je seltener es ist. Der Betrag an Information wird um so größer, je unwahrscheinlicher sie ist. Ihre Unwahrscheinlichkeit ist aber eine Frage ihrer geringen Häufigkeit. Ich drücke natürlich durch diese umgangssprachliche Redeweise einen von den Mathematikern, und zwar von den Statistikern, sehr genau formulierten zahlenmäßigen Sachverhalt nur sehr vage aus, aber man bekommt doch eine Vorstellung von der statistischen Grundlage des Informationsbegriffs. Vor allem wird klar, daß der Gewinn an Information, der mit einer Wahl verbunden, sofort größer wird, wenn die Menge der möglichen Botschaften, aus der man wählen kann, zunimmt. Das ist übrigens der genaue Sinn des umgangssprachlichen Ausdrucks, daß die Wahl zwischen vielen Möglichkeiten schwerer fällt als die Wahl zwischen wenigen Möglichkeiten.

Noch einen anderen aufs erste sehr merkwürdigen Aspekt läßt die statistische Beschaffenheit des selektiven Informationsbegriffs erkennen. Der meßbare Betrag an Information wird größer, wenn die Häufigkeit des die Information mitführenden Zeichens innerhalb des betrachteten Ensembles von Zeichen geringer wird. Dieser Umstand gehört sinngemäß zum Charakter der Information, wenn man darunter eine **Neuigkeit** versteht. Damit ist von vornherein ausgeschlossen, den Gehalt an Information etwa als Bedeutung anzusprechen. Denn damit ein Zeichen eine bestimmte Bedeutung gewinnt, muß ja gerade eine entgegengesetzte Forderung erfüllt sein: das Zeichen muß mit einer bestimmten höheren Häufigkeit auftreten. Weaver, den ich bereits erwähnte, ist deshalb der Auffassung, daß Information und Bedeutung einander ausschließende Züge zeichenmäßiger oder sprachlicher Bildungen sind. Insbesondere wenn man den Bedeutungsbegriff, den Ludwig Wittgenstein in seinem berühmten „Logisch-Philosophischen Traktat“ oder in seinen „Philosophischen Untersuchungen“ entwickelt hat, zugrundelegt, wird es unmöglich, Bedeutung als Information zu verstehen. Denn Wittgenstein ist der Auffassung, daß das, was die Bedeutung der Worte oder der Zeichen ausmacht, ausschließlich auf Gewohnheit oder auf Konvention beruhe, aber ohne zunehmende Häufigkeit kann natürlich keine Gewohnheit oder keine Konvention entstehen. Für den Versuch, neben der statistischen Informationstheorie eine semantische Informationstheorie zu entwickeln, ist die konträre Beschaffenheit von Information und Bedeutung eine ziemliche Schwierigkeit. Doch werden wir erst später auf diesen Punkt eingehen.

Zuvor noch etwas anderes. Seit dem grundlegenden Werk von Shannon und Weaver „A Mathematical Theory of Communication“, das 1948 erschien, findet man vor allem in der amerikanischen Literatur den Ausdruck „Entropie“ als eine Maßbestimmung für Information verwendet. Andererseits gibt es aber auch ausgesprochene Gegner der Verwendung dieses aus der Physik, und zwar aus der Wärmelehre, stammenden Begriffs.

Der Ausdruck Entropie wurde vor fast hundert Jahren von dem deutschen Physiker Clausius, der zu den Mitbegründern der Wärmetheorie oder der Thermodynamik, wie die Physiker sagen, gehört, eingeführt. Er bezeichnet eine Größe, die gemessen werden kann und unter der man, wenn man sich zwar elementar aber verständlich ausdrücken will, den Zustand, den Grad der Unordnung in der Verteilung der Teilchen eines Gasraumes verstehen kann. Zunehmende Entropie bedeutet dabei eine Zunahme an gleichmäßiger Verteilung. Gleichmäßige Verteilung, die also so geartet ist, daß man an jeder Stelle des Gasraumes mit gleicher Wahrscheinlichkeit ein bestimmtes Teilchen anzutreffen erwarten darf, heißt demnach so viel wie Zerfall der Anordnung, der Organisation der Teilchen im Gasraum, also Ungeordnetheit bzw. Unordnung. Abnehmende Entropie hingegen bedeutet dann so viel wie zunehmende Ordnung oder Anordnung der Teilchen, derart, daß man keineswegs mehr jedes

Teilchen mit gleicher Chance an einer beliebigen Stelle des Gasraumes antreffen kann.

Da nun die Thermodynamik hinreichend abstrakt ist und unter Teilchen nicht nur Gasteilchen, sondern auch Darstellungsteilchen, also sprachliche Elemente, Zeichen verstanden werden können, war es naturgemäß Shannon erlaubt, eine ursprüngliche Ungeordnetheit der Informationsquellen in dem analogen Sinne wie in der Thermodynamik eine Ungeordnetheit der Teilchen im Gasraum anzunehmen. Der tiefere Sinn der Analogie lag darin, daß es nun möglich war, die Entstehung von Information durch statistische Selektion aus einem Zeichenrepertoire, in dem alle Zeichen gleichwahrscheinlich zu haben sind, ähnlich zu deuten und mathematisch zu beschreiben wie die Anordnungen von Teilchen in einem Gasraum. Doch in dem Maße, wie in einem Gasraum die gleichmäßige Verteilung, also die Unordnung beständig zunimmt, verläuft der Prozeß in der Informationsbildung aus der ursprünglichen Ungeordnetheit der Informationsquelle entgegengesetzt. Die Folge der Zeichen wird immer organisierter. Die Gleichwahrscheinlichkeit der Zeichen wird in der Sprache zu einer Ungleichheit, mit der sie ihre einzelnen Elemente zur Bildung der Information verwendet, und diese Ungleichheit in ihrer Wahrscheinlichkeit oder in ihrer Häufigkeit des Auftretens ist für die Worte so deutlich, daß man für jede Sprache nicht nur Lexika ihrer Bedeutung, sondern auch Häufigkeitswörterbücher anlegen kann, aus denen man genau entnehmen kann, wie häufig ein bestimmtes Wort in einer Sprache vorkommt.

Das „Häufigkeitswörterbuch der deutschen Sprache“, ein sehr seltenes Buch, stammt aus dem Jahre 1897. Sein Verfasser hieß F.W. Kaeding. Er ließ das Werk damals im Selbstverlag erscheinen. Die häufigsten Wörter der deutschen Sprache sind nach Kaedings Zählung der Reihe nach „die, der, und, zu, in, ein, an, den, auf, das ...“ u.a. Die häufigsten Hauptwörter sind der Reihe nach „Zeit, Ordnung, Haupt, Herr, Lage, Mann, Hand ...“ u.a.

Shannon hat übrigens aus der Tatsache, daß die Sprache aus einem ungeordneten in einen geordneten Zustand strebt, eine Methode der Annäherung eines wirklichen Textes einer Sprache aus der Ungeordnetheit der Informationsquelle dieser Sprache entwickelt. Man braucht dabei nur die Buchstaben bzw. Worte des sprachlichen Repertoires sukzessive nach ausschließlich statistischen Gesichtspunkten zu ordnen, um schließlich identifizierbare sinnvolle Worte bzw. Sätze der bestimmten Sprache, deren Informationsquelle benutzt wird, zu erhalten. Man geht dabei von einem ersten Repertoire aus, in dem alle Buchstaben gleichwahrscheinlich verteilt sind, und wählt daraus eine erste Buchstabenfolge aus, wobei der

Zwischenraum zwischen je zwei Worten wie ein Buchstabe, nämlich als Leerstelle, zählt. Dann macht man einen zweiten Versuch mit einem Repertoire, in dem die Buchstaben in der gleichen Häufigkeit vorkommen, wie das in der deutschen Sprache oder in einer anderen, in der man den wirklichen Text statistisch aufbauen will, tatsächlich der Fall ist. Schließlich geht man von einem weiteren Repertoire aus, in dem die Buchstaben paarweise in der gleichen Häufigkeit vorhanden sind, wie sie wiederum in der betrachteten Sprache vorkommen, und macht sich eine Folge. Natürlich kann man das Experiment in ähnlicher Weise mit Dreiergruppen und Vierergruppen von Buchstaben fortsetzen. Die vorgenommene Auswahl nähert sich auf diese Weise mehr und mehr einer Folge sinnvoller Buchstaben bzw. Worte an, die man als Worte bzw. Sätze identifizieren kann.

Ich gebe im Folgenden das Beispiel, das Meyer-Eppler für die statistische Annäherung eines deutschen Textes in seinem bereits genannten Werk anführt:

0. Ordnung d.h. Auswahl bei völliger Ungeordnetheit der Informationsquelle: aibnin.tarsfneonlpiitdregedcoa,ds.e.dbieastnreleeucdkait.dnurlars. omn.keu.svdleeoieei...
1. Ordnung, d.h. Auswahl, wenn die Buchstaben im Repertoire im Verhältnis ihrer Häufigkeit, wie sie in der deutschen Sprache vorkommen, vorhanden sind: er.agepteprteininggelt.gerelen.re.unk.ves.mterone.hin.d. an.nzerur bom...
2. Ordnung, d.h. Auswahl aus einem Repertoire von Zweiergruppen: bil-lunten.zugen.die.hin.se.sch.wel.war.gen.man.nichtleblant.diertu.under-stimm...
3. Ordnung, d.h. Auswahl aus einem Repertoire von Dreiergruppen: eist.des.nich.in.den.plassen.kann.tragen.was.wiese.zufahr...

Man erkennt ohne weiteres, daß in der dritten Ordnungsstufe sinnvolle deutsche Worte auftreten. Die Annäherung an einen wirklichen Text setzt also bereits auf der vierten Stufe des Experimentes ein. Es ist wohl kaum möglich, die statistischen Vorgänge, die zur Informationsbildung in der Sprache führen, noch sichtbarer hervortreten zu lassen, als durch solche Shannonschen Versuche, die selbstverständlich nicht nur die gesamte Linguistik, sondern auch die stilistische Analyse von Texten beeinflussen wird.

Doch scheint es mir nötig, die Darstellung der Statistischen Informationstheorie zu verlassen, um hier schon ein paar Worte über Semantische Informationstheorie zu sagen.

Ich wies bereits darauf hin, daß vom Standpunkt der Statistischen Informationstheorie Information und Bedeutung einander ausschließende

Begriffe im Raume sprachlicher Bildungen darstellen. Dennoch gibt es einen Ansatz zur Entwicklung einer Semantischen Informationstheorie. Er stammt im wesentlichen von dem bekannten Logiker Rudolf Carnap, der aus dem Wiener Kreis hervorgegangen ist und heute in Chikago lebt.

Carnap spricht allerdings nicht von semantischer Information im Sinne eines umgangssprachlichen Inhalts- oder Bedeutungsbegriffs. Er ist Logiker, und sein Begriff von Semantik ist wesentlich an dieser Wissenschaft orientiert, das heißt aber am semantischen Wahrheitsbegriff.

Was ist darunter zu verstehen?

Wahr oder Falsch bezeichnen nicht Bedeutungen von Begriffen oder Worten, sondern von Aussagen. Aussagen können wahr oder falsch sein. Durch die Bedeutungen Wahr und Falsch werden jene Art von Zeichenreihen, die wir als Aussagen verstehen, mit der effektiven Wirklichkeit verknüpft. Wahr und Falsch besagen etwas über das Zutreffen oder Nichtzutreffen der Aussagen. Begriffe, die wie Wahr und Falsch ganze Zeichenreihen kennzeichnen, also in unserem Falle Aussagen, sind semantische Begriffe.

Für die Statistische Informationstheorie ist es völlig gleichgültig, ob eine Zeichenreihe wahr oder falsch ist. Es kommt nur darauf an, daß sie statistische Innovation, Neuigkeit, Information besitzt. Aber die semantische Informationstheorie berücksichtigt gerade, daß eine Aussage wahr oder daß sie falsch ist. Wahr und Falsch sind gewissermaßen die beiden einzigen Bedeutungen, für die sich die semantische Informationstheorie interessiert. Für diese Auffassung stellt eine Information, ganz davon abgesehen, daß sie einen meßbaren Betrag besitzt, entweder eine Wahrheit an sich oder eine Falschheit an sich dar, um zwei Ausdrücke zu benutzen, die Bernard Bolzano schon vor über hundert Jahren gebildet hat.

Mackay hat den Versuch gemacht, die semantischen Begriffe Wahr und Falsch in die Terminologie seiner allgemeinen Informationstheorie einzufügen. Dabei gelangt er zu folgenden Formulierungen:

> „Der Effekt der Information ist eine Veränderung im Aufbau einer Darstellung. Im allgemeinsten Sinne kann Information definiert werden als das, was eine Darstellung vermehrt, vergrößert, erweitert. Wenn sich eine Darstellung verändert, dann definieren wir die neue Information als wahr, wenn die Veränderung den Grad der Entsprechung zwischen der Darstellung und dem Original erhöht. Die Information wird falsch genannt, wenn die Veränderung den Grad der Entsprechung erniedrigt ..."

Carnap selbst geht bei der Konstruktion seines semantischen Informationsbegriffs von einem genau festgelegten Sprachsystem aus. Dieses sogenannte L-System besteht nur aus Individuen (oder Dingen) und Prädikaten. In dieser genau fixierten L-Sprache kann man nun einfachste, nicht weiter in andere Sätze zerlegbare Sätze bilden. Man nennt sie Atom-Sätze. Sie sagen von einem bestimmten Individuum ein Prädikat aus oder nicht aus. Z.B. „Die Rose ist rot", „Das Haus ist nicht rot".

Wenn nun für Carnap die Bedeutung eines solchen Atomsatzes im semantischen Sinne, d.h. seine Verknüpfung mit der Welt, darin besteht, daß er wahr oder falsch ist, und dieses Faktum die einzige ins Auge gefaßte Inhaltlichkeit ist, dann kann man sagen, daß eine sogenannte Disjunktion, nämlich die Verknüpfung durch das Wörtchen „oder", die jede der atomaren Aussagen, die es in einem Sprachsystem gibt, entweder selbst oder deren Negation enthält, aber nicht beide, ein Inhaltselement ist. Man muß sich das klar machen, indem man überlegt, daß ein Satz, der durch „oder" mit seiner Verneinung verknüpft ist, also besagt, daß er eine Wahrheit oder eine Nichtwahrheit darstellt, und damit sagt er ja eine semantische Information aus, also eine Information, die entweder eine Wahrheit oder eine Falschheit darstellt.

Von solchen Überlegungen aus gelingt es nun Carnap, einen semantischen (also nur auf „wahr" oder „falsch" abzielenden) Inhaltsbegriff einer Aussage zu bilden. Dieser semantische Inhalt, den er „Cont(i)" nennt, wenn i einfach die betrachtete Aussage bezeichnet, ist dann zu verstehen als „die durch die Aussage übermittelte semantische Information".

Ich will jedoch die semantische Informationstheorie hier nicht weiter entwickeln. Sie enthält schließlich doch große Schwierigkeiten für eine allgemein verständliche Darstellung. Ich möchte nur noch darauf hinweisen, daß Carnap auch für die semantische Information Maßbestimmungen einführt. Dabei geht er davon aus, daß alle Atomsätze, die also so elementar gebaut sind wie „Die Rose ist rot", den gleichen Betrag an semantischer Information mitführen. Deshalb setzt Carnap den Betrag an semantischer Information für Atomsätze gleich 1.

Da nun aber Information in jedem Falle nur dann besteht, wenn ein solcher Atomsatz neu ist, also original, folgt aus der Annahme, daß alle Atomsätze den gleichen Informationsbetrag enthalten, daß sie auch alle gleich unabhängig, gleich unvorhersehbar sind. Das ist aber tatsächlich der Fall. Es ist auf keine Weise möglich, von „Die Rose ist rot" auf „Paris ist eine Hauptstadt" zu kommen.

Offenbar zerlegt die Informationstheorie, in der Information stets das bedeutet, was unvorhersehbar ist, die von den Logikern so vollendet in einen einzigen Zusammenhang gebrachte Welt wieder in ihre unabhängigen Bestandteile. Der berühmte Satz Ludwig Wittgensteins, daß die Logik eine Kette von Tautologien darstellt, die als Ganzes über die Welt selbst aber nichts besagen, also weltleer sind, erhält eine gewisse Bestätigung. Denn es hat den Anschein, daß wir nur von dort her wirkliche Information empfangen können, wo Unvorhersehbares möglich ist, wo kein lückenloser Zusammenhang sich in der Sprache logisch ausbreitet. Wo immer Zeichen, Zeichenwelten wahrnehmbar werden, dürfen wir Information erwarten. Aber in dem Augenblick, in dem wir von einem Zeichen aus das präzise Auftreten des nächsten vorausbestimmen können, empfangen wir keine Information mehr.

So stellen Logik und Informationstheorie oder Mathematik und Informationstheorie in gewisser Hinsicht entgegengesetzte Aspekte der Weltbetrachtung dar. Der die Welt in einem sprachlichen System darstellende Geist hat die zwei Möglichkeiten, sich mit einem gewaltigen Bau von Tautologien zu begnügen und in ihm das Bild eines lückenlosen Seinszusammenhanges einzuheimsen, oder aber gerade diesen lückenlosen Seinszusammenhang zu verlieren und ein offenes Bereich von unvorhersehbaren Informationen zu gewinnen. Es ist ein Gegensatz, den die alten Metaphysiker gelegentlich wohl als Ruhe in Sein und Bewegung im Sein bezeichnet haben. Eine Wahl zwischen diesen Möglichkeiten ist schwer. Doch scheint es seinsgerecht, beide Wege zu verfolgen.

Allgemeine Bewußtseinstheorie

Bewußtseinstheorie im Sinne einer philosophischen Theorie, also einer Theorie, deren Aussagen erkenntnistheoretisch und ontologisch hinreichend allgemein formulier sind, so daß sie von einer speziellen Fachwissenschaft unabhängig bleiben, aber für jede verbindlich sind, gibt es bestenfalls erst seit Kant. Kant mit der Theorie der transzendentalen Apperzeption und dem transzendentalen Bewußtsein (meiner Selbst) in der „Kritik der reinen Vernunft", Reinhold kurz darauf mit seinem „Versuch einer neuen Theorie des menschlichen Vorstellungsvermögens", Hegel mit der „Phänomenologie des Geistes" und der darin entwickelten dialektischen Bewegung des Bewußtseins und einer weitreichenden Reflexionsthematik und Fichte mit den Ideen des „setzenden" und des „reproduzierenden Ichs" im „Grundriß des Eigentümlichen der Wissenschaftslehre" und in der „Transzendentalen Logik" haben di Voraussetzungen für eine philosophische Theorie des Bewußtseins geschaffen.

Mit dem Aufsatz William James „Does Consciousness exist?" aus dem Jahre 1904 verliert diese philosophische Bewußtseinstheorie den mehr oder weniger gebundenen metaphysischen Charakter ihres zentralen Begriffs, indem Bewußtsein nicht mehr als fixierbare „Wesenheit" oder „Substanz" aufgefaßt wird, sondern einfach als „Funktion", die keiner statischen ontologischen Substanzthematik mehr entspricht. Im Jahre 1910 führte Johannes Rehmke in „Das Bewußtsein" eine erneute philosophische Bestimmung durch, die „Bewußtwerden" eines Dinges als „Wissengegenstandswerden" verstand, was noch als im Einklang mit dem funktionalen Bewußtseinsbegriff von James stehend betrachtet werden kann, doch zeigte die Untersuchung insofern ein rückläufiges Ergebnis, als Rehmke unter „Bewußtsein" wieder ein „Einzelwesen" verstand, das als solches der „Veränderung" fähig sein sollte. Husserls „Phänomenologie" weiterhin reduzierte, von bekannten Überlegungen Brentanos ausgehend, die Theorie des Bewußtseins auf eine Theorie der „Intentionalität" im Sinne einer Theorie „intentionaler Gegenstände", die präfixiert einer deskriptiven selbständigen Erforschung zugängig sein sollten. Daß Bewußtsein ganz und gar als „Bewußtsein von ..." aufgefaßt wird, kann in Übereinstimmung mit seiner funktionalen Auffassung gebracht werden. Whitehead nahm schon in „Science and Modern World" 1926 die Jame'sche Vorstellung auf und definierte Bewußtsein als „Funktion des Wissens". Bemerkenswert scheint mir schließlich noch ein Ansatz von Melchior Palagyi zu sein, der in seinen „Naturphilosophischen Vorlesungen über die Grundprobleme des Bewußtseins und des Lebens" 1924 (gewissermaßen gegen den „Bewußtseinsstrom“ Willam James') das Bewußtsein als „Tätigkeit“ auffaßte und von der „Intermittenz der Bewußtseinstätigkeit“ sprach. Die „Tätigkeit“ selbst erscheint dabei als ein Beziehen symbolischer Akte auf Wahrnehmungsakte“. Wie man von Husserl aus das „Bewußtsein“ durch „Intentionalität“ kennzeichnen kann, die ihrerseits als Relation zwischen einem „Subjektpol“ und einem „Objektpol“ beschreibbar ist, so läßt sich mit Palagyi sagen, daß Bewußtsein eine relationserzeugende Tätigkeit ist, die „symbolische Akte“ auf „Wahrnehmungsakte“ bezieht.

Diese Voraussetzungen sind anzuführen, wenn man den wohl zuerst von Gotthard Günther in seiner kleinen Schrift „Das Bewußtsein der Maschinen“ von 1957 zugleich von der klassischen Metaphysik, der Informationstheorie und den elektronischen Rechenanlagen aus prospektiv anvisierten kybernetischen Bewußtseinsbegriff weiterentwickeln will und dabei den Gedanken eines funktionalen nichtsubstanziellen Bewußtseinsbegriff festhält.

Denn mir scheint, daß nur der Funktionale, nicht-substanzielle Bewußtseinsbegriff die Orts- und Material-Irrevelanz theoretisch antizipiert, die in bewußtseinsanalog arbeitenden kybernetischen Maschinen, die Vorgänge des Bewußtseins reproduzieren, wie Gedächtnis, Schließen, Rechnen, Lernen etc., als realisiert gedacht werden kann. Die Einbettung des funktionalen Bewußtseinsbegriffs in den weiteren Zusammenhang einer Funktionsontologie, die entsprechend an die Stelle der substanziellen Seinsthematik tritt, ist dabei ebenso selbstverständlich, wie sie an dieser Stelle nur in Annäherung entworfen werden kann.

Auch zu untersuchen, wie weit die klassische Gegenstandsthematik, die in der „Kritik der reinen Vernunft“ noch voll gegenwärtig ist, und die moderne Funktionsthematik einander ebenso ausschließende wie ergänzende Züge einer vollständigen Seinsthematik beschreiben, was offenbar R. Mckeon in seinem Aufsatz „Process and Function“, der 1953 in der Zeitschrift „Dialectica“ erschien, bereits andeuten wollte, ist hier nicht möglich.

Wir führen zunächst den Begriff „Funktion“ als eine Relation im Sinne eines Abhängigkeitsverhältnisses zweier ontischer Gegebenheiten, die als variabel gedacht werden, ein. In solchen Funktionen, die als Abhängigkeitsverhältnisse weder material noch gegenständlich noch örtlich fixiert sind, können also „Einsetzungen“ vorgenommen werden.

Alsdann sprechen wir von „Seinsfunktion“, und dieser Ausdruck soll die Tatsache beschreiben, daß es Etwase gibt, sogenannte „Zeichen“, die sich auf Seiendes beziehen, das jeweils durch eine solche Beziehung bestimmt wird. In eine Seinsfunktion, die sich als Zeichen darbietet, kann also ein anderes Etwas, wie man sich auch ausdrücken kann, eingesetzt werden, das auf diese Weise Objekt, Seiendes wird.

Man kann die „Seinsfunktionen" klassifizieren, indem man sie nach der Zahl der Einsetzungen, die in sie vorgenommen werden können, unterscheidet. Wir sprechen also von einstelligen, zweistelligen, dreistelligen oder einfach mehrstelligen Seinsfunktionen bzw. von Seinsfunktoren, wenn man ihren erzeugenden Charakter berücksichtigt. Natürlich läßt sich auch von monadischen, dyadischen, triadischen usw. Seinsfunktionen bzw. Seinfunktoren sprechen. Jedenfalls ergibt sich eine ontologische Typentheorie, die sich jedoch nicht wie die, deren Idee Bochenski andeutete, auf Gegenstände, sondern auf Funktionen bezieht. Im Einzelnen läßt sich folgende Klassifizierung vornehmen:

> „Gegenstand" ist eine nullstellige Seinsfunktion (Seinsfunktor),
> „Zeichen" ist eine einstellige Seinsfunktion (Seinsfunktor), in die ein Gegenstand eingesetzt werden kann bzw. das sich auf ein Seiendes bezieht,
> „Bewußtsein" ist eine zweistellige Seinsfunktion (Seinsfunktor), in die zwei Etwase, Subjekt und Objekt, eingesetzt werden müssen bzw. die sich auf zwei Gegebenheiten bezieht, um erfüllt, „abgesättigt" zu werden,
> „Kommunikation" ist eine dreistellige Seinsfunktion (Seinsfunktor), in die drei Etwase, ein Zeichen, ein Expedient und ein Perzipient eingesetzt werden müssen, damit die Funktion funktioniert.

Peirce hat seinen Zeichenbegriff von vornherein als Zeichenfunktion eingeführt, und diese Zeichenfunktion, darin unterschieden vom bloßen Zeichen, das eine einstellige Seinsfunktion ist, erweist sich als eine kommunikative, also dreistellige Seinsfunktion, indem sie sich auf drei Glieder, auf das Zeichen, das Objekt und das Interpretant, bezieht.

Im Rahmen der Bewußtseinstheorie interessiert naturgemäß lediglich die Auffassung des Bewußtseins als eine dyadische Seinsfunktion. Das Bewußtsein ist danach ein die Subjekt-Objekt-Relation erzeugender zweistelliger Seinsfunktor, mit dem selbstverständlich auch die Intentionalität als „Bewußthaben von etwas" erfaßt ist. Doch wäre die Subjekt-Objekt-Relation vor allem im Hinblick auf den Unterschied zwischen diesen beiden gegenständlichen Merkmalen der Relation noch weiter zu bestimmen. Um Subjekt und Objekt als unterschiedene Argumente der Funktion des Bewußtseins aus der dyadischen Bewußtseinsfunktion abzuleiten, kann man von der Tatsache ausgehen, daß an ihrem Subjekt-Argument (Subjekt-Pol) ein anderer Prozeß entspringt als an ihrem Objekt-Argument (Objekt-Pol) oder daß, um es noch anders auszudrücken, die dyadische Bewußtseinsfunktion mit der einen „Einsetzung" anders verläuft als mit der anderen. Man kann sagen, daß die Bewußtseinsfunktion am Subjekt als Iteration und am Objekt als Abstraktion, genauer: als Apperzeption durch Iteration und als Definition durch Abstraktion, verläuft. Beide Prozesse sind als solche bekannt, die Apperzeption durch Iteration aus der „transzendentalen Logik" und die Definition aus der „formalen Wissenschaftstheorie".

Apperzeption durch Iteration soll zunächst soviel heißen wie die Tatsache, daß das Bewußtsein einer Vorstellung als solche wieder bewußt sein kann, das Bewußtsein des Bewußtseins einer Vorstellung ebenfalls usf., daß jedcs „Bewußtsein von ..." iteriert zu werden vermag und daß dann aber mit dem iterierbaren Bewußtsein „ich habe bewußt etwas" oder „ich bin mir bewußt, daß ..." ganz im Sinne der „transzendentalen Apperzeption" Kants, danach „Das: Ich denke ... alle meine Vorstellungen" begleitet, auch das „Ich", das „Selbst", also das „Bewußtsein meiner Selbst" – nur insofern es bewußt ist, gibt es ja dieses „Selbst" – in einem Vorgang der Reflexion auftritt, der vom Charakter einer Iteration mindestens essentiell begleitet ist, wenn nicht mit ihm gegeben ist. Definition durch Abstraktion meint hier die bewußte Erzeugung „neuer Objektreiche" (wie Hermann Weyl sich ausgedrückt hat) über den „Äquivalenzklassen einer Äquivalenzrelation" (wie es bei Carnap heißt). Von Heinrich Scholz und Hermann Schweitzer ist dieser Prozeß sehr genau in „Die sogenannten Definitionen durch Abstraktion" 1935 beschrieben worden, so daß man ihn heute auch formal übersieht. Der wirksame Funktor heißt „Abstraktor", seine Anwendung dementsprechend „Abstraktion". Argument ist ein Aussageteil, aus der der Funktor eine Klasse Bildet. Für uns ist wichtig, daß der „transzendente Akt", der, wie ihn Nikolai Hartmann beschrieb, „nicht im Bewußtsein allein spielt – wie Denken, Vorstellen, Phantasie –, sondern das Bewußtsein überschreitet, aus ihm hinausreicht und es mit dem verbindet, was unabhängig von ihm an sich besteht ... es sind also Akte, die eine Relation herstellen zwischen dem Subjekt und einem Seienden, das nicht erst durch den Akt entsteht, „daß dieser Akt, sofern er auf „ansichseiende Gegenstände gerichtet" ist, jene Äquivalenzklassen einer Äquivalenzrelation benötigt, d.h. also sich mit Hilfe des Abstraktors auf „Seiendes" bezieht. Nikolai Hartmann hat bis jetzt wohl am genauesten diese „transzendenten Akte" untersucht, und alles, was er über sie, die „auch" Bewußtseinsakte sind, gesagt hat, daß sie das phänomenologische Prinzip der „Intentionalität" bewahren, daß sie sich durch den Charakter des „Erfassens" auszeichnen oder daß ihr „im-Bewußtsein-Haben" nur „das Haben des im Erfassen entstehenden Bildes" sei, benutzt ja die Wirksamkeit eines abstrahierenden dyadischen Funktors, wie ihn der Abstraktor darstellt.

Was ich also zusammenfassend sagen will, ist, daß das Bewußtsein als dyadische Seinsfunktion aufgefaßt werden kann, die als dyadischer Seinsfunktor anwendbar ist und die neben anderem vor allem durch den transzendentalen Akt einer Ichseinsbildung und durch den transzendenten Akt einer Ansichseinsbildung gekennzeichnet werden kann, aber derart, daß der Prozeß der Transzendentalisierung als eine Apperzeption durch Iteration und der Prozeß der Transzendierung als eine Definition durch Abstraktion beschreibbar ist.

Nun ist klar, daß Iteration und Abstraktion, durch die sich das dyadische Bewußtsein auf das „Ich" und auf das „Ansich" bezieht, jeweils nur monadisch funktionieren können, also wie eine einstellige Seinsfunktion, d.h. wie ein Zeichenprozeß, denn das Zeichen ist ja, wie wir sahen, ein monadischer Seinsfunktor, der sich auf ein Seiendes bezieht, das somit „eingesetzt" werden kann. Und tatsächlich beziehen sich Iteration oder Abstraktion nur auf Zeichen. Nur Zeichen kann man iterieren, und nur an Zeichen kann man abstrahieren. Die Bildung „Zeichen von Zeichen von Zeichen von Zeichen etc." ist sinnvoll, nicht aber „Stuhl des Stuhles des Stuhles etc.", wenn dabei an den wirklich dastehenden Stuhl gedacht wird. Ähnlich wird der Abstraktor, der aus Tisch, Stuhl, Schrank etc. die Klassenbezeichnung Möbel bilden läßt oder aus „x raucht die Pfeife" die „Klasse der Pfeifenraucher" (Bochenskis Beispiel), nicht an realen Möbelstücken wirksam, weil ja real ein Möbelstück nicht existiert, sondern eben nur Tisch, Stuhl usw., sondern nur an den Zeichen für Tisch, Stuhl bzw. an der „Aussageform", die ja nichts anderes als ein Zeichen ist.

Jedenfalls liegen hier die Ansätze für den Übergang von einer Ontologie des Bewußtseins zur Semiotik des Bewußtseins. Semiotik wird dabei sowohl als Theorie spontaner, d.h. frei selektierbarer, Zeichen und als Theorie der „Zeichenreihen" (Hermes) verstanden. Ich darf dazu noch anführen, daß wir im Zusammenhang mit der ontologischen Typentheorie zwischen Seiendem erster Ordnung und Seiendem zweiter Ordnung unterscheiden und unter Seiendem erster Ordnung für sich bestehendes, als solches sinnvolles, unabhängiges, abgeschlossenes Seiendes, wie an sich bestehende Objekte, Dinge, verstehen, während Seiendes zweiter Ordnung alles nicht selbständig für sich bestehende und sinnvolle bzw. nicht-abgeschlossene Seiende, wie es die Zeichen darstellen, zusammenfaßt. Der Übergang von der Ontologie des Bewußtseins zur Semiotik des Bewußtseins innerhalb der Bewußtseinstheorie bedeutet also den Übergang von einer seinsthematischen zu einer zeichenthematischen Auffassung des Bewußtseins, die natürlich dem Übergang vom substanziellen zum funktionalen Bewußtseinsbegriff entspricht.

Die gnoseologische Rolle des Bewußtseins erscheint also in neuem Licht. Bewußtsein als „Haben von ..." im Sinne einer Tätigkeit kann als Zeichenprozeß eingeführt werden. Die Habenfunktion der Bewußtseinsfunktion erweist sich als Zeichenfunktion, die im Unterschied zur monadischen Seinsfunktion des bloßen Zeichens, als dreistellige Seinsfunktion aufgefaßt und als „Kommunikation" interpretiert werden kann. Ich habe im Anschluß an Peirce die Zeichenfunktion als triadischen Funktor beschrieben, der den Zeichenträger, das Etwas, worauf sich das Zeichen bezieht und das vermittelt wird, und schließlich den Interpretanten, der das Zeichen gibt oder empfängt, als Argumente besitzt. Damit ist aber nach Meyer-Eppler auch das Modell einer Kommunikationskette für die elementare Beobachtung gegeben, in der das Objekt als Expedient und das Subjekt als Perzipient auftritt und Signale vermittelt. Mit Recht hat daher G. Günther schon 1952 unter Voraussetzung einer kybernetischen, d.h. über den Prinzipien der Steuerung und der Information gebildeten, Terminologie von Bewußtsein im Sinne auf sich selbst reflektierbarer Information gesprochen.

Information ist genau wie Kommunikation im Medium des Seienden zweiter Ordnung, also im Medium der Zeichen natürlich nicht überraschend. Information und Kommunikation bilden die identisch eine triadisch gebaute Zeichenfunktion, die wir Bewußtsein nennen.

Eine Schwierigkeit für diese einem kybernetischen Bewußtseinsbegriff dienliche Auffassung bereitet der in der funktionalen und semiotischen Bewußtseinstheorie zu fordernde Zusammenhang zwischen Intentionalität im phänomenologischen und Information im statistischen Sinne. Es haben sich schon verschiedene Autoren mit diesem Problem beschäftigt, doch war es bisher nicht akut. Daß die Reduktion der intentionalen Problematik auf die Zeichenthematik ebenso unschwer gelingt wie die entsprechende Reduktion der Informationstheorie, erhellt aus der Bedeutung des Zeichenbegriffs sowohl in der Phänomenologie wie auch in der Kommunikationstheorie. Ich verweise lediglich auf Husserls „Logische Untersuchungen" und auf Cherrys „Human Communication". Nicht so leicht zugängig ist allerdings die statistische Seite der frage. Weaver hat betont, daß (intentionale) „Bedeutung" und (statistische) „Information" in einem reziproken, komplementären Verhältnis zueinander stünden. Er hat damit sagen wollen, daß der innovative Charakter der Information jenem Faktum in der Bedeutung widerspricht, der ihre intuitive Evidenz ausmacht, d.h. daß Unvorhersehbarkeit also der Augenscheinlichkeit im Vorgang des Erkennens tatsächlich entgegenarbeite.

Ich bin nicht sicher, daß diese oft zitierte Überlegung richtig ist. Sicher scheint mir nur, daß die Innovation in dem Maße die Information bestimmt wie die Intuition die Intentionalität. „Evidenz bezeichnet", wie Husserl in der „Formalen und transzendentalen Logik" schreibt, „die intentionale Leistung der Selbstgebung". Genauer gesprochen, sei sie „die allgemeine ausgezeichnete Gestalt der ‚Intentionalität' des ‚Bewußtseins von etwas ...' (p. 141)". Da die „Selbstgebung" ausdrücklich als „originär", und als „intuitiv" gekennzeichnet wird (p. 141ff.), ist sie „schöpferische Urstiftung" (p. 142). Man braucht nur daran zu erinnern, daß auch der innovative Charakter der Information als original (Moles) oder als kreativ (Bense) gedeutet werden kann, um deutlich zu machen, daß es wesentliche gnoseologische, semiotische und bewußtseinstheoretische Bestimmungsstücke gibt, die gleichermaßen für das zutreffen, was man unter statistischer Information, und für das, was man unter phänomenologischer Intentionalität versteht. Doch waren diese Dinge hier nur anzudeuten, ausführlich kann ich erst an anderer Stelle darauf eingehen. Anführen will ich lediglich noch die Bemerkung Husserls in der „Formalen und transzendentalen Logik", daß „die Selbstgebung, wie jedes einzelne intentionale Erlebnis, Funktion ist im universalen Bewußtseinszusammenhang. Ihre Leistung ist also nicht in der Einzelheit abgeschlossen, auch nicht die als Selbstgebung, als Evidenz, sofern sie in ihrer eigenen Intentionalität implizite weitere Selbstgebungen „fordern", auf sie „verweisen" kann, ihre objektivierende Leistung zu vervollständigen" (p. 143). Wolfgang Patschke hat in seiner Dissertation „Die Beziehung zwischen Information und Intentionalität" 1959 zu zeigen versucht, daß auch der statistische Informationsbegriff intentional konstruiert sei, und die durch von Cube gern benutzte Unterscheidung zwischen „subjektiver" und „objektiver" Information scheint mir ein Beitrag zu dieser Überlegung zu sein. Was aber zweifellos das in diesen Untersuchungen Entscheidende für eine allgemeine kybernetische Bewußtseinstheorie, wie ich jetzt sagen möchte, ist, besteht darin, daß es sowohl vom Standpunkt der statistischen Informationstheorie wie auch vom Standpunkt der phänomenologischen Intentionalitätstheorie jenen transzendentalen Ansatz gibt, der „alles Seiende" in der Bewußtseinssubjektivität" konstituiert, – konstituiert im Sinne jener „operativen Einheit der Funktionen", deren eine z.B. die Intentionalität und deren andere die Informativität ist. Um dieser für „Bewußtsein" entscheidenden „operativen Einheit der Funktionen" willen, auf der G. Günther mit Recht so besteht, mußte der Zusammenhang zwischen dem intentionalen und informativen Charakter der „Bewußtseinsfunktion auch hergestellt werden.

Soweit jedenfalls die operative Einheit seiner Funktionen als ein iterativ anwendbarer Funktor wirksam ist, gründet Bewußtsein in (subjektivierender) Transzendentalität; soweit dieser Funktor als dyadische Seinsfunktion beschrieben werden kann, konstituiert er (objektivierende) Transzendenz „An sich"; realisierbar als purer Zeichenprozeß (in Daten bzw. in Signalen technischer Provenienz) ist dieses metatechnisch hier fixierte Bewußtsein relativ unabhängig, was Ort und Materialität seiner Realisierung anbetrifft. Doch in dem Maße, wie es als Funktion ablösbar ist von spezifisch humanen Bedingungen, wird die Funktion spezifisch, was eben den Ort und die Materialität ihrer Realisierung angeht. Nicht die Funktion, nur die Realisierung kann also spezifisch sein. Es kann demnach im Prinzip stets nur die identisch-eine Bewußtseinsfunktion sein, von der die Rede ist, gleichgültig ob sie menschlich gegeben oder maschinell konstruiert ist. Die grundsätzliche Transportabilität der Bewußtseinsfunktion muß zugegeben werden, sofern sie als (informativer und intentionaler) semiotischer Ablauf darstellbar ist.

Es gibt Überlegungen Fichtes, vor allem in der „Transzendentalen Logik", ich sagte es schon, denen auch diese Auffassungen hier viel verdanken. Gotthard Günther hat sie bereits vorbildlich für eine Terminologie und Theorie der Reflexionsprozesse ausgenützt, durch die dieser Versuch einer allgemeinen ebenso phänomenologischen wie technologischen Bewußtseinstheorie angeregt worden ist. Mir scheint nun, daß es besonders eine Stelle der Fichteschen Überlegungen ist, die in unserem speziellen Zusammenhang aktuell bewertet werden kann. Die Stelle der „Transzendentalen Logik" (1812, Ed. 1912, p. 19), wo gesagt wird, daß „nicht das Ich", sondern „das Wissen" denke und daß „das Ich dies Geschäft reproduzieren, nachmachen, nachbilden" könne, so daß „also nicht das ursprüngliche, sondern das nachgemachte ... das Produkt des Ich" sei. In diesem Sinne der Fichteschen „Transzendentalen Logik" ist die allgemeine Bewußtseinsfunktion primär und das menschliche Bewußtsein ihr Sonderfall, ihre Nachahmung, Reproduktion einer universal möglichen Relation.

Vorstehende Überlegungen rücken also die Zeichenfunktion, nicht die Urteilsfunktion ins Zentrum der Theorie des Bewußtseins. Bewußtsein ist primär von der Zeichenfunktion her verständlich, erst sekundär handelt es sich bei ihm um die Urteilsfunktion. Das entspricht einer kritischen Bemerkung Peirce's über Kant, in der er für den Vorrang einer Theorie der „signs of all sorts" gegenüber „his function of jugdement" in der Philosophie eintritt. Nietzsche hat meiner Auffassung nach die semiotische und informationstheoretische (kybernetische) Bewußtseinstheorie antizipiert, als er in der „Fröhlichen Wissenschaft" notierte: „... so darf ich zu der Vermutung weitergehen, daß Bewußtsein überhaupt sich nur unter dem Drucke des Mitteilungsbedürfnisses entwickelt hat" (Nr. 354).

Elemente und Zeichen

Moderne Ästhetik hat sich in drei Phasen entwickelt: als spezielle Zeichentheorie, als angewandte Statistik und als Zweig einer verallgemeinerten Informationstheorie. Man kann daher von semiotischer, statistischer und informationeller Ästhetik sprechen. Für die Sache grundlegend ist die Zeichenästhetik, für die Methode grundlegend ist die Statistik; in der Informationsästhetik kommen beide Gesichtspunkte zusammen. Historisch gesehen, wurde die semiotische Ästhetik zuerst entwickelt. Sehen wir von Vorläufern in der allgemeinen Semiotik (etwa Arnauld, Leibniz, Lambert, d'Alembert u.a.) und in der spekulativen Ästhetik (etwa Eberhard, Krause, Hegel, Whitehead u.a.) ab, so liegen die für uns heute wichtigen Voraussetzungen in den Arbeiten von Peirce, de Saussure und Morris vor. Im Folgenden handelt es sich darum, einige Grundlagen der neueren Ästhetik, soweit sie der Semiotik angehören, schematisch darzustellen und zu ergänzen.

Zunächst ist gerade für die ästhetische Theorie die Unterscheidung zwischen Element und Zeichen wichtig. Elemente haben im allgemeinen noch einen selbständigen Sinn, Zeichen nicht. Elemente sind grundsätzlich materialer Natur, Zeichen fungieren jedoch nur fundamental. Elemente müssen mehrfach zur Verfügung stehen und mehrfach verwendbar sein, Zeichen nicht unbedingt. Einmaligkeit kann zum Prinzip eines Zeichens gehören, nicht aber zum Prinzip eines Elements. Weiterhin ist hervorzuheben, daß Zeichen stets in einem Kommunikationsprozeß (K-Prozeß) fungieren, Elemente jedoch wiederum nicht unbedingt, allerdings gehören diese stets einem physikalischen Prozeß (P-Prozeß) an. (Falls ein K-Prozeß für Elemente existiert, dann er als Wahrnehmung im Sinne einer Beobachtung (B-Prozeß) aufgefaßt werden. Elemente fungieren in einem Verknüpfungsschema und Zeichen in einem Kommunikationsschema. Im Verknüpfungsschema entstehen „Strukturen". Vom Standpunkt des Zeichenbegriffs, wie ihn Peirce und im Anschluß an ihn Morris konzipiert haben, kann man sagen, daß ein Zeichen nicht als „Gegenstand", sondern als „Funktion" zu verstehen ist. Ein Zeichen „ist" nicht, ein Zeichen „funktioniert". Funktionieren vollzieht sich stets im Schema materialer Relation. Materiale Relationen sind Träger der Funktionen, die Zeichenfunktion setzt eine dreigliedrige materiale Relation voraus, deren Schema schon von Peirce im wesentlichen folgendermaßen bestimmt wurde:

ZT bezeichnet den Zeichenträger, O das, was durch das Zeichen bezeichnet und vermittelt wird, I den Kommunikanten, d.h. den Geber oder

Empfänger des Zeichens im Zeichenprozeß (Z-Prozeß) bzw. K-Prozeß, Zf bezeichnet die Zeichenfunktion als Ganzes.

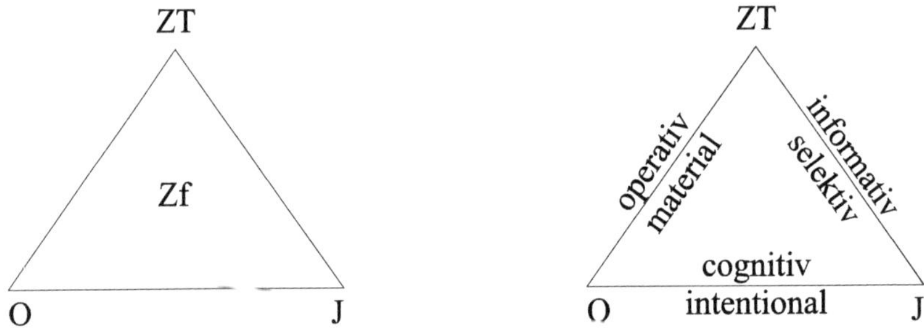

Man macht sich leicht klar, daß die Teilrelation zwischen ZT und I die selektiven und informativen Momente, die Teilrelation zwischen I und O die cognitiven und intentionalen Momente und die Teilrelation zwischen O und ZT die operationellen und materialen Momente enthält.

Die Manipulierbarkeit eines Zeichens kann sich in drei Dimensionen bzw. in drei Freiheitsgraden vollziehen, deren Schema man sich heute folgendermaßen denkt:

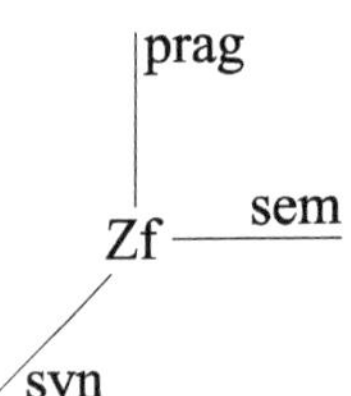

Syn bezeichnet die syntaktische, sem die semantische, prag die pragmatische Dimension. In der syntaktischen Dimension verbindet sich ein Zeichen mit anderen Zeichen, in der semantischen Dimension bezeichnet das Zeichen bzw. bedeutet es etwas, in der pragmatischen Dimension bezeichnet es jemanden.

Ein weiteres Schema der Zeichenfunktion läßt sich gewinnen, wenn man Gesichtspunkte der Kommunikations- und Informationstheorie berücksichtigt. Zeichen können dazu dienen, einen Sachverhalt zu „realisieren“, zu „kodieren“ (bzw. zu „dekodieren“) und zu „kommunizieren“ (bzw. zu „dekommunizieren“).

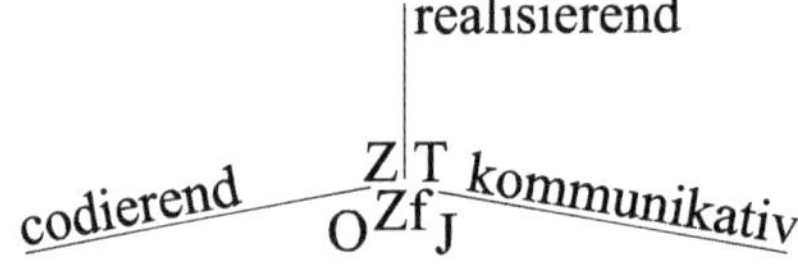

Das Schema macht offenbar, daß die realisierende Funktion sich vor allem am Zeichenträger, die kommunikative Funktion sich vor allem am Kommunikanten und die kodierende Funktion sich vor allem am Zeichenobjekt auswirkt. Man wird auch darauf aufmerksam machen müssen, daß in der realisierenden Funktion vor allem selektive und materiale Momente, in der kommunikativen Funktion vor allem operationelle und intentionale Momente zusammentreffen. Nun geht auch die Auffassung des Zeichens als Symbol, Ikon oder Index auf Peirce und Morris zurück. Symbol meint das Zeichen als bloßes Zeichen; Ikon ist ein Zeichen, sofern es abbildenden Charakter besitzt, derart, daß es, wie Morris es ausgedrückt hat, eine Übereinstimmung mit dem zeigt, was es abbildet. Diese Übereinstimmung (Ähnlichkeit) kann struktural, aber auch material sein. Man kann daher, über Morris hinausgehend, von einem strukturalen und von einem materialen Ikon sprechen. Ein Porträt ist im allgemeinen ein strukturales Ikon, genau wie eine Landkarte. Der Pfiff einer Lokomotive kann in gewisser Hinsicht als ein noch materiales Ikon der Lokomotive aufgefaßt werden. Krankheitssymptome (Schmerzen) sind materiale Ikone. Index ist ein Zeichen, wenn es auf das, was vermittelt werden soll, nur hinweist, genauer also: eine Anweisung zur Vermittlung wie z.B. ein Wegweiser, die Angabe einer Seitenzahl usf. Ein Wegweiser, der auf einen Wald hinweist, kann nun zugleich auch das kartographische Zeichen eines Kugelbaumes zeigen. Ein Index kann demnach also durchaus ikonisch sein. Im allgemeinen kennzeichnet das Symbol die realisierende Funktion und hebt die syntaktische Dimension hervor, kennzeichnet das Ikon die kodierende Funktion in der semantischen Dimension und ist der Index typisch für die kommunikative Funktion und pragmatische Dimension eines Zeichens.

Es wird nun weiter der Unterschied gemacht zwischen dem, was das Zeichen bezeichnet (designiert) und dem, was es bedeutet (denotiert). Morris' Beispiel: ein akustisches Zeichen kann einen Pfiff designieren, aber der Pfiff muß nicht eine herannahende Lokomotive bedeuten.

Symbol
realisierend
Z T
codierend O J kommunikativ
Ikon Index

Man muß nun, wieder über Morris hinausgehend, die designata bzw. Denotata ebenfalls entsprechend den Zeichen klassifizieren. Das Zeichen als Symbol designiert in jedem Falle sein Material. Das Zeichen als Ikon hingegen designiert mindestens in den Fällen, in denen es sich um ein strukturales Ikon handelt, einen „Gegenstand" oder, wie man auch sagen könnte, eine „Bedeutung". Erst das Zeichen, das ein Index ist, designiert das, was Morris im Anschluß an Dewey und Mead als „Wert" bezeichnet hat. Man kann es auch so ausdrücken: die realisierende Funktion eines Zeichens reflektiert primär auf Material (Symbol), die kodierende auf Bedeutung (Ikon) und die kommunikative auf Wert bzw. Sinn (Index). Schon diese subtilere Klassifikation läßt

Designat = Material
Symbol
realisierend
Z T
codierend O J kommunikativ
Ikon Index
Designat = Bedeutung Designat = Wert

es nicht zu, die Auffassung Morris' zu teilen, daß der ästhetische Zeichenprozeß ein ikonischer ist (7) und daß die Designata der ästhetischen Zeichen Werte sind. Diese Formulierung ist zweifellos zu allgemein und zu grob.

Ein (ideales) Kunstwerk, aufgefaßt als Träger ästhetischer Zeichen, stellt gewiß ein Ganzes dar und als Ganzes einen ästhetischen Zeichenkomplex, der singulär ist. Ästhetische Zeichen tendieren im Gegensatz zu bloß elementaren Zeichen (Elementen) zweifellos auf Singularität. Sie erscheinen als solche nur einmal, können als solche nur einmal verwendet werden (im idcalen Fall).

Von hier aus kenn nun m.E. die ästhctische Realisation aufgeklärt werden. Wir führten eingangs das Zeichen als „unselbständiges Sein" ein. Das bedeutete es, daß wir sagten: es „ist" nicht, sondern „funktioniert". Der Sinn des „Funktionierens" ist die ontologische Sättigung des Zeichens, seine Realisation macht es selbständig. Die Designation gehört zur Realisation, insofern die Designata das Zeichen abschließen, sättigen, verselbständigen. Nur realisiertes Sein ist selbständiges Sein. Diese ontologische Sättigung kann in der materialen Eigenwelt der Zeichen, aber auch in der relationalen Außenwelt der Zeichen durchgeführt werden (in der semiotischen Phase und in der ontischen Phase). Es ist also ohne weiteres zu rechtfertigen, wenn man von einer gewissen Priorität der Realisationsfunktion im Zeichenprozeß spricht. Singuläre Zeichen bzw. Zeichenkomplexe, wie es die ästhetischen Zeichen, die wir Kunstwerke nennen, darstellen, können als solche nicht kodierbar sein. Die Priorität der Realisationsfunktion im ästhetischen Zeichenprozeß zeigt sich gerade darin, daß ästhetische Zeichen bzw. Zeichenkomplexe (ästhetische Botschaften) singulärer Natur sind. Kodierbarkeit würde ihre Singularität verletzen, wenn nicht sogar aufheben. Dennoch kann man danach fragen, welcher kategoriale Zeichencharakter in der Singularität eines Kunstwerks designiert wird. Die Singularität kann offenbar symbolisch (material), ikonisch (semantisch, denotativ) oder indexmäßig (axiologisch, kommunikativ) sein. Statistische Ermittlungen, wie sie von Fucks, Guiraud u.a. (8) durchgeführt wurden, erstrecken sich bei Texten primär auf die materiale Zeichensphäre der Symbole, d.h. der linguistischen Elemente. Abzählung der mit den sprachlichen Partikeln und Einheiten realisierten Ikon- und Indexzeichen würde es möglich machen, statistische Charakteristiken in die nicht-materialen Schichten eines ästhetischen Zeichenprozesses hineinzutreiben. Allerdings müßten größere Proben vorausgesetzt werden. Auf diese Weise könnte die bisherige syntaktische Textästhetik (die durch die statistischen Charakteristiken Fucks's, Guirauds u.a. involviert wird) in eine semantische überführt werden.

Allgemeine Grundlagen moderner Ästhetik

Die moderne Ästhetik ist Forschung, d.h. sie erschließt ein erforschbares Gebiet, das offen, nicht abgeschlossen ist. Sie stellt also eine „unabgeschlossene", keine komplette Theorie dar, die bereits historisch werden könnte. Sie bedient sich in dieser Forschung, wie Wissenschaft überhaupt, vor allem rationaler und experimenteller Methoden. Sie ist eher technologische als metaphysische Ästhetik. Es überwiegen mathematische, nicht philosophische Begriffsbildungen.

Es kann zwischen allgemeiner und spezieller Ästhetik unterschieden werden. Die allgemeine Ästhetik untersucht das „Ästhetische", das zunächst als undefinierter empirischer Begriff eingeführt wird, in allen seinen Varianten, sofern es losgelöst von bestimmten Prozessen und Objekten methodisch betrachtet werden kann; sie ist also mehr oder weniger eine abstrakte Theorie. Die spezielle Ästhetik hingegen untersucht das „Ästhetische" in allen seinen Varianten, sofern es an bestimmten Objekten auftritt bzw. mit bestimmten Prozessen verbunden ist; sie hat also eine Tendenz auf Kunsttheorie.

Sowohl am ästhetischen Objekt (z.B. an einem Kunstwerk) als auch im ästhetischen Prozeß (der zu einem ästhetischen Objekt als Resultat führt) werden der „Träger" des „Ästhetischen" von diesem selbst unterschieden. Das „Ästhetische" bedarf eines „Trägers", es kann nur an einem solchen wahrgenommen und hergestellt werden. Der „Träger" ist material und gegenständlich konstituiert. Das „Ästhetische" ist also selbst kein Gegenstand, keine Substanz, bezeichnet keine Wesenheit. Man kann sagen, es bezeichne einen Zustand, den ästhetischen Zustand, eine relationale Realität, die ästhetische Realität.

Dieser relationale Zustand der ästhetischen Realität wird in der modernen Ästhetik auf zweifache Weise beschrieben: semiotisch und numerisch. Das heißt: Der relationale Zustand, den wir als ästhetische Realität akzeptieren, hat Zeichencharakter; er ist ontologisch sekundär, gehört der zweiten Seinsklasse an, er ist kein Sein, aber hat Seinsfunktion, und das heißt weiter: dieser Zeichencharakter der ästhetischen Realität äußert sich in bestimmter, zahlenmäßig zugängiger Verteilung gewisser Materialien, deren Inbegriff wir den „Träger" nennen. In der semiotischen Ästhetik handelt es sich um die Einführung der syntaktischen, semantischen und pragmatischen Dimension als Klassifikationsmerkmale ästhetischer Zustände. Wir sprechen von den syntaktischen, semantischen und pragmatischen Freiheitsgraden des ästhetischen Objektes bzw. des ästhetischen

Prozesses. Im Zusammenhang damit steht die Verwendung der von Peirce stammenden Zeichenklassen der Symbole, Ikone und Indices. Ein ästhetisches Objekt, ein Kunstwerk beliebiger Art, kann in einzelne Komponenten wie auch als Ganzes als Symbol (Zeichen abstrakter Allgemeinheit), als Ikon (Zeichen abbildender oder übereinstimmender Funktion) bestimmt werden. Alles Figurative, auch Farben sind ikonisch; Expression, Symmetrien, Perspektive, Kontraste sind indexikalisch.

In einem Satz wie „Simba ist ein Hund" fungiert der Name „Simba", wie jeder Name, als Index, das Prädikat „ein Hund", das ein Übereinstimmungsmerkmal angibt, als „Ikon", während der ganze Satz indexikalisch aufzufassen ist. Seit der Topik der antiken Rhetorik fungiert ein Topos wie „Ich bringe noch nie gesagtes" oder „Hier schließt die Mär" als Index, aber eine Metapher wie „Es lacht die Au" oder „Ohren des Herzens" als Ikon.

Zeichen oder Zeichenfolgen existieren natürlich nur in einem Kommunikationsschema, das aus einem Geber und einem Empfänger besteht. Jeder Zeichenprozeß ist ein Kommunikationsprozeß. Als Zeichenprozeß leitet Kunst stets einen Kommunikationsprozeß ein. Die semiotische Betrachtung der Kunst führt zwangsläufig zu einer kommunikativen. Aus der semiotischen Ästhetik entwickelt sich die Kommunikationsästhetik. Sie verwendet die Mittel der allgemeinen Kommunikationstheorie zur Lösung der Kommunikationsprobleme, die mit der ästhetischen Realität verknüpft sind.

Zeichen oder Zeichenfolgen in einem Kommunikationsschema treten entweder *original und innovativ* oder *konventionell und redundant* auf. Im ersten Falle sprechen wir von *Information* (sofern Information soviel wie Neuigkeit bedeutet); im zweiten Falle sprechen wir von Bedeutung (sofern *Bedeutung* auf Konvention, also Übereinkunft beruht). Im Kommunikationsschema sind also Zeichenprobleme mit Informationsproblemen verbunden. Sofern ästhetische Zustände den Realitätscharakter der Zeichen haben, existieren auch bestimmte informative Merkmale des Ästhetischen. Wir sprechen daher von ästhetischer Information und von ästhetischen Botschaften. Sofern das „Ästhetische" den Modus der „Zeichen" besitzt, hat es die Natur einer Information, die als eigentliche Information auf ihrer Innovation und als uneigentliche Information auf ihrer Konvention beruht. In der Informationsästhetik, die sich auf diese Weise aus der semiotischen Ästhetik neben der Kommunikationsästhetik ergibt, bezeichnen wir das innovative Merkmal einer ästhetischen Botschaft (eines Kunstwerks) als Originalität und das konventionelle Merkmal als Stil.

Die zweite Möglichkeit, den relationalen zustand der ästhetischen Realität zu beschreiben, besteht, wie gesagt, neben der semiotischen in der numerischen. Die mathematischen Mittel, die dazu notwendig sind, berücksichtigen selbstverständlich die Tatsache, daß die ästhetische Realität als eine Realität der Zeichen aufgefaßt werden muß, die im Schema der Information und der Kommunikation funktioniert.

Der relationale Charakter der Zeichen kann zunächst sowohl räumlicher als auch zeitlicher Natur sein, und ihr innovatives oder redundantes Auftreten ist eine Frage ihrer Häufigkeit, ihrer Frequenz. Mit dieser Feststellung sind sogleich die topologischen und die statistischen Mittel als Möglichkeiten der numerischen Beschreibung ästhetischer Gegebenheiten bezeichnet. Denn die Topologie ist eine Disziplin der Mathematik, die auf eine höchst allgemeine Weise die relationalen Verhältnisse extensionaler Zusammenhänge betrachtet, und die Statistik ist diejenige Disziplin der Mathematik, in der Häufigkeitsverteilungen beliebiger Elemente, Ereignisse oder Objekte, zahlenmäßig untersucht werden.

In gewisser Hinsicht gibt natürlich die mathematische Theorie eines „ästhetischen Maßes", die G.D. Birkhoff in den dreißiger und vierziger Jahren für elementare Klassen ästhetischer Objekte (Polygone, Formen, Netze) aufgestellt hat, bereits eine topologische Beschreibung ästhetischer Realität. Andererseits konnte von R. Gunzenhäuser auch eine statistische Deutung jenes „ästhetischen Maßes" gegeben werden. Daß das Birkhoffsche Maß der modalen ontologischen Lage der ästhetischen Realität entspricht, habe ich früher schon nachgewiesen. Birkhoff übernimmt zur Bestimmung dessen, was wir (im positiven oder negativen Sinne) als ästhetische Realität bezeichnet haben, den traditionellen Ausdruck „schön" bzw. „Schönheit". Der Ausdruck ist undefiniert. Um ihn zu definieren wird der Ansatz gemacht, es handelt sich dabei durchaus um eine Hypothese, daß erfahrungsgemäß diese Schönheit (eines ästhetischen Objektes) von zwei anderen Größen abhängt, von dem, was schon in der künstlerischen Tradition als „Ordnung" und dem, was ebenfalls bereits früher als „Komplexität" bezeichnet worden ist. Bei Birkhoff ist trotz seiner psychologischen Hinweise mit den Begriffen „Ordnung" und „Komplexität" stets Ordnung und Komplexität der aufgewandten Materialien gemeint. Erfahrungsgemäß, so entwickelt Birkhoff seine Überlegung weiter, wächst Schönheit mit einem gewissen Grad von Ordnung dieser Materialien an, und sie vermindert sich mit zunehmender Komplexität, wobei unter Komplexität primär einfach die Zahl der zur Herstellung des ästhetischen Objektes notwendigen und wesentlichen Elemente verstanden wird, z.B. die Zahl der Noten bei einer Komposition. In der Berechnung wird jedoch der Begriff der Komplexität ebenso spezifiziert wie der

Begriff der Ordnung. Der Wert des Schönheitsmaßes ist rein skalar, er hat keine Einheit, ist also ein purer Vergleichswert. Die Berechnung kann sich daher sinnvoll nur auf eine verwandte Klasse ästhetischer Objekte beziehen, für die Ordnung und Komplexität einheitlich bestimmt werden kann, d.h. für die einheitlich gesagt werden kann, von was für charakteristischen Gegebenheiten, die an den betrachteten Objekten einheitlich aufweisbar sind, die Ordnungswerte und Komplexitätswerte abhängen.

Wie gesagt, Birkhoff betrachtet zunächst die Klasse einfacher geometrischer Figuren, die Polygone, Quadrate, Rechtecke, gleichseitige Dreiecke, Kreuze, Sterne, Trapeze etc.

Er findet, daß die angesetzte Funktion

$$M = f(O, C)$$

die Gestalt hat

$$M = \frac{O}{C}$$

und daß dieser Quotient bestimmt werden kann, wenn man einen Zahlenwert für O und einen anderen für C gewonnen hat.

Birkhoff findet diese Zahlenwerte, indem er O, die Ordnung (dieser betrachteten Polygone), von charakteristischen geometrischen bzw. topologischen Bestimmungsstücken abhängig sein läßt, deren Vorhandensein (oder Nichtvorhandensein) durch eine Zahl zum Ausdruck gebracht wird. So ist das O der Polygone also abhängig vom Vorhandensein oder Nichtvorhandensein der vertikalen Achsensymmetrie V. Bei vorhandener Achsensymmetrie setzt er 1, sonst 0; weiter ist es abhängig von der Tatsache, ob das Polygon im Gleichgewicht E ist oder nicht; Birkhoff bringt das durch +1 oder –1 zum Ausdruck; wichtig für 0 ist alsdann das Element R, die Rotationssymmetrie, das den Wert o besitzt, wenn keine solche Symmetrie vorhanden ist, und das den Wert R = a/2 besitzt, wenn sie existiert, wobei sich q durch $2\pi/\alpha$ bestimmt, worin α der kleinste Winkel ist, um den man das Polygon drehen kann, damit es mit seiner ursprünglichen Lage zur Deckung kommt; alsdann ist zu berücksichtigen das Vorhandensein oder Nichtvorhandensein eines Horizontal-Vertikal-Netzes HV, und zwar setzt man 2, wenn, wie z.B. beim Quadrat, alle Polygonseiten auf Netzseiten liegen, und man setzt 1 oder 0, wenn nur einige Seiten des Polygons Seiten eines solchen Netzes sind bzw. keine; zuletzt wird zur Bestimmung der Ordnung O der Polygone noch das Faktum berücksichtigt, ob eine vom Zentrum ausgehende Gerade das Polygon nur einmal schneidet, oder eine beliebige vertikale bzw. horizontale Gerade das Polygon in höchstens zwei Punkten schneidet, denn von diesem Sachverhalt ist der Grad der Verschachtelung, der Überblickbarkeit der Form des Polygons abhängig, und man setzt o oder –2 je nach dem, ob die Charakteristik zutrifft oder nicht.

Für die Polygone nimmt also das „ästhetische Maß“ die Gestalt

$$M = \frac{O}{C} = \frac{V + E + R + HV - F}{C}$$

an, wobei als Zahl für C, die Komplexität, die kleinste Anzahl der Geraden, auf der die Polygonseiten liegen, genommen wird. Für die Polygone Quadrat, Rechteck, gleichseitiges Dreieck, reguläres Fünfeck, reguläres Sechseck, regulärer Stern usw. ermittelte Birkhoff die Werte 1,50; 1,25; 1,18, 0,90; 0,83; 0,83; diese Werte zeigen den absteigenden (Birkhoffschen) Schönheitsbetrag in der genannten Folge der Polygone.

Birkhoff hat alsdann diese Art der ästhetischen Kalkulation auf Netze (Muster, Mosaiken) ausgedehnt. Als Ordnungsmaß schlägt Birkhoff eine Größe

$$O = S - R$$

vor, worin S die Summe der „ästhetischen Maße“ aller am Aufbau dieses Netzes beteiligten charakteristischen Polygone ist, wobei Quadrate und Rechtecke einfach und andere Polygone doppelt gezählt werden, und R entweder o oder 1 ist, je nachdem ob für den Betrachter ein zentraler Ruhepunkt vorhanden ist oder nicht. Unter C wird sinnvoll die kleinste Anzahl von Elementarpolygonen verstanden, die das Grundgebilde des Netzes erzeugen. Das „ästhetische Maß“ ergibt sich als

$$M = \frac{S - R}{C}$$

Zum Verständnis gebe ich drei Beispiele die R. Gunzenhäuser in seiner Dissertation durchgerechnet hat.

Beispiel 1

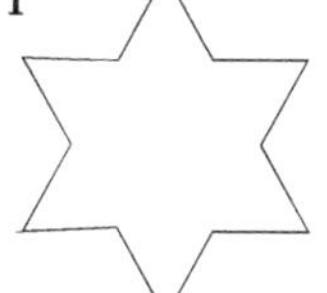

Da jeweils zwei Polygonseiten auf einer Geraden liegen, ergibt sich

$$C = 6$$

Bei der Bestimmung der Ordnungselemente erhält man

a) wegen vertikaler Symmetrie

$$V = 1$$

b) wegen vorhandenen Gleichgewichts

$$E = 1$$

c) wegen vorhandener Rotationssymmetrie mit einem Drehwinkel von

$$\alpha = 60° = \frac{3}{\pi}$$

ergibt sich q = 6 und R = 3

d) Das Polygon ist nicht Polygon eines Horizontal-Vertikal-Netzes man setzt deswegen HV = 0

e) Beide Bedingungen für „erfreuliche Form" sind erfüllt, also ist

$$F = 0$$

Aus den einzelnen Zahlengrößen ergibt sich

$$M = \frac{1+1+3+0+0}{6}$$

$$M = 5/6 = 0{,}833.$$

Beispiel 2

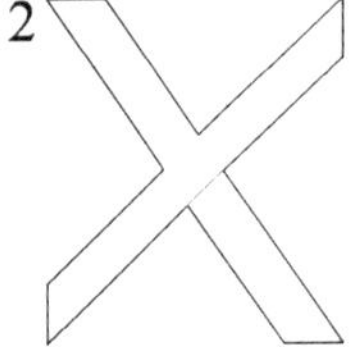

Die Komplexität ergibt sich durch Abzählen der Polygonseiten zu

$$C = 8$$

Bei der Bestimmung der Ordnungselemente erhält man:

a) keine vertik. Symmetrie, also

$$V = 0$$

b) kein Gleichgewicht des Polygons, also

$$E = -1$$

c) Wegen Rotationssymmetrie bei einem Drehwinkel von 90° = π/2 ergibt sich

$$R = 2$$

d) Das Polygon hat kein Horizontal-Vertikal-Netz, also HV = 0

e) Jede vom Rotationszentrum ausgehende Gerade schneidet das Polygon genau einmal; man setzt deswegen

$$F = 0$$

Aus den einzelnen Zahlengrößen ergibt sich

$$M = \frac{0-1+2+0+0}{8}$$

$$M = 1/8 = 0{,}125$$

Beispiel 3 (ein Netz, Fliesenmuster).

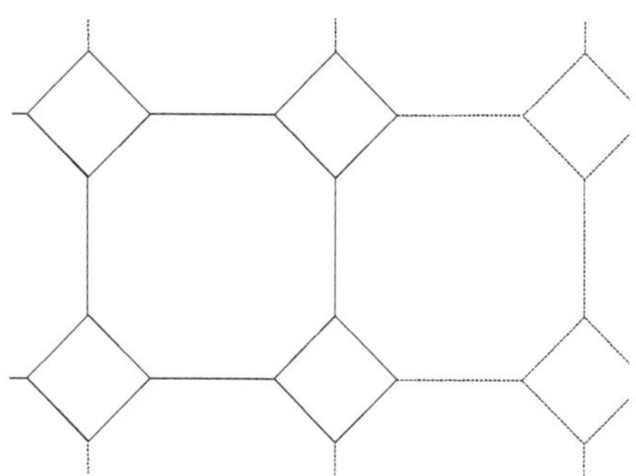

Die fünf in der vorstehenden Figur ausgezogenen Polygone bilden das Grundgebilde des Netzes, also die kleinste Anzahl der Elementarpolygone, die am Aufbau des Netzes beteiligt sind. Diese Mindestzahl ist 5, für C ist also der Wert 5 einzusetzen. Zur Bestimmung des Ordnungsmaßes für das Netz hat man die beiden ästhetischen Maße der Elementarpolygone zu bestimmen:

a) Ästhetisches Maß M_1 des Achteck-Polygons:
Komplexität: C = 8;
Ordnungselemente:
Wegen Vertikalsymmetrie: V = 1
wegen Gleichgewicht: E = 1
wegen Rotationssymmetrie: R = 4
kein Horizontal-Vertikal-Netz HV = 0
wegen der allgemeinen Form: F = 0
Daraus ergibt sich

$$M_1 = \frac{1+1+4+0+0}{8} = \frac{8}{6} = 0{,}75$$

b) Ästhetisches Maß M_2 der quadratischen Polygons:
Komplexität: C = 4
Ordnungselemente:
wegen Vertikalsymmetrie: V = 1
wegen Gleichgewicht: E = 1
wegen Rotationssymmetrie: R = 2
wegen Horizontal-Vertikal-Netz: HV = 2
wegen der allgemeinen Form: F = 0
Daraus ergibt sich

$$M_2 = \frac{1+1+2+2+2+0}{4} = \frac{6}{4} = 1{,}5$$

Für das Ordnungsmaß des Netzes ergibt sich also

$$S = 2 \cdot M_1 + M_2 = 2 \cdot 0{,}75 + 1{,}50 = 3{,}00$$

Und, weil ein Zentrum vorhanden ist,

$$R = 0.$$

Damit ergibt sich

$$M = \frac{S - R}{C} = \frac{3{,}00 - 0}{5}$$

$$M = 3/5 = 0{,}6$$

Schließlich hat Birkhoff im Anschluß an die ästhetische Theorie der Polygone noch eine entsprechende für Vasenformen gegeben. Dabei reduziert Birkhoff die Vase auf ihre Umrißfigur mit „charakteristischen Punkten", die für die Komplexität des „ästhetischen Maßes" entscheidend sind. Es ist leicht einzusehen, daß zu diesen „charakteristischen Punkten" der (Vasen)-Umrißfigur folgende gehören: die vier den Umriß begrenzenden Punkte, Punkte des Umrisses mit horizontaler bzw. vertikaler Tangente, Spitzenpunkte im Umriß, Punkte des Umrisses, in denen die Krümmung verschwindet, also einen Wendepunkt hat und diejenigen Punkte auf der (vertikalen) Achse, durch die der längste oder auch kürzeste (jedenfalls ausgezeichnete) horizontale Durchmesser geht. Die Anzahl dieser „charakteristischen Punkte" einer (Vasen)-Figur kann als Zahl der Komplexität gelten. Die Ordnungszahl hängt ab von einer Zahl für V, der Anzahl wahrnehmbarer einfacher Verhältnisse in einer Horizontalen durch charakteristische Punkte, einer Zahl für H, der Zahl solcher Verhältnisse bei den Längen horizontaler Sehnen durch jene Punkte, einer Zahl für HV, der Anzahl gleicher Verhältnisse in H und V, unabhängig von schon gezählten Verhältnissen, und schließlich einer Zahl für T, durch die Beziehungen zwischen den Tangentenrichtungen in charakteristischen Punkten der Umrißfigur ausgedrückt werden. Ich führe diese ästhetische Kalkulation nicht weiter aus, betone nur noch, daß sie natürlich im Prinzip auf andere Umrißfiguren ausgedehnt werden kann, etwa auf Gesichtszüge, menschliche Figuren etc. Darüber hinaus bietet dieses Birkhoffsche „ästhetische Maß", definiert durch den Quotienten O/C, auch die Möglichkeit, die einzelnen Lettern (Zeichengestalten) einer Typographie miteinander zu vergleichen. Denn im allgemeinen lassen sich ja solche Lettern bzw. Buchstaben als „Umrißfiguren" oder sogar als „Polygone" im Sinne Birkhoffs auffassen. Birkhoff selbst hat in seiner Polygonserie ja schon ein H als Polygon aufgefaßt und seinen Wert im Verhältnis zum Quadrat etc. bestimmt. Ich möchte zusammenfassend sagen, daß das Birkhoffsche „ästhetische Maß" eine gute Chance hat, auf die figurative Malerei angewendet zu werden. Einzeluntersuchungen zeigen, wie weit figurative Malerei durch ein Birkhoffsches „ästhetisches Maß“ numerisch charakterisiert werden kann. Es kommt ganz allgemein immer nur darauf an, für das betrachtete Objekt und die Klasse, in der es gesehen werden kann, ästhetisch charakteristische Ordnungsmerkmale und Komplexitäten einzuführen und für sie günstige und möglichst einfache Zahlenwerte zu fixieren, die dann, für O und C eingesetzt, ein Birkhoffsches Maß ergeben.

Übrigens hat Birkhoff die Theorie seines „ästhetischen Maßes“ auch zu Untersuchungen im Gebiet der Poesie, also der Texte, benutzt. Insbesondere hatte er dabei die Konstruktion eines ästhetischen Maßes für die musikalische Qualität von Gedichten im Sinne. R. Gunzenhäuser hat diese Untersuchungen auf deutsche Gedichte ausgedehnt, da sich die Forschungen Birkhoffs ausschließlich auf englische Beispiele beziehen. Da Birkhoff als entscheidendes Element der Poesie den Laut bzw. die Sequenz der Laute benutzt, muß er sowohl die Ordnungsfaktoren wie die Komplexität auf die Laute, nicht auf die Worte beziehen, so daß sich also bei Birkhoff die Texttheorie auf eine ästhetische Lauttheorie reduziert.

Ich sagte bereits, daß Birkhoffs ästhetische Kalkulation eine vorwiegend elementare topologische Betrachtung ästhetischer Zustände ermöglicht, gerade aus diesem Grunde erfaßt sie insbesondere figurative ästhetische Objekte. Sie bezieht sich dabei, wie ebenfalls schon betont, auf vergleichbare Klassen, deren Ordnungszahl und Komplexitätszahl methodisch einheitlich bestimmt werden können. Diese Bestimmung erfolgt jeweils am beobachteten ästhetischen Objekt einer Klasse von Objekten selbst, wird also empirisch abgezählt und ist absolut zu nehmen. Die ermittelte ästhetische Maßzahl ist klassenabsolut.

Die ästhetischen Kalkulationen, die sich durch die statistische Betrachtung ästhetischer Objekte ergeben, sind von anderer Art. Sie betrachten das ästhetische Objekt nicht ausschließlich vom Standpunkt, daß es nur so sein kann, wie es ist, sondern sie räumen grundsätzlich ein, daß ein ästhetisches Objekt, so wie es ist, nur deshalb ästhetisch ist, weil es auch anders sein könnte. Mit anderen Worten: nicht die Klasse der Objekte, in der es fungiert und die durch ein einheitliches Schema der Ordnung und Komplexität fixierbar ist, ist entscheidend für die Bestimmung des „ästhetischen Maßes“ eines Objektes, sondern die Repertoire-Abhängigkeit der Komplexität und Ordnung des ästhetischen Objektes.

Die von Fucks eingeführte Textstatistik faßt den Text als gegliederte Elementenmenge auf, derart, daß jedem Element ein zahlenmäßiger Merkmalswert (z.B. die Silbenzahl für ein Wort) zukommt. Ein Text ist also eine Mischung von Elementen numerisch verschiedener Merkmalswerte, d.h. eine Mischung von Worten, die sich durch eine verschiedene Silbenzahl auszeichnen. Der Grad der Mischung – die Entropie – kann durch die analoge Verwendung einer Formel für physikalische Mischsysteme ermittelt werden. Mittlere Silbenzahl und Textentropie werden also bei Fucks zu Größen, die (bei hinreichendem Umfang) den Text eines Autors statistisch kennzeichnen. Mit Recht nennt Fucks diese Größen, mittlere Silbenzahl und Textentropie, auch „Stilcharakteristiken", wir hoben bereits hervor, daß der Begriff „Stil" stets wiederkehrende, redundante, konventionelle, nicht innovative Merkmale bezeichnet. Es ist klar, daß man nicht nur die mittlere Silbenzahl und die Entropie eines Autors oder einer Klasse von Autoren einer Epoche oder einer bestimmten Sprache ermitteln kann, sondern daß man sich auch künstliche Sprachen denken kann, die eine vorgegebene mittlere Silbenzahl bzw. Entropie besitzen, indem man in dieser künstlichen Sprache etwa Einschränkungen für die Silbenzahlen der Worte einführt. So kann man also normierte Texte erreichen (etwa Texte mit sehr kleiner Entropie), auf die die Texte der Autoren bezogen werden können, und die numerische Abweichung in der mittleren Silbenzahl und Entropie vom normierten Text kann bereits ebenfalls als eine „Stilcharakteristik" eingeführt werden. Jedenfalls erscheint bereits hier einleuchtend, daß die Abweichung von konventionellen „Stilcharakteristiken" als ein ästhetisches Maß betrachtet werden kann, sofern nämlich genau damit Originalität, Innovation verbunden ist.

Die Entropieberechnung kann natürlich auch für andere Systeme gegliederter Elementenmengen durchgeführt werden. So läßt sich z.B. die Typographie eines Textes als gegliederte Elementenmengen von Zeichengestalten (der einzelnen Buchstaben) auffassen. Jede dieser Zeichengestalten ist durch die Kombination einer gewissen Zahl von Zeichenelementen, in die man die einzelnen Typen zerlegen kann, etwa in Bögen, Winkel, Vertikale, Horizontale u.dergl., bestimmt. Durch diese Zahl, die ähnlich wie beim Wort die Silbenzahl, einen Merkmalswert darstellt, sind dann die Zeichengestalten von einander unterschieden, und es gibt dann natürlich auch eine mittlere Elementenzahl für die Zeichengestalt bzw. für die Summe aller Zeichengestalten. Wie die Entropie eines Textes läßt sich dann auch die Entropie seiner Typographie bestimmen, und man hat auf diese Weise neben den linguistischen Stilcharakteristiken auch visuelle gewonnen. Simultaneität oder Sukzessivität in der Lesbarkeit eines Textes ist in starkem Maße von der mittleren Elementenzahl bzw. der Entropie der Typographie abhängig. Niedere Entropiewerte sind im allgemeinen charakteristisch für sukzessive Lesbarkeit, höhere Entropiewerte hingegen ermöglichen simultanes Lesen.

Um auch die analytische Bildästhetik als numerische Bildtheorie aufzubauen, also statistische Stilcharakteristiken, Mittelwerte, Entropien und Birkhoffsche ästhetische Maßbestimmungen etc. gewinnen zu können, muß man zunächst einen Weg finden, auch ein Bild (Peinture, Graphik, Zeichnung) in geeigneter Weise als eine gegliederte bzw. geordnete Elementenmenge aufzufassen. Die einfachste Methode, dies zu erreichen, besteht offensichtlich darin, ein feines gleichförmiges Netz (Raster) über das Bild zu legen, dessen Fläche damit in eine Menge quadratischer Grundformen, die Netzelemente zerlegt wird, die, entsprechend den Worten im Text, als Elemente des Bildes gezählt werden können, vorausgesetzt, daß ihnen im Zusammenhang mit dem Teilbild, das sie ja enthalten, günstige Merkmalswerte zugeordnet werden können.

Jedes gewonnene Bildelement (oder Netzelement) kann nur durch Abzählung wesentlicher Bestimmungsstücke dessen, was auf ihm wahrnehmbar ist, zahlenmäßig klassifiziert werden, ähnlich wie in der Texttheorie die Wortelemente durch ihre Silbenzahl numerisch gekennzeichnet sind. Doch ist ein Bild und dementsprechend auch ein Bildelement, material gesehen, konstruktiv komplizierter aufgebaut als ein Text bzw. ein Wort. Es ist notwendig, bei der Abzählung der Bestimmungsstücke bzw. der Merkmalswerte der Bildelemente, die durch das Netz fixiert wurden, sowohl auf Formen als auch auf Farben und unter Umständen auch auf den Grad der Bedeckung relativ zu einem Grund (Grundierung) oder auf die Zahl der Kontraste pro Flächeneinheit zu achten. Jede statistische Stilcharakteristik eines Bildes besteht also in Wirklichkeit in einem System von Stilcharakteristiken; die Entropiebestimmung erreicht notwendig eine Farbenentropie neben der Formenentropie und darüber hinaus Bedeckungsentropie und Kontrastentropie. Das System dieser Entropien, also E_{Fa}, E_{Fo}, E_B, E_K ..., läßt sich aber leicht als n-Trupel von Zahlen betrachten, so daß das System der ein Bild bestimmenden Entropien als n-dimensionaler Vektor beschreibbar ist.

Was nun zunächst die Abzählung der Formen eines Bildelementes angeht, so sind damit die visuell zugängigen topologischen Gebilde gemeint, also etwa Punkte, Geraden, Kurven, Flächen, gerade oder krumme Polygone, Ecken, Strecken, Simplexe, geometrische Komplexe u.ä. Die Zahl der verschiedenen auf dem Bildelement feststellbaren topologischen Elemente ergibt einen Merkmalswert. Einfacher ist die Auszählung der auf einem Bildelement unterscheidbaren Farben bzw. Töne. Hat man es mit einer Fotografie, einer Schwarz-Weißgraphik oder einer Zeichnung zu tun, so dann z.B. die Zahl der Grautöne als Merkmalswert dienen. Zur Erreichung von Bedeckungsentropien, die natürlich nur für gewisse Bilder ästhetisch charakteristisch sind, vor allem in der abstrakten (Leger,

Baumeister) und konkreten (Kandinsky, Mondrian, Bill) Malerei, jedoch auch für Mathieu, Michaux und Pollock, kann man Grade der Bedeckung (relativ zum Grund), etwa 0, ¼, ½ und 1, einführen, ihren Mittelwert bestimmen und daraus die Bedeckungsentropie errechnen. Entsprechende Vereinbarungen lassen sich für die Auszählung der Kontraste finden, die einfach als Zusammenstoß zweier farbig unterscheidbarer Flächen bei hinreichend scharfer Grenze zu definieren sind. Wichtig ist, daß man zur ästhetisch-numerischen Bildanalyse stets Klassen vergleichbarer Objekte auswählt, so wie Birkhoff z.B. die Klasse der Polygone, der Muster und der venezianischen Vasen untersuchte. Gut geeignet, um Entropievektoren zu bestimmen, sind z.B. Bilder (bzw. Lithos) Max Bills und Willi Baumeisters. Bills bekanntes „Weißes Quadrat" zeigt ausgesprochene niedere Werte im System der Entropien, Willi Baumeisters „Eidos"-Serie hingegen relativ hohe.

Um an diesen Objekten auch Birkhoffsche ästhetische Maßbestimmungen gemäß seiner (allgemeinen) Formel $M = O/C$ durchführen zu können, empfiehlt es sich, zunächst das System der Entropie für die Birkhoffsche Komplexität einzusetzen. Versteht man mit Moles unter Komplexität so viel wie „Zusammengesetztheit", ist das ohne weiteres verständlich. Das entspricht auch der Tatsache, auf die ich noch zurückkomme, daß nach Moles und R. Gunzenhäuser diese Komplexität im Sinne eines statistischen Informationsmaßes (in Annäherung durch $C = N \cdot \mathrm{ld} r_i$ gegeben, darin N die Zahl der Elemente, ld der Logarithmus zur Basis 2 und r_i die Mächtigkeit des Repertoires repräsentieren) eingeführt werden kann.

Um an Bildern numerische Bestimmungen der Ordnung zu gewinnen, ist es allerdings nötig, die ursprünglich von Birkhoff für Polygone und Muster und alsdann für Vasen betrachteten Ordnungsfaktoren wie Vertikalität, Gleichgewicht, Rotationssymmetrie, Schnittpunkte von Halbgeraden, charakteristische Punkte, Verhältnis ihrer Abstände usw. teilweise durch andere zu ersetzen bzw. zu erweitern. Mir scheint, daß neben den Birkhoffschen Ordnungsfaktoren V (Vertikalität oder Horizontalität der Bildgestaltung) und Ee (Gleichgewichtszentrum der Bildgestaltung) mindestens die Konvexität (bzw. Nichtkonvexität) K, Orientiertheit (oder Nichtorientiertheit) im topologischen Sinne OR, Zusammenhang (oder Nichtzusammenhang) der Partialgestaltungen des Bildes unabhängig vom Grund Z, Berandung (oder Nichtberandung) B der Gestaltung, Verdichtungsmomente VR und Tiefenmomente T auf der Bildfläche eingeführt und numerisch bewertet werden müssen.

Es ergibt sich danach

$$M = O/C = \frac{V + Ee + K + OR + Z + B + VR + T}{E_{Fa} + E_{Fo} + E_B + E_K \dots}$$

Zur Erläuterung sein noch hinzugefügt, daß z.B. viele Tuschmalereien der chinesischen Meister, etwa Ying-UÜ-Chiens („Herbstmond über dem Tung-t'ing“), oder Blätter aus der „Mescalin“-Serie Michauxs, aber auch Picassos „Kahnweiler“-Portrait von 1910 nichtkonvexe Gestaltung zeigen; daß die „Sperling“ oder „Schwalben“-Tuschen MU-HSI's Orientierung aufweisen wie übrigens auch häufig die Zeichnungen Massons; daß hingegen z.B. die kubistische Bildgestaltung im topologischen Sinne nichtorientiert ist wie, im ganzen gesehen, auch die „Schlachten“-Serie Mathieus. Viele Bilder Kandinskys geben Gestaltung ohne Zusammenhang im topologischen Sinne, z.B. „Winkelig“ aus dem Jahre 1927. An solchen Darstellungen beobachtet man auch keine Berandung, wie diese auch auf den Bildern oder Zeichnungen Mathieus fehlt. Verdichtungs- und Tiefenmomente sind natürlich besonders gut in Werken klassischer Malerei zu beobachten.

Erinnert man sich nun weiter daran, daß jeder Film als eine geordnete Folge von Teilergebnissen bestimmter Filmstreifenlänge aufgefaßt werden kann, erkennt man sofort, daß die Länge eines solchen Ereignisses, die leicht aus der Anzahl der Bilder ermittelt werden kann, wiederum als numerischer Merkmalswert dienen kann, so daß auch für Filme, die also visuell gegliederte Elementenmengen (Ereignismengen, Bildmengen) sind, Mittelwert- und Entropieberechnungen im Sinne Fucksscher Stilcharakteristiken möglich werden. Mir scheint, daß hier eine wichtige Einbruchsstelle statistischer Ästhetik in die (im Grunde nicht vorhandene) Filmästhetik vorliegt. Als hergestelltes Objekt enthält jedes Kunstwerk zwei Probleme des Machens: die Wahl des „Trägers“ der künstlerischen Botschaft und die bewußte oder zufällige Erzeugung der letzteren. Der Träger verwirklicht primär nur einen gewissen physikalischen Zustand; die künstlerische Botschaft transzendiert diesen physikalischen Zustand oder soll ihn transzendieren, und das Ausmaß dieses Überstiegs wird als ästhetischer Zustand des physikalischen wahrgenommen oder gedeutet. Tatsächlich, und das habe ich in früheren Untersuchungen („Aesthetica“ I-IV) ausgeführt, können wohl überhaupt nur diese beiden Prozesse, der physikalische und der ästhetische, als allgemeine und kosmologische aufgefaßt und unterschieden werden.

Die Trägerabhängigkeit des ästhetischen Zustandes ist einer der Gründe, zugleich von der materialen Repertoireabhängigkeit der künstlerischen Botschaft überhaupt zu sprechen. Das hat die Übertragung des Begriffs Information auf die künstlerische Botschaft erleichtert, denn das statistische Maß der Information, wie es im Rahmen der Informationstheorie entwickelt wird, ist repertoire abhängig.

Doch während z.B. der physikalische Zustand des Trägers in seiner Realisation (die naturgemäß ein makrophysikalischer Vorgang ist) durchgängig determiniert ist durch die gesetzmäßig darstellbaren und beherrschbaren Funktionen, erscheint der ästhetische Zustand, der mit der physikalischen Realisation verknüpft ist, in großem Umfang indeterminiert. Genau das ist nun weiterhin der Grund dafür, weshalb wir den Begriff der Entropie zur Messung ästhetischer Zustände verwenden können. Denn die Größe Entropie, mathematisch definiert als Logarithmus der Wahrscheinlichkeit eines physikalischen Zustandes, mißt diesen nicht als unmittelbar faktischen, sondern als mittelbar wahrscheinlichen. Die Wahrscheinlichkeit eines ästhetischen Zustandes, also seine Eigenschaft, sich einer faktischen Fixierung realiter zu entziehen, zieht die Anwendbarkeit des Entropiebegriffs nach sich. Poesie, Malerei, Komposition, kurz, die gesamte Geschichte der Kunstproduktion bezeugt, wie sehr jedes Kunstwerk den ästhetischen Zustand nicht als definitive Gegebenheit, sondern als bloße Probabilität ausmacht, gewissermaßen als vernehmbare, als wahrnehmbare Probabilität. Und dieser Zustand der Ungewißheit, den der Begriff und die Formel für die Entropie physikalischer Verteilungen, um solche handelt es sich aber in jedem Text, in jeder Komposition, in jeder Malerei, numerisch wiedergibt, spiegelt zweifellos die Tatsache wider, daß jedem echten Kunstwerk die Züge eines Entstehens, das ständig von der Unkenntnis dessen begleitet war, was eigentlich entsteht, dermaßen deutlich anhaften, daß es im Grunde nur als Akt, als Vorgang, relativ zu den Möglichkeiten, zum Potential des materialen Repertoires, verstanden werden kann und daß man aber auch nur an ihm das wirkliche Wesen der Produktivität des Geistes studieren kann.

Die Repertoire-Abhängigkeit der ästhetischen Information (wie der Information überhaupt) erhellt bereits aus einer einfachen Überlegung. Information beseitigt Unkenntnis. Unkenntnis ist nie Unkenntnis schlechthin, sondern Unkenntnis eines Sachverhaltes in einem Bereich möglicher Sachverhalte. Die Farbe eines gewissen Gegenstandes ist unbekannt im Hinblick auf die möglichen Farben, die dieser Gegenstand haben kann. Soll man aus einem Repertoire von 32 Karten – um noch einmal auf dieses bekannte Beispiel zu kommen – eine gewisse Karte bestimmen, so ist diese gewisse Karte unbekannt unter 32. Der Grad der Unbekanntheit wird um so höher sein, je größer der Umfang des Repertoires ist. Um eine unbekannte Karte unter zwei Karten zu bestimmen, ist weniger Information nötig, als um unter 32 Karten eine unbekannte zu bestimmen. Der Grad der Unbekanntheit entspricht dem Grad der Information, die zu ihrer Beseitigung nötig ist. Die Aufwendung an Information, um eine Unkenntnis zu beseitigen, kann numerisch dadurch bestimmt werden, daß man stufenweise das Repertoire, in dem die Karte unbekannt ist, verkleinert. Das geschieht dadurch, daß man das erste Repertoire von 32 Karten in zwei Haufen mit je 16 Karten teilt und fragt, in welchem Haufen sich die unbekannte Karte nunmehr befinde. Die Antwort fällt eine Entscheidung über den Aufenthalt der Karte. Die gefällte Entscheidung über den Aufenthalt der Karte bedeutet eine Teilinformation, denn nun weiß man, daß sie in diesem oder jenem 16er Haufen ist. Alsdann teilt man den 16er Haufen, der die Unbekannte enthält, wiederum in zwei Haufen zu je 8 Karten und stellt wiederum die Frage nach dem Aufenthalt der unbekannten Karte. Man gewinnt eine weitere Teilinformation, die die ursprüngliche Unkenntnis teilweise beseitigt. Offenbar kann ein Repertoire von 323 Karten fünfmal in zwei gleiche Haufen geteilt werden, um mit der Verkleinerung des Repertoires den Grad der Unkenntnis in Bezug auf eines seiner Elemente einzuengen und durch eine gestellte Entscheidungsfrage Teilinformation zur Beseitigung der Unkenntnis zu gewinnen. Man gewinnt eine folge von Repertoires mit den Umfängen 32, 16, 8, 4, 2. Der letzte Haufen enthält nur zwei Karten, die Entscheidungsfrage führt unmittelbar zur unbekannten Karte, zur Gesamtinformation. Die Ermittlung der Information bedeutet also die Beseitigung der Unkenntnis. Die aus Zweier-Entscheidungen aufgebaute Information läßt zugleich den Grad der beseitigten Unkenntnis, den Grad der Unbekanntheit der fraglichen Karte ermessen. Es wird in diesem schematischen Beispiel jedoch vorausgesetzt, daß jede Karte der 32 Karten nur einmal vorkommt. Wir sagen, jede Karte sei gleichhäufig im Repertoire der Karten vorhanden; die Verteilung der einzelnen Karten im Repertoire sei gleichwahrscheinlich, d.h. jede der 32 Karten kann mit gleicher Wahrscheinlichkeit die unbekannte Karte sein. Wäre das nicht der Fall, gäbe es den Herzkönig etwa mehrfach, so würde der Gewinn der Information komplizierter verlaufen. Jedenfalls bemerkt man, daß es zwei verschiedene numerische Informationsbegriffe in Bezug auf ein Repertoire gibt, je nachdem ob die Elemente im Repertoire gleichwahrscheinlich (mit gleicher Häufigkeit) vorhanden sind oder nicht.

Hat man zur Bildung einer Information ein Zeichenrepertoire von r verschiedenen Zeichen zur Verfügung, und soll die Information aus n verschiedenen Zeichen bestehen, so gibt es auf Grund der Kombinationsrechnung

$$M = r^n$$

Möglichkeiten, die Botschaft aufzubauen. Nimmt man an, daß, wie gesagt, im Repertoire jedes Zeichen gleich häufig ist, so gewinnt man schließlich mit Hartley, der zuerst diese rechnerische Überlegung anstellte, als Maß für die Information, die aus n Zeichen eines Repertoires von r verschiedenen besteht

$$H = n \, \mathrm{ld} \, r \quad \mathrm{bit}$$

worin ld den Logarithmus zur Basis 2 (Logarithmus digitalis) bedeutet, der sich aus rechnerischen Gründen empfiehlt, und bit die Benennung der Einheit des Informationsmaßes darstellt, in der sich das Faktum der Entscheidung ausdrückt, die, wie das Kartenspiel zeigte, die eigentliche Technik der Beseitigung der Unkenntnis bzw. des sukzessiven Aufbaus der Information ausmacht.

Shannon hat die Ableitung Hartleys später untersucht und umgestaltet, indem er die Voraussetzung der Gleichwahrscheinlichkeit der Zeichen im Repertoire fallen läßt, was natürlich dem Aufbau einer ästhetischen Botschaft entspricht, denn zweifellos sind einem Autor Worte oder einem Maler Farben oder Formen (schon im Hinblick auf seine Vorliegen) verschieden disponibel.

Nimmt man an, daß die einzelnen Zeichen des Repertoires mit verschiedener Häufigkeit bzw. verschiedener Wahrscheinlichkeit verfügbar sind, d.h. also durch p_1, p_2 ... etc. charakterisierbar sind, so ergibt sich allgemein nach Shannon (wenn die einzelnen Zeichen r_1, r_2 ... etc. durch ihre Häufigkeiten bzw. Wahrscheinlichkeiten p_1, p_2 ... etc. eingeführt werden) die Formel

$$H = n \sum p_i \, \mathrm{ld} \frac{1}{p_i}$$

für die Information eines endlichen Textes, den, wie man sagt, ein Repertoire, das als Informationsquelle aufgefaßt werden kann, überhaupt zu produzieren vermag. Von Cube betont, daß diese Formel sich nur auf „ideale“ Texte beziehe, bei denen die relativen Häufigkeiten der Zeichen (also der Worte des Textes) mit den Wahrscheinlichkeiten der Zeichen im Repertoire übereinstimmen. Ist das nicht der Fall, muß, wie von Cube schreibt, die Gesamtinformation eines Textes durch die Formel

$$H_T = n \, h_i \cdot \mathrm{ld} \, 1/p_i$$

gemessen werden, darin H_i die relativen Häufigkeiten der Zeichen im Text sind.

R. Gunzenhäuser hat nun in seiner Untersuchung über die Birkhoffsche Ästhetik einen Zusammenhang zwischen dem ästhetischen Maß Birkhoffs O/C und den Formeln für die statistische Information herzustellen versucht. Dabei treten zwei für die theoretische Ästhetik wichtige Begriffe auf, der Begriff der Superisation, d.h. der Bildung von Superzeichen, und der Begriff der Redundanz, d.h. der im Aufbau einer Information bereits vorhandenen Kenntnisbeträge, durch die maximal „mögliche“ Information natürlich herabgesetzt wird zur effektiv „wirklichen“. Birkhoff versteht unter seiner Komplexität der Kunstwerke, wie man sofort übersieht, wenn man sich seine Definitionen vergegenwärtigt, die Anzahl der Zeichen eines Repertoires, das zur Konstituierung eines Kunstwerks zur Verfügung steht, also Laute, Silben, Worte, Töne, gewisse charakteristische Punkte an Formen usw. Dabei wird offensichtlich die Voraussetzung gemacht, daß allen auftretenden Zeichen der gleiche Teilbetrag an der Komplexität entspricht. Gunzenhäuser sieht sich jedoch aus wahrnehmungstheoretischen Gründen veranlaßt, nicht die einfache Formel Hartleys für die Birkhoffsche Komplexität einzuführen, sondern die kompliziertere Shannons, die die Gleichwahrscheinlichkeit der konstituierenden Zeichen fallen läßt.

Das Birkhoffsche Ordnungsmaß bezieht sich auf Ordnungselemente, die ein Kunstwerk kennzeichnen. Gunzenhäuser vertritt die Auffassung, daß die durch die Wahrnehmung ermittelten Ordnungselemente auf einem Vorgang „subjektiver Redundanzerzeugung“ beruhen, wie sie in allen Prozessen der „Superzeichen“-Bildung auftreten. Diese Bildung von Superzeichen“ spielt im Prozeß der Wahrnehmung sowohl ästhetischer als auch semantischer Zusammenhänge eine entscheidende Rolle. Denn „Superzeichen“ als Zeichen höherer Ordnung entstehen durch ganzheitliche, gestaltmäßige Zusammenfassung vorgegebener elementarer Zeichen. Simultan wahrnehmbare Wortgruppen bilden z.B. ein Superzeichen im Text. Auch Metaphern, Bilder in der Prosa und in der Poesie sind solche Superzeichen, die aus Worten hergestellt sind. Sie erzeugen natürlich gegenüber den ursprünglichen Zeichen des Repertoires, etwa den Worten, ein neues Repertoire, sozusagen auf höherer Stufe. Der Begriff der Ordnung beruht nun gerade in der ästhetischen Wahrnehmung auf der Bildung solcher Superzeichen, d.h. auf der Tatsache, daß die statistische Information, die durch die Folge der ursprünglichen elementaren Zeichen eingeführt werden soll, rasch absinkt, denn jede Ordnung zu einem Superzeichen beruht auf der Antizipation eines höheren Zeichenrepertoires, und diese Antizipation übergeht die sukzessive Informationsbildung aus den elementaren Zeichen, degradadiert sie, bis neue Informationsmöglichkeiten dadurch entstehen, daß man die bis dahin ausgewerteten Zeichen zu Ganzheiten zusammenfaßt, Superzeichen höheren Repertoires gewinnt, die die neue Information geben. Man bemerkt leicht, daß der Begriff des „Stils“, wie ihn die klassische Kunst- und Literaturgeschichte benutzt, zeichenästhetisch oder informationsästhetisch nichts anderes als eine Superzeichenbildung bzw. ein neues Repertoire ästhetischer Information darstellt. Jeder Stil zeichnet sich gegenüber den originalen, innovativen Elementen eines Kunstwerks dadurch aus, daß er einen Verlust an ästhetischer Information und einen Redundanzgewinn bedeutet. So beruht jede ästhetische Analyse, die sich innovativen, originalen Zeichen eines Kunstwerks zuwendet, auf der Feststellung der ästhetischen Information, während eine Stilanalyse stets den subjektiven Redundanzgewinn in der Wahrnehmung beschreibt.

Dementsprechend führt R. Gunzenhäuser im Zusammenhang mit der in der Informationstheorie bekannten Formel für die Redundanz die mit dem Herstellungsprozeß bzw. mit der Wahrnehmung gegebene subjektive Informationsverminderung

$$R_I = \frac{H_{vor} - H_{nach}}{H_{vor}}$$

als Analogon zum Birkhoffschen Ordnungsmaß ein. Tatsächlich erweisen sich bei genauer Betrachtung die Größen V, E, R, HV, F, die das Ordnungsmaß der Polygone, wie beschrieben, festlegen, als ausgesprochene Redundanzmerkmale, besonders deutlich soweit sie wie Symmetrien Gruppen konstituieren. R_I ist also für O in der ursprünglichen Gleichung Birkhoffs einzusetzen.

Aus M = O/C wird also

$$M = \frac{\text{subjektiverRedundanzgewinn}}{\text{statistischeInformation}}$$

Auf diese Weise kann also die Birkhoffsche Formel für das ästhetische Maß (ein Terminus, der damit an die Stelle dessen tritt, was in der klassischen Terminologie durch „Schönheit" bezeichnet war) informationsästhetisch gedeutet werden. Vermutlich erweitert sich auf diese Weise der Anwendungsbereich. Vor allem kann er zur Textanalyse benutzt werden.

Ich möchte mit einigen allgemeinen Gesichtspunkten diesen Überblick über die Grundlagen neuerer Ästhetik abschließen.

Die Repertoireabhängigkeit der ästhetischen Information involviert eine objektive, materiale und numerische Betrachtung des Kunstwerks. Indessen geht bereits in den Herstellungsvorgang eine Wahrnehmungsabhängigkeit ein, sofern der Schöpfer des Kunstwerks seine Entscheidungen zunehmend durch das bedingt sein läßt, was er vom Gemachten, vom Entstandenen wahrnimmt. Damit gewinnt die besonders von Cube betonte Unterscheidung zwischen „subjektiver" und „objektiver" Information auch ästhetische Bedeutung. Jede kritische Analyse eines Kunstwerks vom Standpunkt der neueren materialen und numerischen Ästhetik muß letztlich die Differenz der relativ zur „Quelle" bestimmbaren objektiven Information und der relativ zum „Empfänger" gemessenen subjektiven

Information berücksichtigen. Denn zweifellos sind gerade im ästhetischen Prozeß die Wahrscheinlichkeitsverteilungen der Elemente im Repertoire des Empfängers verschieden von der Wahrscheinlichkeitsverteilung der Elemente in der Quelle. Gerade durch diese Verschiedenheit gewinnt der ästhetische Zustand bzw. die ästhetische Realität an Unbestimmtheit. Der rein material verlaufende Prozeß der Herstellung des „Trägers" wird offensichtlich beständig überlagert von einem interpretierend verlaufenden Zeichenprozeß, der die physikalische Realisation erst in die ästhetische überführt, der, und das ist ja schließlich die Generalthese dieser Ästhetik, Zustände der Unwahrscheinlichkeit, der statistischen Fragilität fixiert. Es ist jedoch keinesfalls so, daß diese niederfrequenten Zustände, die wir ästhetische nennen, immer nur unmittelbar durch selektierende Realisation des puren Materials (etwa der Farben oder Formen, der Laute oder Silben) eingeführt werden. Auch die semantische Information einer Folge materialer Elemente bzw. Zeichen kann, ganz unabhängig von ihrer materialen Konstellation, als Träger der ästhetischen Information dienen. Die Verteilung der Bedeutungen etwa in einem poetischen oder prosaischen Text kann, von der semantischen Information abgesehen, eine ästhetische, also vom Charakter einer Unwahrscheinlichkeit, sein. Man wird immer makroästhetische von mikroästhetischen Zuständen unterscheiden müssen. Nicht immer aber werden beide sichtbar oder wirksam. Die ästhetischen Zustände mögen der Herstellbarkeit im Prinzip sich nie entziehen können. Ihre Erkennbarkeit ist keineswegs in jedem Falle möglich. Zusammenfassend möchte ich also noch einmal betonen, daß jede ästhetische Realität nur als eine statistische gegeben sein kann, daß aber die statistische Verteilung, die als ästhetische bezeichnet wird, nur materiale Gegebenheiten betrifft. Wir können im rationalen und empirischen Verständnis nicht mehr wie Hegel spekulativ davon ausgehen, daß das Kunstwerk etwas anderes als seine sinnliche Gegebenheit sei, etwas „dahinter", wie er sagte, sondern müssen uns stets auf die materiale Manifestierung geistiger Gehalte beziehen, wie sie in der modernen Konstitutionstheorie der Gegenstandsarten (etwa Carnaps) sichergestellt wurde.

Indem die statistische Realität der Zeichen, das heißt also der Zeichenprozesse und der Zeichenweiten, als „Information" aufgefaßt wird, zerfällt sie in semantische und ästhetische Anteile, aber diese Anteile unterscheiden sich nur durch die Frequenzverhältnisse, durch den Grad der relativen Häufigkeiten oder Wahrscheinlichkeiten im Verhältnis zum objektiven Repertoire, aus dem sie realisiert hervorgehen, oder zum subjektiven Repertoire, innerhalb dessen sie apperzipiert werden. Nun schließt der statistische Begriff der „Information“ „redundante“ Anteile und „innovative“ Anteile ein. Die redundanten Anteile verhalten sich komplementär zu den innovativen. Sie geben den Betrag des Bekannten, der notwendig ist, um den Betrag des Neuen, also Nichtbekannten, überhaupt aufnehmen zu können. In den semantischen Informationen, die das geben, was Bedeutung genannt wird, muß also das Merkmal der Redundanz relativ hoch sein; Bedeutungen von Zeichen entstehen mit der zunehmenden Häufigkeit der Zeichen. In den ästhetischen Informationen hingegen, die das geben, was in der Umgangssprache als Schönheit, Häßlichkeit, Anmut, Faszination usw. bezeichnet wird, ist das Merkmal der Innovation relativ hoch, also unwahrscheinliche Verteilungen, niederfrequente Zeichenverhältnisse, Originalität.

Da sich jedoch statistische Feststellungen stets auf materiale Verhältnisse beziehen, ergibt sich, daß jede ästhetische Information ein gewisses Maß von semantischer Information mitführen muß, um zu sein und um insbesondere wahrnehmbar zu werden. Der Träger des ästhetischen Zustandes trägt auch die semantischen Anteile der Information. Es ist daraus zu schließen, daß nur aus solchen materialen Elementen Kunst zu machen ist, die die Möglichkeit bieten, der ästhetischen Information eine semantische als Redundanz beizugeben. Das schränkt das voreilige Prinzip ein, daß aus allen beliebigen materialen Gegebenheiten ästhetische Objekte hergestellt werden können.

Allgemeines Schema ästhetischer Kommunikation

Ich möchte im Folgenden ein allgemeines Schema für ästhetische Kommunikation geben. Ich verstehe dabei unter ästhetischer Kommunikation die Kommunikation von Texten, deren linguistisches Material Träger ästhetischer Information bzw. ästhetischer Innovation ist, die also, wie wir auch sagen werden, eine ästhetische Funktion haben; sie umfaßt natürlich die Vorgänge der Realisation dieser Texte, ihre Perzeption und ihre Apperzeption, also auch ihre Interpretation.

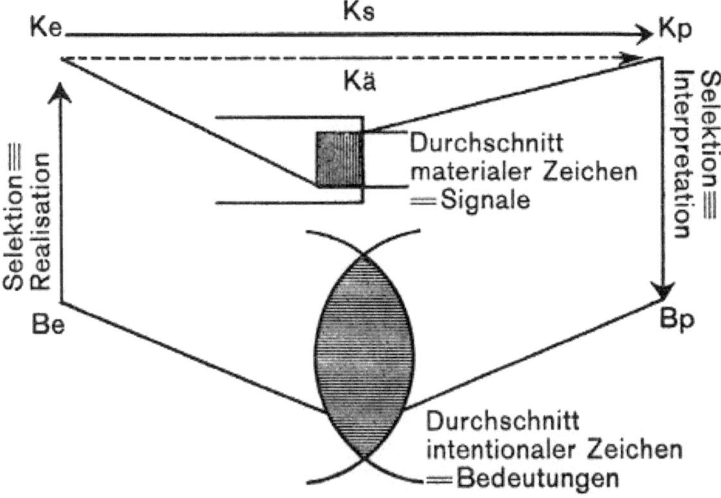

Dieses Schema zeigt den emittierenden Pol (Ke) und den perzipierenden Pol (Kp). In der ästhetischen Kommunikation muß die Übertragung als eine doppelte angenommen werden, wenngleich sie in jedem Falle selektierend vorgeht; es handelt sich einmal um die Übertragung semantischer Information, die mit dem realisierten Text gegeben wird und die als Trägerinformation der ästhetischen aufgefaßt werden kann (Ks),, und dann handelt es sich um die Übertragung der ästhetischen Information, die aber, wie bekannt, nicht kodierbar ist, also auf der Seite des Empfängers (des Konsumenten, des perzipierenden Pols) nur imitativ wiederhergestellt werden kann, so daß man im Falle der ästhetischen Kommunikation genau genommen nur von nichtkodierender, aber von mit- oder nachrealisierender Kommunikation sprechen kann (Kä).

Sowohl der emittierende Pol wie der perzipierende Pol verweisen natürlich auf ein Bewußtsein. Wir unterscheiden also Be und Bp. soweit bewußtseinstheoretisch Be und Bp als spezifische zweistellige Seinsfunktionen aufgefaßt werden müssen, verfügen sie jeweils über zwei Etwase, Subjekt und Objekt, die sich in zwei Zeichensorten, in Subjektzeichen und Objektzeichen, äußern. Die Subjektzeichen haben Intentionalität, die Objektzeichen Materialität (Bedeutungen, Signale).

Die Realisation erfolgt selektierend durch Verknüpfung intentionaler und materialer Zeichen. Desgleichen die Interpretation. Damit Kommunikation zustande kommen kann, muß es bezüglich der materialen Zeichenmittel von Ke und Be einerseits und Kp und Bp andererseits ein gewisses gemeinschaftliches Repertoire geben Durchschnitt). Das gleiche gilt im Falle der Kommunikation für die intentionalen Zeichenmittel.

Aus diesem allgemeinen ästhetischen Kommunikationsschema ergibt sich, in welchem Umfange und in welchem Sinne der Prozeß der ästhetischen Realisation als ein selektiver, kommunikativer und interpretativer Zeichenprozeß aufgefaßt werden kann. Selektion, Kommunikation und Interpretation sind Vorgänge, die sich auf Zeichen beziehen, auf Zeichen als einstellige Seinsfunktionen, in die ein Etwas eingesetzt werden kann oder die selbst als Etwas fungieren.

Kritik und Kommunikation

Moderne Ästhetik erscheint hier also als reine Theorie im Verhältnis zur Kunst, die im wesentlichen in einem allgemeinen Sinne als Experiment aufgefaßt wird, und Kritik ist als Eingriff intelligenter Wesen in jenes Korrelationssystem zu verstehen.

Gerade mit solchen Voraussetzungen erweist sich die moderne Ästhetik als technische, nicht als metaphysische Wissenschaft; sie bezieht sich nicht mehr vorwiegend auf den Horizont eines Seins, sondern auf den Horizont eines Machens. Sie verläuft demnach wie jede echte Theorie in zwei Phasen: als kohärentes begriffliches System, das eine sachlich einheitliche Darstellung erlaubt und als sukzessive Entwicklung numerischer Indizes, die Vergleichsmöglichkeiten anbieten. Natürlich muß jede Kritik, die zwischen dem theoretischen Aspekt der Ästhetik und dem experimentellen der Kunst urteilend vermittelt, also eine Korrelation herstellt, eine Ästhetik ebenso voraussetzen wie eine Kunst. Ihre Wahrnehmung ist eine doppelte.

Legt man nun den hauptsächlich von Mandelbrot eingeführten etwas generalisierten Begriff der Kybernetik zugrunde, der, denkt man an seine Definition in dem Aufsatz „Der Ingenieur als Stratege" in NTF 3, 1956, einen zugleich normativen und verhaltenstheoretischen Charakter besitzt, dann läßt sich leicht die Kritik als Anwendung eines kybernetischen Verfahrens erklären. Denn dann handelt es sich ja in ihr darum, einer Anpassung an Umstände zu dienen, um es etwas abstrakt und funktionell auszudrücken, nämlich einer Anpassung des Produktes an die Konzeption, der Theorie an ein Experiment, der Möglichkeiten an eine Realisation. Kritik als kybernetische Aufgabe im Realisationsprozeß beruht also offensichtlich auf der Einführung einer Realisationsfunktion zwischen einer ästhetischen Konzeption und einer künstlerischen Produktion. Keine kritische Überlegung kann im Zustand des Gedachten bleiben; sie muß verifizieren, sie muß auf Realisation stoßen oder nicht. Kritik ist immer Abschätzung, Abschätzung einer Realisation im Verhältnis zu ihren Möglichkeiten, Prüfung der Einsetzungen in die Realisationsfunktion, die optimal verwendet wird.

Die Mandelbrotsche Theorie der Kybernetik, die diesen Begriff zugleich schärfer und allgemeiner faßt als die früher von Wiener entwickelte, bezieht sich zunächst auf zwei komplementäre Prozesse, die Determinisation und die Aleatorisierung, sie verknüpft also in gewisser Hinsicht Regelsysteme und Zufallssysteme. Im begrifflichen wie im numerischen Aufbau der Theorie werden alsdann „Entscheidungstheorie" (Wald),

„Spieltheorie" (von Neumann), „Informationstheorie" (Shannon), Steuerungstheorie" (Wiener) „Mathematische Statistik" und „Teleologie" des induktiven und normativen Verhaltens verarbeitet. Eine vollständige Festlegung des Begriffs Kritik vom Standpunkt der Mandelbrotschen Kybernetik müßte ihn also auch an den Partialtheorien orientieren. Doch scheint vor allem wichtig, den Begriff der Realisation etwas deutlicher zu umgrenzen.

Auch die Realisation, als generalisierter Begriff des Machens, gehört der Informationstheorie an, indem sie nämlich als Kommunikationskette eingeführt werden kann, die neben den von Meyer-Eppler unterschiedenen Beobachtungsketten, diagnostischen Ketten und sprachlichen Ketten fungiert. Wir sprechen von Realisationskette. Jedes manipulierbare, operable Zeichen kann neben der kodierenden Funktion eine realisierende aufweisen, die kodierende Funktion gehört im allgemeinen zur semantischen Dimension, die realisierende zur existentiellen oder, wie man hier besser sagt, zur expedientellen Dimension.

Nun läßt sich die von Meyer-Eppler für die Beobachtung eingeführte schematische Kommunikationskette folgendermaßen kennzeichnen:

Ex Per
Ob→Sub (oder Ex:ObSi. SiZei Sub:Per)
Si SiZei

Das Objekt (Ob) ist die Signalquelle (Ex, Si). Das Subjekt (Sub) ist der Empfänger (Per), der die Signale (Si) aufnimmt, die ihrerseits als Träger der Zeichen (Zei) fungieren.

Die sprachliche Kommunikationskette zeichnet sich im Verhältnis zu dieser Beobachtungskette nach Meyer-Eppler dadurch aus, daß es einen gemeinsamen Zeichenvorrat V_3 gibt, aus dem der Expedient seinen aktiven Zeichenvorrat V_1 und der Perzipient seinen passiven Zeichenvorrat V_2 schöpft, also

Ex Per
$Sub_1 \rightarrow Sub_2$ (oder: $Ex{:}Sub.V_1Zei \cap ZeiV_2.Sub_2{:}Per$)
Zei **Zei**
$V_1 \rightarrow V_3 \leftarrow V_2$

Die hier postulierte Realisationskette zeigt im Modellfall zunächst ein Subjekt (Sub) als Expedienten (Ex), der einem materialen Objekt (Ob) Signale (Si) als Zeichen (Zei) gibt, die über eine Beobachtungskette an das expedierende Subjekt zurückgegeben werden können. In der Realisationskette ist als Rückmeldkreis eine Beobachtungskette enthalten. Es muß demnach in der Realisationskette nicht nur einen gemeinsamen Zeichenvorrat, sondern auch einen gemeinsamen Signalvorrat geben. Unser Schema sieht also folgendermaßen aus:

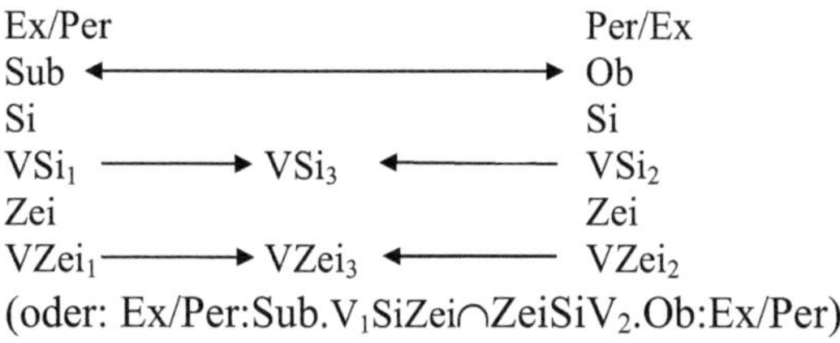

(oder: Ex/Per:Sub.V_1SiZei$\cap$ZeiSiV_2.Ob:Ex/Per)

Es ist klar, daß jede Realisation als komplizierte Folge von Auswahlen auf Grund von Entscheidungen aufgefaßt werden kann. Die Realisationsfunktion gründet also in der Entscheidungsfunktion, sie ist wie diese zusammengesetzter Natur. Gerade in der Realisation eines Kunstwerks gibt es jene unvermeidliche Notwendigkeit, die Mandelbrot für sein System kybernetischer Vorgänge hervorhebt, sich gegenüber einer Unbestimmtheit zu einem Wahlvorgang zu entscheiden. Auch die Kritik muß sich in dieser Weise entscheiden. Insofern sie entscheidet, nicht beschreibt, ist sie ein kybernetischer Akt und gehört der Realisationskette in dem Teil an, der im Rückmeldekreis die Beobachtungskette ausmacht. Auch der Betrag der ästhetischen Information, der durch die kritische Normierung im Sinne des Kybernetikbegriffs gegeben wird, wird groß, wenn das Unbekannte im Verhältnis zu seiner Realisation so ungünstig wie möglich ist. In gewisser Hinsicht spielt also ein Kritiker, der der Beobachtungskette einer Realisationskette angehört, die Rolle eines Bayes'schen Beobachters, wie ihn Mandelbrot postuliert hat. Daraus folgt dann ziemlich deutlich, daß auch die Realisation eines Kunstwerks schließlich als ein strategisches Spiel (strategische Realisation) betrachtet werden muß; man kennt die Resultate nie ganz, aber man kann auch nicht alles dem Zufall überlassen, sondern der gewählten Strategie. Es handelt sich um ein Spiel gegen die Natur, und ein Empfänger tritt dazwischen, aber oft ist es auch ein Spiel gegen den Empfänger, und ein Kritiker tritt dazwischen.

Bei all diesen Überlegungen muß vorausgesetzt werden, daß ein Kunstwerk, um kommunikativ wirksam zu werden, eine Menge von Botschaften enthalten muß, die größer als 1 ist. Ist sie gleich 1, gibt es natürlich keine Entscheidung und damit auch keine Kommunikation, deren Wesen die Entscheidung, die Wahl ist. Insbesondere wird auch für den Kritiker das Kunstwerk ein Repertoire von ästhetischen Informationen sein. Das entspricht der Bemerkung Nietzsches, daß sich eine große Kunst immer dadurch auszeichne, daß man sie sich auch anders denken könne. Darüber hinaus handelt es sich aber um eine Folge des Moles-Frankschen ästhetischen Potentialfeldes. Was nun das normative Verhalten, von dem Mandelbrot in Bezug auf seinen Begriff von Kybernetik spricht, innerhalb der Kritik anbetrifft, so steht hier seine Rolle fest. Jede Wertung hat mit der Bedeutung gemein, daß sie kodiert. Sie ist also ein semantischer Vorgang. Speziell bedeutet Wertung stets Kodierung eine Realisation durch Selektion. Sie vermindert dabei zunächst den in der ursprünglichen Realisation aufgewendeten Betrag an Information. Andererseits stellt jede Wertung aber auch eine nichtvisuelle Superisierung (im Sinne der Superzeichen holes' und Franks) der Realisation dar, durch die wieder neue Information gewonnen werden kann. Aber im Ganzen ist jede Wertung als Superrealisationskette eine sukzessiv die ursprünglich durchgeführte Realisation durch Kodierung informationell abschwächende Realisationskette.

Textsemiotik

Ein Beitrag von Elisabeth Walther

Der ästhetische Prozeß wird in der modernen Ästhetik also sowohl als zeichenbildende Realisation wie auch als statistischer Selektionsvorgang aufgefaßt. In der Texttheorie folgen statistische, semantische, phänomenologische, metalinguistische oder ästhetische Kennzeichnungen aufeinander. Selbstverständlich spielen aber die zeichenbildenden Prozesse in allen Abläufen die entscheidende Rolle. In jeder analytischen Behandlung von Texten muß also die zeichentheoretische Beschreibung vorangehen. Außerdem bezieht sich die statistische Kennzeichnung der Textmaterialität (wie sie nach Fucks und Guiraud durchgeführt werden kann) primär auf die rein linguistische Substanz, d.h. auf die sprachlichen materialen Elementenmengen, innerhalb deren die ästhetische Zeichenbildung stattfindet. Zur Gewinnung ästhetischer Aussagen über einen Text ist somit nicht nur die Ermittlung der Elementenklassen, die er verarbeitet, notwendig, sondern auch die der spezifischen Zeichenklassen, die in selektierter Verteilung auftreten.

Meines Wissens sind die neueren Zeichentheorien noch nicht zur Deskription von Texten ausgenützt worden. Ich werde versuchen, die zeichentheoretische Beschreibung oder Analyse zweier Texte von Francis Ponge zu geben, und zwar eines älteren „Le Feu" (1942) und eines jüngeren „L'abricot" (1957).

Zunächst die Texte im Wortlaut:

Le Feu

Le feu fait un classement: d'abord toutes les flammes se dirigent en quelque sens... L'on ne peut comparer la marche du feu qu'à celle des animaux: Il faut qu'il quitte un endroit pour en occuper un autre: il marche à la fois comme une amibe et comme une girafe, bondit du col, rampe du pied . . .

Puis, tandis que les masses contaminées avec méthode s'écroulent, les gaz qui s'échappent sont transformés à mesure en une seule rampe de papillons.

L'Abricot

La couleur abricot, qui d'abord nous contacte, après s'être massée en abondance heureuse et bouclée dans la forme du fruit, s'y trouve, par miracle, en tout point de la pulpe, aussi fort que la saveur soutenue.

Si ce n'est donc jamais qu'une chose petite, ronde, sous la portée presque sans pédoncule, durant au tympanon pendant plusieurs mesures dans la gamme des orangés.

Toutefois il s'agit d'une note insistante, majeure.

Mais cette lune, dans son halo, ne s'entend qu'à mots couverts, à feu doux et comme sous l'effet de la pédale de feutre.

Ses rayons les plus vifs sont dardés vers son centre. Son rinforzando lui est intérieur.

Nulle autre division n'y est d'ailleurs préparée, qu'en deux. C'est un cui d'ange à la renverse, ou d'enfant-jésus sur la nappe, et le bran vénitien qui s'amasse en son centre, s'y montre sous le doigt dans la fente ébauché.

Mais le feutre dont je parlais ne dissimule ici aucun bâti de bois blanc, aucune déception, aucun leurre : aucun échafaudage pour le studio.

Non. Sous un tégument des plus fins – moins qu'une peau de pêche : une buée, un rien de matité duveteuse – et qui n'a nul besoin d'être 1oté, car ce n'est que le simple retournement, par pudeur, de la dernière tunique – nous mordons ici en pleine réalité, accueillante et fraîche.

Pour les dimensions, une sorte de prune en somme, mais d'une tout autre farine, et qui, loin de se fondre en liquide bientôt, tournerait plutôt à la confiture.

Oui, il en est comme de deux cuillerées de confiture accolées.

Et voici donc la palourde des vergers, par quoi nous est confiée aussitôt, au lieu de l'humeur de la mer, celle de la terre ferme et de l'espace des oiseaux, dans une région d'ailleurs favorisée par le soleil.

Son climat, moins marmoréen, moins glacial que celui de la poire, rappellerait plutôt celui de la tuile ronde, méditerranéenne ou chinoise.
Voici, n'en doutons pas, un fruit pour la main droite, fait pour être porté à la bouche aussitôt.

On n'en ferait qu'une bouchée, n'était ce noyau fort dur et relativement importun qu'il y a, si bien qu'on en fait plutôt deux, au maximum quatre.
C'est alors, en effet, qu'il vient à nos lèvres, ce noyau, d'un merveilleux blond auburn très foncé.

Comme un soleil vu sous l'éclipse à travers un verre fumé, il jette feux et flammes.

Oui, souvent adorné encore d'or peaux de pulpe, un vrai soleil more-de-Venise, d'un caractère fort refermé, sombre et jaloux.

Pour ce qu'il porte avec colère – contre les risques d'avorter – et, fronçant un sourcil dur voudrait enfouir au sol la responsabilité entière de l'arbre, qui fleurit rose au printemps.

Im ersten Textmaterial, das aus 81 Elementen, d.h. Wörtern besteht, fungieren alle Zeichenklassen, die in der Zeichentheorie unterscheidbar sind, also Symbole, Ikone, Indices, aber auch Zeichen für ... und Zeichen von ..., sowie Strukturen, Superzeichen und singuläre Zeichengestalten. Jedes verwendete Wort hat zunächst die Zeichenfunktion eines Symbols. Als solches hat es auch den Charakter eines Zeichen für ... Zu diesen 81 Symbolen kommen 11 Interpunktionszeichen sechs verschiedener Klassen, die die Funktion von Index-Zeichen haben. Sie beziehen sich auf Sätze, Satzteile und Abschnitte, oder besser zeigen solche Zusammenhänge an.

Die drei Abschnitte, in die der Text zerfällt, können zunächst als quasi-ikonisch interpretiert werden, da sie drei Klassen von Beobachtungselementen entsprechen. Jeder Abschnitt stellt eine Deskription dar; der erste in Form eines Vergleichs, der dritte in der Doppelform einer Feststellung und eines Vergleichs.

Der erste Abschnitt besteht aus symbolischen und indexikalischen Zeichen und bildet als Ganzes, da er sich auf die folgenden Abschnitte bezieht, sie anzeigt, einen zusammengesetzten Index; der zweite Abschnitt als Ganzes ist ein Ikon, das sich jedoch aus Symbolen zusammensetzt; der dritte Abschnitt ist ebenfalls als Ikon zu bezeichnen, doch finden sich auch hier symbolische und indexikalische Zeichen, die zusammen mit ikonischen Zeichen das Ikon aufbauen.

Um diese Interpretation zu rechtfertigen, gebe ich nachstehend eine Tabelle, die aufgrund der Peirceschen Zeichentheorie aufgestellt wurde:

Symbol	**Index**	**Ikon**
le, la, les	un, une, des	contaminées
feu	d'abord	rampe de papillons
fait	toutes	transformés
classement	en quelque sens	
flammes	on	
se dirigent	ne que	
peut comparer	celle	
marche du feu	il faut que	
animaux	endroit	
il quitte	pour	
occuper	autre	
marche	en	
amibe	'a la fois	
girafe	comme	
bondit du col	puis	
rampe du pied	tandis que	
masses	avec méthode	
s'échappent	qui	
sont	à mesure	
	en	
	seule	

Der Gesamttext „Le feu“ besteht aus drei Abschnitten: einem Index und zwei Ikonen. Wir können sagen, daß der Gesamttext ein Symbol ist, wenn wir Peirce zustimmen, daß das Symbol aus Index plus Ikon aufgebaut werden kann, auch wenn es zunächst den Anschein hat, als handele es sich im Pongeschen Text um Ikone.

Da außerdem eine gewisse Assoziierung im Zeichenprozeß der Perioden erkennbar ist, die die Entwicklung des Textes begleitet, dürfen wir von singulärer Zeichengestalt sprechen, und erst damit gewinnt er seine unverwechselbare ästhetische Information. Als singuläre Zeichengestalt ist er selbstverständlich auch Superzeichen, allerdings ästhetisches Superzeichen, da die Superierung erst einsetzen kann, wenn der gesamte Text wahrnehmbar ist. Es handelt sich hier um ein singuläres Superzeichen, genauer das in Bezug auf den Text vorhandene singuläre Superzeichen höchster Ordnung.

Man könnte einwenden, daß der Text trotzdem ikonischen Charakter habe, da doch offensichtlich ein Bild des Feuers gegeben werden solle. Beachtet man jedoch, daß der Text eine Konzeption des Feuers von größter Allgemeinheit ist (phänomologisch gesprochen, das Wesen des Feuers erreichen will), dann ist er nur als Symbol zu charakterisieren. Das widerspricht allerdings der Morrisschen These, daß das Kunstwerk nur als Ikon aufzufassen ist.

Das Textmaterial von „L'abricot“ zerfällt in zwanzig mehr oder weniger selbständig fungierende Abschnitte oder in acht größere Abschnitte. Man bemerkt sofort, daß der Zeichenprozeß hier viel komplexer verläuft als in „Le feu“ oder in anderen Stücken aus „Le parti pris des choses“. Zunächst überrascht die Zunahme der qualitativen Zeichen, die nach Peirce als ikonische Zeichen zu betrachten sind. Wir haben in „L'abricot“ 38 Adjektive, in „Le feu“ nur 2. Auch die Zahl der Bilder und Metaphern ist größer. Doch schenken wir uns die detaillierte Untersuchung der Wortarten und betrachten wir nur die acht großen Abschnitte. Ganz allgemein kann man feststellen, daß die indexikalischen Zeichen überwiegen und daß vor allem der Abschnitt vier als fast reines Index-Zeichen gedeutet werden muß (man beachte dabei den Gebrauch der quantitativen Angaben wie „aucun“, „rien“, des plus fin“, „nul“, „ne ... que“, „dernière“, die nach Peirce indexikalische Zeichen sind). Die anderen Abschnitte bestehen aus indexikalischen und ikonischen Zeichen, nur Abschnitt sieben kann wohl wieder als rein indexikalisches Zeichen charakterisiert werden. Trotz der großen Anzahl ikonischer Elemente (Wörter) haben wir es hier mit einem Text zu tun, der wiederum nicht als Ikon interpretiert werden kann und zunächst (wenn man die Summe von Indices und Ikonen als Symbole kennzeichnet, wie Peirce es macht) als singuläres Symbol erscheint. Doch ist man meiner Meinung nach berechtigt, den Gesamttext als singulären Index zu deuten, da er nicht nur die „Aprikose“ in größter Allgemeinheit darstellt, sondern darüber hinaus noch eine moralische Absicht erkennen läßt, nämlich die „Verantwortung“ des Kernes „für den Baum, der rosa blüht im Frühling“. Der Wert selbst, auf den die „Verantwortung“ bezogen wird, ist ein natürliches Faktum, das offenbar ganz und gar nur symbolisch, aber mit deutlicher ästhetischer Superierung zum Ausdruck gebracht wird. Ich würde also den Schluß ziehen, daß „L'abricot“ ein Beispiel dafür ist, daß ein singulärer ästhetischer Text als Ganzes auch Index-Charakter besitzen, daß überhaupt ein Kunstwerk als Index betrachtet werden kann.

Ich möchte weiter allgemein die Feststellung treffen, daß bei Ponge ein Text immer sehr deutlich entweder als singuläres Symbol oder als singulärer Index aufgebaut erscheint. Die ikonischen Zeichen, die den Text konstituieren helfen, werden jedenfalls nicht allein zur Superierung verwendet, und selbst die ikonischen Zeichen im Text „Le restaurant Lemeunier ...“, der doch einen ganz konkreten Vorwurf hat, werden zugunsten der Symbole und Indices transzendiert. Außerdem liegt der entscheidende Index-Charakter der Texte Ponges in der singulären ganzheitlichen Textgestalt, und diese designiert offenbar weniger Interpretationen als Werte.

Die in der informationellen Ästhetik vorausgesetzte spezielle Klassifikation der Zeichen ließ erkennen, daß ein Zeichen nur als Index das designieren kann, was man (vom Standpunkt der allgemeinen Werttheorie) einen „Wert“ nennt.

Dabei ist an eine bestimmte Klasse besonders kommunikativ wirksamer Bedeutungen des Kunstwerks, etwa moralische, idealisierende oder naturalisierende, politische oder experimentelle Tendenzen zu denken. Man kann feststellen, daß dort, wo das Sprachkunstwerk Ponges als Index erscheint, solche, die ästhetische und semantische Botschaft transzendierenden, Wert-Designate, vorwiegend moralischer Art, ausdeutbar werden. Nach den Vorstellungen der Zeichentheorie steigen die Deutungsmöglichkeiten eines Textes mit der Zunahme der Indices im Zeichenprozeß an, während sie mit hohen semantischen Dichten kleiner werden. Bei Ponge erweist sich trotz der verstärkten Index-Bewegung die semantische Dichte als relativ hoch, so daß, wie es auch seine Absicht ist, die Deutungsmöglichkeiten gering bleiben.

Der Textstatistische Aspekt

Sofern die ästhetische Realität eine statistische ist – und dies ist die zentrale These der Statistischen und Informationellen Ästhetik –, wird der statistische Aspekt der Texte, der bereits in der Linguistik in Betracht gezogen wird, für die Texttheorie von Interesse.

Jeder Text stellt eine Menge von Elementen dar, die wir als Worte bezeichnen und die, wie Fucks sich ausdrückt, gegliedert ist. Natürlich könnte man auch auf weitere Elemente und auf reduziertere wie Silben oder Laut zurückgreifen, aber diese Analyse wäre eher für die Linguistik, jedoch nicht für die Texttheorie spezifisch. Texte werden aus Worten gemacht, Texttheorie beschränkt ihre Untersuchungen wesentlich auf Worte und Wortfolgen, was selbstverständlich nicht ausschließt, daß sie diese Elemente durch reduziertere kennzeichnen kann.

Ein Text wird zunächst einerseits durch sein Vokabular, also durch die Zahl der auftretenden verschiedenen Worte, und andererseits durch die Häufigkeit, mit der diese Worte jeweils auftreten, statistisch, also materialiter, gegeben. Der statistische Aspekt, ich möchte das betonen, ist der materiale Aspekt, und zwar der selektive materiale Aspekt, der für die ästhetische Realisation des Textes ebenso verantwortlich ist wie für seine semantische Funktion. Man kann bereits hier darauf aufmerksam machen, daß ein Text einerseits durch ein hohes Vokabular, andererseits durch eine hohe Häufigkeit der Worte dieses Vokabulars eigentümlich sein kann. Es gehört zur Charakteristik eines Stils, ob er ausgesprochen viele verschiedene Worte, also ein hohes Vokabular, oder wenig verschiedene Worte, die mit großer Häufigkeit auftreten, zur Verfügung hat. Es ist möglich, vom Vokabularstil im Unterschied zum Frequenzstil zu sprechen. Es ist klar, daß damit nicht immer ein ästhetisches Urteil verbunden ist. Joyce schreibt durchweg in einem Vokabularstil, Gertrude Stein zieht einen Frequenzstil vor.

Mit einer solchen Unterscheidung ist natürlich nur ein sehr elementarer statistischer Aspekt gewonnen, ein bloßer numerischer Aspekt, der nicht weiter gedeutet wird, wenngleich er ästhetisch von Interesse ist.

Für eine exaktere statistische und ästhetische Analyse stehen heute in der materialen Texttheorie vor allem vier Konzeptionen zu Verfügung, die zugleich die Realisation und die Kommunikation der Texte berücksichtigen:

erstens die Frequenz-Länge-Wortart-Beziehungen, die einen Text in seinem Vokabular kennzeichnen, die vor allem von Guiraud und Herdan entwickelt und angewendet wurden und die vor allem die prä-ästhetischen Textstrukturen hervorheben;

zweitens die Frequenz-Rang-Beziehung, die im wesentlichen von Zipf entwickelt worden ist und für uns eine ausgesprochen makroästhetische Textstruktur feststellbar macht;

drittens die Silbenzahl-Entropie-Beziehung, die Fucks als „Stilcharakteristik" (neben anderen) eingeführt hat und die für uns bereits eine mikroästhetische Textstruktur beschreibt;

viertens die informationelle Theorie der statistischen Struktur der Sprache im Text, die auf der Grundlage von Shannon im wesentlichen von Benoit Mandelbrot aufgebaut worden ist und in unserer Sicht ganz allgemein statistische Textstrukturen als ästhetische bestimmen läßt.

Guirauds bevorzugte Beziehungen charakterisieren weniger einen Text als die Sprache des Autors. Als Normalwert für den Umfang eines Lexikons eines Autors gibt Guiraud z.B. 24.000 Worte an. Der Petit Larousse enthält 50.000 Worte, bei Baudelaire wurden rund 25.000, bei Rimbaud 42.000, bei Valéry nur 14.000 Worte ermittelt. Prä-ästhetisch wichtig ist die von Guiraud eingeführte Unterscheidung zwischen den „mots-thémes", den am meisten verwendeten Worten (die also eine semantische, nicht nur eine strukturale Bedeutung haben), und den „mots-clés", den am stärksten in der Häufigkeit vom üblichen Gebrauch abweichenden Worten (semantischer Bedeutung) eines Autors. „Azur" ist z.B. eines der „mots-thémes" bei Mallarmé und Valéry. Es ist in der Umgangssprache sehr selten. Es erscheint im Häufigkeitswörterbuch der französischen Sprache Vander Beke's im 5436ten Ran. In den „Poésies" von Valéry kommt es 24mal vor, es steht im Vorkommen an der 44. Stelle der Rangordnung. An erster Stelle steht „plus" mit der Häufigkeit 95. „Plus" weicht in der Häufigkeit also nicht auffällig von der Häufigkeit im Gebrauch in der Umgangssprache ab, ist also kein „mot-clé" wie „azur", das in den „Poésies" die relativ höchste Häufigkeit besitzt, aber, wie gesagt, im Vander Beke den 4535ten Rang inne hat. In Pierre Guirauds „Les Caractéres Statistiques du Vocabulaire" (1954) finden sich ausführliche Listen solcher statistischen Verhältnisse vor allem für die französischen Symbolisten. Elisabeth Walther hat „Le Parti Pris des Choses" von Francis Ponge untersucht, vor allem auch den Originaltext mit der deutschen Übersetzung im Hinblick auf die Häufigkeitsverteilung gewisser Wortarten verglichen. Sie stellte fest, daß auch bei Ponge eine Verschiebung zu Gunsten der im Vander Beke bzw. im Kaeding, dem deutschen Häufigkeitswörterbuch, selteneren Wörtern vorliegt. Allerdings ist de Abstand zwischen dem Rang im Wörterbuch der Pongeschen und dem Vander Beke bzw. dem Kaeding, den die einzelnen „mots-thèmes" einnehmen, nicht so groß wie im allgemeinen bei Valéry oder Mallarmé, woraus geschlossen werden darf, daß der Manierismus der Symbolisten kein Stilmerkmal der Texte Francis Ponges ist.

Zipfs Frequenz-Rang-Beziehung, in der die Frequenz f die Zahl bezeichnet, die angibt, wie oft ein Wort verwendet wird, und der Rang r zum Ausdruck bringt, welche Wortfrequenz die höchste, die zweithöchste usw. ist, besagt, daß das Produkt aus Frequenz und Rang eine Konstante ist, also $r \cdot f = c$. Man hat z.B. den Ulysses von Joyce untersucht und folgendes festgestellt:

das im 10. Rang vorkommende Wort ist 2653mal verwendet, $r \cdot f$ ist also 26.530
das im 100. Rang vorkommende Wort ist 265mal verwendet, $r \cdot f$ ist also 26500
das im 10.000. Rang vorkommende Wort ist 2mal verwendet, $r \cdot f$ ist also 20.000
das im 29.000. Rang vorkommende Wort ist 1mal verwendet, $r \cdot f$ ist also 29.000

Es gibt noch eine weitere Beziehung bei Zipf, die den Zusammenhang zwischen einer Wortfrequenz und der Zahl der Worte, die in dieser Frequenz vorkommen, ausdrückt; diese Beziehung ist von der Form $n \cdot f^2 = c$, wenn f wieder die Frequenz und n die Zahl der mit f vorkommende Worte ist, im „Ulysses" wurde in dieser Hinsicht folgendes festgestellt:

16.432 Worte kommen 1mal vor, $n \cdot f^2$ ist also 16.432
4.776 Worte kommen 2mal vor, $n \cdot f^2$ ist also 19.000
2.194 Worte kommen 3mal vor, $n \cdot f^2$ ist also 19.600
.
.
220 Worte kommen 10mal vor, $n \cdot f^2$ ist also 22.000.

Man sieht, beide Beziehungen gelten nur in der Annäherung. Sie beschreiben einen Text insofern makroästhetisch, als sie das Vokabular und die Frequenz als die beiden fundamentalen Parameter des Textmaterials in der selektiven Bedeutung tatsächlich erkennbar werden lassen. Ein Vokabular-Frequenz-Gleichgewicht oder seine Verschiebung, die stilbestimmend sind, treten sichtbarlich in Erscheinung.

Hingegen haben, wie schon gesagt, die Fucks'schen „Stilcharakteristiken", vor allem die Fucks'sche Textentropie, eine mikroästhetische Bedeutung. Fucks geht vom Text als einer gegliederten Elementenmenge aus. Er bestimmt den Unterschied der Elemente, also der Worte, numerisch, indem er von einem Merkmal an ihnen, das numerisch zugängig ist, ausgeht, z.B. von der Silbenzahl der Worte, Er differenziert somit zwischen ein-, zwei-, drei- und mehrsilbigen Worten, ermittelt die mittlere Silbenzahl je Wort und bestimmt dann, da die durch den numerischen Silbenwert gekennzeichneten Worte im Text als ein System der Mischung auftreten, den Betrag der Mischung, den er aus Gründen physikalischer Analogie als Entropie bezeichnet, mit Hilfe der in der Physik geläufigen Formel für die Entropie $S = - \Sigma\, p_i \log pi$, darin p die relative Häufigkeit des i-ten Elementes mit der Silbenzahl z ist.

Für einen Text (F. Ponge, Les plaisirs de la porte), der aus 107 Worten mit 64 Einsilbern, 26 Zweisilbern, 12 Dreisilbern, 4 Viersilbern und 1 Fünfsilber besteht, sieht die Rechnung, wenn z dic Silbenzahl, n die absolute Häufigkeit, p=n/N die relative Häufigkeit, N die Wortzahl $\bar{z}$ die mittlere Silbenzahl und S die Entropie ist, folgendermaßen aus:

z	n	p	pz	plogp
1	64	0,599	0,599	–0,133
2	26	0,243	0,486	–0,149
3	12	0,112	0,336	–0,106
4	4	0,037	0,148	–0,053
5	1	0,009	0,045	–0,018
	107	1,000	1,614	–0,459

Fucks hat auch noch die mittlere Wortzahl pro Satz gemäß der Analogen Beziehung $\bar{j} = \Sigma\, j\, p_i$ bestimmt und beide, die mittlere Silbenzahl und die mittlere Wortzahl im Sinne folgender Tabellen für die stilcharakteristische Differenz zwischen spezifisch dichterisch-literarischen und spezifisch wissenschaftlich-philosophischen Texten in Betracht gezogen.

	Autor	Werk	$\bar{i}$	$\bar{j}$
1	Bergengruen	Der letzte Rittmeister	1,8495	15,263
2	Carossa	Geheimnisse des reifen Lebens	1,7440	16,570
3	Chamisso	Peter Schlemihl	1,61177	19,754
4	Eichendorff	Aus dem Leben eines Taugenichts	1,5560	24,900
5	Eyth	Hinter Pflug und Schraubstock	1,7150	15,035
6	Fallada	Kleiner Mann, was nun?	1,5303	10,676
7	Fontane	Effi Briest	1,7243	14,440
8	Goethe	Mittelwert aus 4 Werken	1,6939	25,439
8_1		Farbenlehre	1,8002	27,109
8_2		Italienische Reise	1,7152	22,724
8_3		Hermann und Dorothea	1,5747	22,825
8_4		Dichtung und Wahrheit	1,6856	29,100
9	Hauff	Phantasien im Bremer Ratskeller	1,6448	20,700
10	Hesse	Steppenwolf	1,7160	20,011
11	Hoffmann	Rat Krespel	1,7210	24,868
12	Jünger	Auf den Marmorklippen	1,6560	24,090
13	Kästner	Die verschwundene Miniatur	1,7316	8,432

14	Lamprecht	Alexanderlied	1,5620	14,540
15	Mann	Buddenbrocks	1,8040	18,850
16	May	Winnetou I	1,6125	14,100
17	Möricke	Mozart auf der Reise nach Prag	1,7096	19,814
18	Raabe	Die Chronik der Sperlingsgasse	1,9028	18,955
19	Rilke	Cornet	1,4510	8,747
20	Schiller	Der Geisterseher	1,7130	15,624
21	Stifter	Hochwald	1,7354	27,790
22	Storm	Der Schimmelreiter	1,6313	18,825
23	Wassermann	Der Fall Maurizius	1,7690	21,416
	Schwerpunkt	Sämtliche Texte	1,6819	18,211

	Autor	Werk	$\bar{i}$	$\bar{j}$
1	Adler	Menschenkenntnis	1,866	23,276
2	Bismarck	Reden aus „Gesammelte Werke“	2,281	33,863
3	Einstein	Evolution der Physik	1,929	21,097
4	Freud	Fragen der Laienanalyse	1,891	19,144
5	Gerlach	Experimente zur Kernphysik	2,008	21,142
6	Guardini	Tod des Sokrates	1,832	21,444
7	Hegel	Aus „Sämtliche Werke“	1,835	31,381
8	Heidegger	Was ist Metaphysik?	1,818	16,802
9	Heisenberg	Physik der Atomkerne	1,909	20,530
10	Heuß	Randbemerkungen	1,980	20,500
11	v. Humboldt	Neuspanien	2,054	31,719
12	Joos	Theoretische Physik	2,046	22,642
13	Kordt	Die Wilhelmstraße	2,110	26,000
14	Marx	Das Kapital	2,021	32,668
15	Oswald	Farbkunde	1,969	20,452
16	Pestalozzi	Körpererziehung	1,764	26,683
17	Planck	Vorträge	2,019	23,531
18	Du Bois-Reymond	Über eine Akademie der deutschen Sprache	1,939	11,181
19	Rucker	Vortrag: Die Aufgabe des planenden Ingenieurs	2,191	27,641
20	Sauer	Über elektronische Rechenautomaten	2,270	22,600
21	v. Schlieffen	Cannae	1,894	20,531
22	Schliemann	Trojanische Altertümer	1,892	42,134
23	Schütz	Ansprache: Studententum und Zeitgeschehen	2,090	35,600
24	Sombart	Die drei Natinalökonomien	2,009	22,655
25	Sommerfeld	Atombau und Spektrallinien	2,100	21,597
26	Weber	Wirtschaftsgeschichte	1,874	22,287
27	Weizsäcker	Welbild der Physik	1,970	19,300
	Schwerpunkt	Sämtliche Werke	1,984	24,385

R. Gunzenhäuser hat auf der Grundlage der Fucks'schen Methoden folgende stilcharakteristischen Werte neuerer französischer Autoren ermittelt:

Autor	aus:	Mittelwert I	Entropie S
Anouilh	La Sauvage (1934)	1,563	0,4330
Claudel	Brangues (1943)	1,762	0,494
Cocteau	L'aigle ... (1946)	1,631	0,454
Exupéry	Vol de nuit (1931)	1,600	0,439
Gide	Les Caves ... (1946)	1,668	0,478
Malraux	La condition (1933)	1,742	0,500
Maurois	Climats (1928)	1,668	0,466
Proust	Du côté de ... (1913-1927)	1,679	0,516
Rolland	Jean Christophe (1912)	1,553	0,433
Romains	Knock ... (1923)	1,759	0,507
Sartre	Huis-clos (1944)	1,544	0,434

Dargestellt in einem Koordinatensystem mit S als y-Achse und i als x-Achse ergibt sich folgendes Bild:

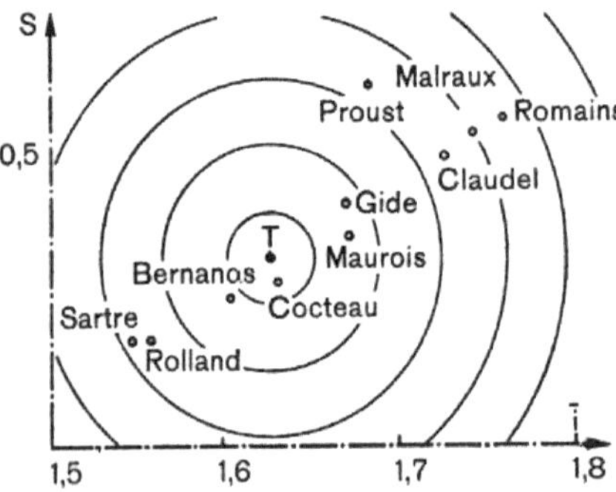

Besonders wichtig für jede textästhetische Betrachtung und Analyse auf materialer Basis ist natürlich der Vergleich derartiger Texte. Die Tabellen und graphischen Darstellungen der einfachen Stilcharakteristiken, wie sie Fucks einführte, ermöglichen bereits solche Vergleiche. Man kann daran anknüpfend systematische Versuche mit heruntergedrückten mittleren Silbenzahlen bzw. mit niederen Entropien anstellen und gleichsilbige Texte bzw. niederentropische Texte entwickeln. Man kann die Vergleiche auch mit einem künstlichen Text, wie wir ihn hier schon bezeichnen wollen, weil er außerhalb umgangssprachlicher Konzeption oder traditioneller prosaischer Form liegt, der nur aus einsilbigen Worten besteht und die Entropie S = 0 besitzt, vornehmen.

Der Vergleich natürlich entstandener Texte mit einem Standardtext ist von besonderr Bedeutung. R. Gunzenhäuser ist in einer Arbeit näher auf diese Möglichkeit eingegangen. Man kann sich einen solchen Text, der Normtext heißen möge, als „repräsentativen Querschnitt" von Texten einer bestimmten Sprache innerhalb einer bestimmten Epoche gebildet denken. R. Gunzenhäuser beschreibt für die Gewinnung vor allem folgende Möglichkeiten: In verhältnismäßig geringer Zeit kann man größere Stichproben aus literarischen Werken mit Hilfe einer Großrechenanlage auszählen. Man ermittelt von jedem Stichproben-Text die Stilcharakteristiken mittlerer Silbenzahl oder Entropie bzw. die weiteren Fucksschen Stilcharakteristiken. Bei gleichem Umfang der Proben kann man einigermaßen sicher die entsprechenden Werte des Normtextes bestimmen. Alsdann läßt sich aus dem Häufigkeitswörterbuch der deutschen Sprache von Kaeding, das 1897 erschien und aus der Auszählung bzw. Sortierung deutscher Texte mit insgesamt 11.000.000 Wörtern hervorging, eine standardisierte Häufigkeitsverteilung für die Silbenhäufigkeit herleiten. Man kann die Texte, auf denen der Kaeding basiert, insgesamt als eine gewaltige Probe der mehr oder weniger literarischen Sprache des 19. Jahrhunderts ansehen.

Fucks gibt folgende Standardverteilung für die deutsche Sprache:

i	h_i
1	0,556
2	0,308
3	0,094
4	0,034
5	0,007
6	0,001

(i ist die Silbenzahl, h_i ihre relative Häufigkeit.)

Der Mittelwert dieser Normenverteilung ist $\bar{i}_{th} = 1{,}634$, die Entropie $S_{th} = 0{,}456$. R. Gunzenhäuser errechnete nach der von Fucks angegebenen Beziehung eine entsprechende Normalverteilung französischer Sprache:

1	0,566
2	0,322
4	0,092
4	0,017
5	0,002

Der Mittelwert dieser Verteilung ist $\bar{i}_{th} = 1{,}57$, die Entropie = 0,430. Wichtig ist eine Methode, die den quantitativen Vergleich eines natürlichen Textes mit dem Normtext zuläßt. Fucks vergleicht die beiden Mittelwerte $\bar{i}$ und $_{th}$ der Verteilungen, indem er ihren Quotienten bildet. Als „sinnvolles Vergleichsmaß" für die Entropie schlägt er alsdann die Bildung von

$$Cs = 10^{-(S-Sth)}$$

vor, denn dadurch ist jeder Text als eine Folge von bestimmten Werten, die man als Komponenten eines Vergleichsvektors auffassen kann, beschreibbar.

Als weiteres Vergleichsmaß schlägt nun R. Gunzenhäuser vor, im $\bar{i}$-S-Koordinatensystem einfach den Abstand der einzelnen Textpunkte P_v

vom Punkt T der Normverteilung zu messen. Dieses Maß bestimmte sich als

$$M = \sqrt{(\bar{i} - \bar{i}_{th})^2 + / - S - S_{th})^2}$$

und braucht nicht normiert zu werden. Alle Punkte, die denselben Abstand von T haben, besitzen gleiches Maß M; M selbst hängt nur ab von Mittelwert und Entropie der beiden Häufigkeitsverteilungen, berücksichtigt die „feineren" Charakteristiken der Verteilungen also nicht. Es hat den Vorteil, daß zu seiner numerischen Bestimmung keine Rechenarbeit erforderlich ist. Ein geeignet geeichter Maßstab, auf einem Papierstreifen aufgetragen, reicht zur Messung von M hinreichend gut aus. Ein weiteres Vergleichsmaß, das sich direkt auf die beiden Häufigkeitsverteilungen bezieht, ist nach Gunzenhäuser

$$N = k \cdot \Sigma\, (h_i - h_{ith})^2$$

also die Summe der Differenzquadrate der beiden zu vergleichenden Häufigkeitsverteilungen. Dieses Maß führte bereits Gauß bei seiner Methode der Fehlerquadrate ein. Seine Anwendung bei der mathematischen Textanalyse findet sich unseres Wissens bisher nicht. Ein Text, dessen Verteilung mit der des Normentextes übereinstimmt, besicht das Maß N = 0; je mehr ein Text von der Normverteilung abweicht, desto größer wird sein Maß N. Wir haben nun, ausgehend von der Normverteilung in Tabelle 4 für französische Texte die Werte N für die Stichproben französischer Autoren aus Tabelle 2 errechnet: Gunzenhäuser erhielt mit der Konstanten k = 10.000, auf ganze Zahlen abgerundet:

Autor	Vergleichsmaß
Anouilh	5
Claudel	95
Gide	44
Malraux	91
Proust	76
Romains	164
Sartre	110

Die Werte sind natürlich Annäherungen, da die Stichproben relativ klein blieben.

Zum Vergleich sei noch die entsprechende Tabelle für einige neuere deutsche Texte angeführt, die Gunzenhäuser untersuchte:

Text	Vergleichsmmaß
dtsch. Übersetzung von „Le Parti Pris des Choses" von F. Ponge (E. Walther)	8
Brief in der Alltagssprache	19
Brief im Behördendeutsch	158

Text aus einem Modejournal	294
Mathematischer Text	962
Sprachhot „Jetzt“ von Max Bense in „Bestandteile des Vorüber“	2671

Beschreiben ist natürlich nicht nur wiedergeben, sondern auch unterscheiden. Da die ästhetische Realität wesentlich Innovation ist, genauer: materiale statistische Innovation, muß sie in allen, auch in den mikroästhetischen Stilcharakteristiken differenziert beschrieben werden können.

Mit der Uminterpretation der Entropie zur Information wird die statistische Struktur der Texte ästhetisch faßbar. Danach ist es nicht sinnvoll, vom Eidos, Wesen, oder von der Idee oder der Substanz des Ästhetischen zu sprechen, sondern nur von der ästhetischen Mitteilung, Botschaft oder Information.

Der Begriff der Information bezeichnet primär den statistischen Zustand einer materialen Verteilung. Die statistische Struktur einer materialen Verteilung läßt, so wollen wir sagen, eine semantische oder eine ästhetische Deutung zu, je nach der numerischen Beschaffenheit dieser Struktur. Ausgangspunkt der informationellen Theorie der statistischen Struktur der Texte ist jedenfalls stets die Feststellung der allgemeinen statistischen Information. Die bekannte Shannonsche Beziehung

$$H = \Sigma\, p_i \cdot \text{ld}\; l/pi$$

darin ld der Logarithmus digitalis (Logarithmus zur Basis 2) und p_i die Wahrscheinlichkeiten (bzw. relative Häufigkeiten) der Zeichen (Worte) Z_i bedeutet, gibt das Maß der Information in Bezug auf eine Quelle, welche die Zeichen (Worte) Z_i mit den Wahrscheinlichkeiten p_i auftreten läßt (sendet). Die Information eines endlichen Textes, den eine solche Quelle gibt, kann, wenn N die Zahl der Zeichen (Worte) ist, nach Zemanek u.a. durch die Formel

$$H_\gamma = N\, \Sigma\, p_i \cdot \text{ld}/pi$$

bestimmt werden. Von Cube hat betont, daß der sich ergebende Wert jedoch nur für einen „idealen“ Text gelten könne, d.h. für einen Text, bei dem die relativen Häufigkeiten mit den Wahrscheinlichkeiten der angenommenen Quelle übereinstimmen. Ist das nicht der Fall, so sei die Gesamtinformation eines Textes durch

$$H_\gamma = N\, \Sigma\, h_i \cdot \text{ld}/pi$$

wiederzugeben, worin h_i die relativen Häufigkeiten der Worte Z_i des Textes bedeuten. Nach von Cube bezeichnet diese Formel wiederum nur den Wert des Textes von seiner materialen Realisation, also von der produzierenden Quelle her gesehen. Nur wenn der Empfänger über das gleiche Repertoire verfügt wie der Sender und über die gleiche Wahrscheinlichkeitsverteilung der Elemente dieses Repertoires, erhält der Empfänger dieselben Informationsbeträge.

Auch die numerische Umrechnung des auf die Basis 10 bezogenen Entropiebetrags eines Textes in den auf die Basis 2 bezogenen Informationsbetrag, der für die informationelle Interpretation der statistischen Struktur eines Textes sinnvoll sein soll, betrifft primär nur die Uminterpretation der statistischen Selektion auf der Seite der materialen Realisation des Textes. Im übrigen vollzieht sich die Umrechnung gemäß

$$H_{inf} = S_{ent} \cdot \text{il } 10$$

ld 10 hat den Wert 3,3219. Ist für eicn Text die Entropie 0,5445, so ist die ihm entsprechende Shannonsche Information 0,5455 · 3,3219 = 1,809 bit (Informationseinheiten).

A.A. Moles und A. Schützenberger haben der Shannonschen Formel eine Deutung gegeben, die dem entspricht, was wir im allgemeinen als Komplexität bezeichnen. Die Formel genügt nach Moles der Forderung der Invarianz gegenüber Permutationen, sie definiert also ein echtes Komplexitätsmaß, das übrigens auch als Betrag dessen interpretiert werden kann, was von Ehrenfels als „Gestaltungshöhe“ bezeichnet hat. Damit würde also ein Shannonscher Informationsbetrag auch numerische Auskunft über den Grad der „Gestaltung“, die materialiter in einem Text vorhanden ist, geben können.

A.A. Moles (und neuerdings auch von Cube und R. Gunzenhäuser) haben versucht, dieser als Komplexität aufgefaßten Information eine soziometrische Deutung (im Sinne Morenoscher Soziogramme) zu geben. Es ist leicht einzusehen, daß auf diese Weise ein numerischer Zugang zu den dramatischen Verwicklungen bzw. Kollisionsschemata ermöglicht wird, der auch für die traditionelle Interpretation dramatischer Werke bzw. für die analytische Behandlung dramaturgischer Situationen fruchtbar sein kann.

A.A. Moles hat schließlich noch eine Anwendung der Shannonschen Formel für die statistische Information auf die Struktur der Romane durchgeführt. Er faßt den Roman als eine Gesamtbotschaft auf, die aus originalen Symbolen folgender Bedeutung besteht: die Originalität individueller Ereignisse, der Umfang ihres Repertoires, ihre Anzahl, die Originalität ihres Arrangements. Moles gibt folgende Beispiele für die statistische, also häufigkeitsmäßige Erfassung von Ereignissen in einem Roman: se tuer, tuer un autre, tromper sa femme, se marier, cambrioler, tirer un cheque, entrer dans une cabine téléphonique, conduire une voiture, avoir un accident, faire l’amour, donner un baiser, écrire une lettre etc. Die relative Häufigkeit, mit der solche Elementarereignisse in Romanen auftreten und der Grad der Komplexität und Wahrscheinlichkeit, mit der sie verknüpft werden, entscheidet über den ästhetischen Wert, der speziell episch, narrativ sich entwickelnden Darstellung.

Grundlagen der Textsemantik

Unter Semantik werden im allgemeinen Untersuchungen zusammengefaßt, die sich auf die Bedeutung bzw. auf die Funktion von Zeichen bzw. Zeichenreihen beziehen. Unter Textsemantik wird hier dementsprechend alles verstanden, was sich mit der Bedeutung bzw. der Funktion von Worten und Folgen von Worten, also Texten beschäftigt.

Textsemantik bezieht sich demnach auf die Textmaterialität. Der semiotische Charakter dieser Textmaterialität, d.h. ihre Auffassung als gegliederte Menge von Zeichen verschiedener Funktion, von Zeichen, die als Symbol, Index oder Ikon verwendbar sind, ermöglicht erst die semantische Konzeption des Textes. Der statistischen Einführung der Textmaterialität als zufällige Folge diskreter Elemente, die in der statistischen Theorie der Sprache ebenso Voraussetzung ist wie in der Textästhetik, folgt die semiotische Umfunktionierung dieser Elemente und schließlich die semantische Interpretation nach.

Im allgemeinen erscheinen drei semantische Problemkreise:

Erstens die Fragen der Verständigung durch Worte, Laute etc. in einem vorwiegend psychologischen Sinne, die wir als semantisch-kommunikative Fragen bezeichnen und die Thema der psychologisch orientierten Kommunikationstheorie sind;

zweitens die Fragen, die den Zusammenhang zwischen Zeichen und Objekten betreffen, also die Beziehung zwischen Worten und Sachen, Sätzen und Sachverhalten angehen. Es sind Fragen, die vorwiegend die Logik berühren, wir sprechen deshalb von semantisch-logischen Fragen; sie werden in der Disziplin behandelt, die in der heutigen Wissenschaftstheorie und Logistik speziell als Semantik bezeichnet wird;

drittens Fragen, die den rein sprachtheoretischen, linguistischen Aufbau der Worte, Sätze bzw. Texte betreffen, z.B. Probleme der Stämme, Flexionen, Wortstellungen u.dgl.; die semantischen Probleme sind hier linguistisch orientiert, wir fassen sie als linguistisch-semantisch zusammen.

Man bemerkt, daß, vereinfacht gesprochen, die kommunikationstheoretische Semantik die Mitteilungsfunktion der Sprache, die logische Semantik die Bezeichnungs- bzw. Darstellungsfunktion und die linguistische Semantik die Zusammensetzungs- bzw. Ausdrucksfunktion in den Vordergrund der Betrachtung rückt. D.h. es ergeben sich verschiedene, aber einander ergänzende semantische Probleme, je nach dem, ob man in der Sprache ein System der Übertragung (Mitteilung), ein System der Bezeichnung (Darstellung) oder ein System der Gestaltung (Ausdruck) sieht.

Die Textmaterialität ist extensional bestimmt. Als Menge, als folge, als Nachbarschaft, als Häufigkeit, als Raum von Elementen, die damit statistisch und topologisch zugängig werden. Statistik und Topologie legen also die Gliederungs- bzw. Gestaltungsfähigkeit der Textmaterialität der Sprache bloß, begründen also, wie wir hier sagen, ihren Realisationscharakter.

Die Textsemiotik hingegen begründet den Kommunikationscharakter, denn sie geht von der Einteilbarkeit der Elemente eines Textes in verschiedene Zeichenklassen, etwa Symbole, Ikone und Indices, aus, die alle eine kommunikative Rolle spielen.

Die Textsemantik entwickelt im Anschluß an die Textsemiotik den Text als Interpretationssystem, d.h. also den interpretativen Charakter der Sprache. Sie begründet formale, inhaltliche, phänomenologische, hermeneutische Möglichkeiten der Konzeption, sie läßt an die Stelle der Textmaterialität die Textintentionalität treten, Probleme der Gestaltung zu Problemen der Bedeutung werden.

Die Textmaterialität definiert die extensionale Eigenwelt der Texte und die Textsemantik ihre intentionale Außenwelt. Demnach ist unter Textsemantik auch die Theorie des Überganges von der numerisch zugängigen extensionalen Eigenwelt der Texte zur hermeneutisch zugängigen intentionalen Außenwelt der Texte zu verstehen. Formale und inhaltliche Beschreibungen eines Textes vermitteln zwischen der textmaterialen Konzeption.

Jedes System eines Überganges von der extensionalen Textmaterialität (Eigenwelt) eines Textes zur intentionalen Textsemantik (Außenwelt) eines Textes heißt Interpretation (im weitesten Sinne).

Jedes System der Interpretation (im weitesten Sinne) ist ein intentionaler Text aus semiotischen, semantischen und ontologischen Angaben, genauer ein System semantischer Regeln zwischen semiotischen Ausdrücken und ontologischen Angaben.

Ich möchte hier nicht unterlassen, auf Karl Christian Friedrich Krause hinzuweisen, der in seinen Arbeiten „Zur Sprachphilosophie“, die August Wünsche 1891 aus dem Nachlaß herausgegeben hat, für eine Textsemantik geleistet hat, die mindestens so wichtig sind wie die linguistischen Untersuchungen de Saussures für die strukturelle Textsemiotik. Krause geht von der imitativen Tendenz des menschlichen Geistes aus, betont aber deutlich, daß die Sprache sich zu dem, was sie darstellt, nicht wie ein Bild zu seinem Urbild verhält. „Sie ist durchaus nicht Bild“, sagt er von der Sprache, und dann folgert er, daß „auch die Sprache ... an sich etwas sein“ muß, „weil nur, was an sich selbst etwas ist, auch als Mittel für etwas dienen kann“. So nennt Krause Eigenwelt und Außenwelt der Sprache. Er hebt hervor, „daß die Sprache nicht abbildet, sondern bloß bezeichnet; daß sie eine selbständige Zeichenwelt für sich ausmacht“. Von dieser Voraussetzung aus formulierte er bereits sehr deutlich das kommunikative semantische Problem. „Da nun aber diese Zeichen, ohne mit dem Bezeichneten im Wesentlichen das Geringste gemeinsam zu haben, sowie sie als das, was sie an sich sind, noch ohne Zeichen zu sein, angeschaut werden, in den Schauenden unwillkürlich auch das Bezeichnete hervorrufen, so entsteht für uns das neue Problem, wie dieses möglich sei ... Soll also die Zeichenreihe der Sprache verstanden werden, so ist Erinnerung erforderlich.“ Die Erinnerung ist also für Krause der entscheidende Faktor des Sprachverständnisses im Sinne der Übermittlung bzw. der Mitteilungsfunktion der Sprache. Er bindet die Erinnerung an die persönliche „Zeitreihe“. „Alles das, dessen ich mich erinnere, ist aus meiner Zeitreihe genommen, und sofern es wiederhervorgebracht (reproduziert) wird, nimmt es auch wieder einen Teil derselben Zeitreihe ein. Diese Zeitreihe (oder eigentlich: ich in ihr) kehrt also vielfach in sich selbst zurück und ist dabei doch nur Eine, und eine der Zeit und der ewigen Verursachung nach stetige.“ Daß Krause seine Sprachtheorie auch in den ästhetischen Bereich vortreibt, erhellt aus Sätzen wie diesen: „Diese Wahrheit widerstreitet nicht der Möglichkeit, daß die Sprache auch ein an sich selbst würdiges Kunstwerk sei. Nur muß sie dabei rein als Zeichenwelt, als ein Kunstwerk der Bezeichnung, gewürdigt werden ... In dieser inneren Kunstwürde de Sprache ist nun auch die Eigenschönheit des Zeichens in Ansehung dessen, was es an sich ist, als einzelner, teilwesentlicher Teil enthalten.“ Übrigens findet sich im „System der Ästhetik“ Krauses ein entsprechender Hinweis auf die seinsmäßige Selbständigkeit des „Schönen“: „Das Schöne ist schön durch das, was es an und für sich selbst ist, nicht dadurch, daß es etwas bedeutet, anzeigt, bezeichnet“ (p. 21). Die Materialien, aus denen das Kunstschöne aufgebaut wird, scheinen danach für Krause zwar durchaus als Zeichen zu fungieren, aber zu ihrer möglichen Rolle als Ikon (bedeutet), Index (anzeigt) oder Symbol (bezeichnet), wie wir vom Standpunkt Peirces aus heute sagen, tritt in diesem Falle eine weitere, nämlich die als bloßes „aestheticum“, wie man sagen kann.

Ich breche den Hinweis auf Krause damit ab, komme jedoch später auf die Semantik, die er auf diese Voraussetzungen gründet und die linguistische und phänomenologisch im fast Heideggerschen Sinne verstanden werden kann, noch einmal zurück. Hier füge ich nur noch hinzu, daß mir diese Sprachphilosophie in ihrer materialen Grundauffassung der Sprache bereits als eine erste Antizipation konkreter Poetik erscheint und daß die mit ihr im Zusammenhang stehende sprachmateriale „Erinnerung“ sehr viel deutlicher die Zeitthematik etwa Prousts rechtfertigt als Bezüge auf die entsprechende vage Zeit- oder Gedächtnismetaphysik, die Bergson entwickelt hat.

In gewisser Hinsicht sind die Probleme zwischen der gestaltungsfähigen Eigenwelt und der darstellungsfähigen Außenwelt der Sprache die wichtigsten. Immer wieder stoßen allgemeine textsemantische Untersuchungen auf die spezielleren Fragen der logischen Semantik.

Man kann sich nun leicht denken, daß es, was das Verhältnis von Eigenwelt und Außenwelt der Sprache angeht, zwei Möglichkeiten gibt. Benoit Mandelbrot, dem die informationelle Theorie der statistischen Struktur der Sprache entscheidende Anregungen verdankt, spricht von einer imitativ vorgehenden Sprache, die jedem Objekt ein Zeichen zuordnet und den Reichtum unterscheidbarer Sachen und Sachverhalte in einem Reichtum der für sie verwendeten Zeichen spiegelt, und stellt ihr die kombinierend vorgehende Sprache gegenüber, die in Kombination relativ weniger Elemente über die Mannigfaltigkeit der Sachen und Sachverhalte spricht. Mandelbrot bezeichnet die imitativ vorgehende Sprache auch als analog, die kombinierend vorgehende als digital. In einem semiotischen Sinne ist die imitative analoge Sprache ikonisch, die kombinierend digitale Sprache symbolisch; einfacher gesagt handelt es sich um die Unterscheidung zwischen der bildlichen Sprache und der urteilenden Sprache; jene erzeugt Metaphern wie „Auf den Knien meines Herzens“, diese Aussagen wie „Könige berühren die Türen nicht“.

In der linguistischen Semantik entspricht dieser Differenz etwa die von Jakobson und Halle eingeführte zwischen metaphorischer und metonymer Entwicklung der Sprachgestaltung der Texte. Der metaphorische Weg ist durch Simularität (Imitation), der metonyme Weg durch Kontiguität (Zusammenhang) gekennzeichnet. Wir werden elementare Simularitäten bzw. Metaphern als Simplexe, elementare Kontiguitäten bzw. Aussagen in der Textsemantik als Kontexte bezeichnen.

In der logischen Semantik, in der der Zusammenhang zwischen Zeichen und Objekten unter dem Aspekt der Wahrheit, d.h. des Übereinstimmens, des Zutreffens der Zeichen für Objekte betrachtet wird, kann, wiederum einfach ausgedrückt, dieser Aspekt der Wahrheit (oder Nichtwahrheit) einmal darin bestehen, festzustellen, ob ein Zeichen (für ein Objekt) zu einer bestimmten Klasse (von Objekten) gehört (oder nicht), und ein ander Mal darin, festzustellen, ob eine Aussage einen Sachverhalt zutreffend (wahr) oder nichtzutreffend (falsch) wiedergibt. Die am Zusammenhang zwischen dem Subjekt und dem Prädikat interessierte (aristotelische Klassische) Prädikatenlogik ist eine Klassenlogik, die an der Wiedergabe von Sachverhalten durch Aussagen interessierte Logik ist eine Aussagenlogik.

Es ist noch auf die doppelte Rolle des „ist“ in der logischen Semantik bzw. Syntax hinzuweisen. Das „ist“ kann einmal eine Klassenbeziehung ausdrücken, z.B. in der Aussage „Die Rose ist rot“, „rot“ bezeichnet die Klasse roter Objekte, zu der die Rose gehört. Ein anderes Mal kann das „ist“ aber auch eine Identifizierung, eine Identität zum Ausdruck bringen, z.B. in „Die Rose ist die Blume dieses Wappens“. Die klassifizierende Sprachbewegung ist typisch für die digital kombinierende, urteilsmäßige. Die identifizierende Sprachbewegung ist typisch für die analog imitierende, bildhafte. Dementsprechend ist das kopulative „ist“ kontextbildend und das identifizierende „ist“ stärker simplexbildend. Jenes ist metonym, dieses metaphorisch orientiert.

Man kann also ein simplexbildendes „ist“ von einem kontextbildenden unterscheiden, und semiotisch gesehen dient ein Simplex der Bildung ikonischer, aber ein Kontext der Bildung symbolischer Zeichen bzw. Zeichenreihen.

Für die gesamte Textsemantik ist die Unterscheidung zwischen einem objektsprachlichen System (Objektsprache) und einem metasprachlichen System (Metasprache) wichtig. Die Unterscheidung zwischen objektsprachlichem und metasprachlichem Textsystem eines Textes entspricht der bekannten wissenschaftstheoretischen Einteilung. Ein hergestellter Text ist stets objektsprachlicher Text im Verhältnis zu einem anderen, der über diesen Text handelt und der in Bezug auf ersteren der metasprachliche Text ist. Jede für einen Text aufgewendet Interpretation ist also der metasprachliche Text zu einem Text; es ist klar, daß es viele metasprachliche Texte zu einem Text gibt, d.h. viele Metatexte zu einem Objekttext. Die höchste Metasprache der Metatexte ist stets die Umgangssprache. Eine Interpretation gehört zur Metasprache und ist als solche Objekttext der Umgangssprache, bzw. die Umgangssprache ist die letztmögliche Sprache einer Interpretation. Selbstverständlich kann ein Text in sich objektsprachliche Partien enthalten, also zugleich sachgebend und interpretierend sein. Im allgemeinen gibt es in einem Text stets 1. semantisch leere Worte grammatischer Funktion (Artikel u.dgl.), 2. semantische Bezeichnungen etwa logischer Funktion (wie wahr, falsch, bezeichnet u.dgl.) und 3. semantisch volle Worte signifikativer Funktion (Substantive, Verben etc.). Das Element des Textes ist das Wort. Somit setzt auch der textsemantische Teil der Texttheorie am Wort an. Natürlich geht die Theorie der Bildung der Wörter aus Silben, im Sinne einer statistischen Theorie, wie sie von Fucks aufgestellt worden ist, der textsemantischen Betrachtung voran. Diese mathematische Theorie der Wortbildung aus Silben gibt eine allgemeine Formel an, die diesen Prozeß sowohl für künstliche Sprachmodelle (z.B. eine Sprache, in der es nur eine einzige Silbe gibt) und natürliche Sprachen (Englisch, Esperanto) beschreibt.

Jede Definition, jede Explikation eines Begriffs kann als elementare textsemantische Analyse angesehen werden, die schließlich in eine Interpretation eingehen. In der Wissenschaftstheorie wird gezeigt, daß die Einführung neuer Begriffe bzw. der Aufbau einer neuen Theorie mit einem System gewisser Postulate (Annahmen) erfolgen kann, die unabhängig, vollständig und widerspruchsfrei fungieren müssen, wenn sie als Axiomensystem angesehen werden sollen, aus dem mit Hilfe formulierter Schlußregeln Lehrsätze (Theoreme) ableitbar sind. Damit aber ein solches Axiomensystem und die Menge der daraus ableitbaren Theoreme nicht nur ein formales schlußtechnisches Spiel bleibt, bedarf es der Ergänzung durch eine Interpretation. Diese Interpretation kann elementar durch sogenannte explizite Definitionen vorgenommen werden. Die explizite Definition ist nichts anderes als eine semantische Regel, die besagt, daß ein gewisser Begriff bzw. Ausdruck durch einen anderen ersetzt werden kann; sie stellt also eine Einsetzungsregel dar, eine Äquivalenz. Das Textsystem, das sich aus einem Axiomensystem ableiten läßt, wird selbstverständlich durch die Einführung der semantischen Regeln expliziterter Definition, unendlich erweiterungsfähig, seine Elementenmenge wächst, der texttopologische Raum gewinnt an Mächtigkeit. Z.B. gibt das von Peano entwickelte Axiomensystem arithmetischer Prozesse, das aus fünf Axiomen mit den drei undefinierten Begriffen Null, Zahl und Nachfolger besteht, wohl die Möglichkeit einen Satz wie 2+3=5“ aber keine, den Satz „Ich habe an einer Hand fünf Finger“ abzuleiten, d.h. dieser letzte Text kommt in dem Textsystem des Axiomensystems nicht vor, wohl aber im System der Interpretationen.

In der Wissenschaftstheorie spricht man von den Modellen eines Axiomensystems. Es handelt sich dabei um ein System von Begriffen, durch die das System der im Axiomensystem vorhandenen undefinierten Begriffe ersetzt werden kann, ohne daß das Axiomensystem seine Gültigkeit verliert. Russell hat gezeigt, daß alle diejenigen Mengen von Elementen, die wie die natürlichen Zahlen die Struktur der Progression aufweisen, auch als Modelle im angegebenen Sinne für das System Peanos gelten können. Modelle sind somit im Rahmen der Wissenschaftstheorie als Interpretationen anzusehen, die sich auf Texte beziehen, die als Axiomensysteme zu bezeichnen sind. Diese Art der Interpretation, die also sehr strenge semantische Regeln benötigt, kann als Präzisionsinterpretation bezeichnet werden; sie gehört einer Metasprache an, die präzisionssprachlich formuliert werden muß, d.h. die Semantik, die damit ins Auge gefaßt wird, ist vom Range einer exakten Wissenschaft. Faßt man ein Axiomensystem als Objekttext (Text in der Objektsprache) auf, so ist das zugewendete Modell ein Metatext (Text in der Metasprache). Aber unabhängig hiervon und im Hinblick darauf, daß die Modelle ihre Sprache der Objektwelt entnehmen, ist es auch sinnvoll, die Interpretation in diesem Falle als Objekttext zu bezeichnen, dem im Axiomensystem ein Metatext zugeordnet ist, der in der Metasprache die Struktur einer ganzen Klasse von objektweltlichen Texten beschreibt.

Neben expliziten Definitionen und Modellen sind auch Explikate durch semantische Regeln bestimmte Interpretationen. Die Explikation von Begriffen ist ein Vorgang, der mit der Definition gemein hat, daß er sich auf ein Element eines Textes, auf ein Wort bezieht. Natürlich kann man erweitert auch von der Explikation eines Satzes usw. sprechen. Modelle eines Axiomensystems beziehen sich nicht auf ein Element, sondern auf ein System, etwa auf alle undefinierten Begriffe, die in das Axiomensystem eingehen. In der Explikation wird das Explikandum, das erklärt werden muß, vom Explikat, das erklärt, unterschieden. In der wissenschaftlichen Sprache wird es stets Regeln geben müssen, die das Explikat einführen.

Für die Bildung der Explikate gelten im allgemeinen (nach Carnap und Stegmüller) folgende Vorschriften, die sich wie semantische Regeln verhalten und textsemantisch folgendes besagen:

Das Explikat muß sich in Bezug auf einen Kontext ähnlich dem Explikandum verhalten. Wir sprechen von Kontextäquivalenz. Das Explikat soll fruchtbar sein, d.h. die Formulierung möglichst vieler genereller Aussagen gestatten.

Das Explikat soll so einfach als möglich sein, aber dennoch seinen spezifischen Kontext einem System präziser Begriffe entnehmen können.

Während Explikate in der wissenschaftlichen Sprache im allgemeinen die Frequenz der Worte im Verhältnis zu den Worten des Explikandums erniedrigen und damit die Ausdrucksweise präzisieren, wird in den Explikaten dichterischer bzw. literarischer Ausdrücke die Frequenz der Worte im Verhältnis zum Explikandum erhöht und damit ästhetisch weniger innovativ, also trivialer. Z.B. ist jede Erklärung einer Metapher eine Verschiebung des sprachlich formulierten Bildes in die Umgangssprache. Simplexstrukturen werden durch Kontextstrukturen ersetzt, deren Frequenz der Einzelworte bzw. der Wortkonstellationen durchweg höher liegt. (Vgl. ausführliche Darstellung später in diesem Kapitel.)

Carnap gibt z.B. in der Semantischen Informationstheorie für das Explikandum „Die durch die Aussage i übermittelte Information“ das Explikat „Die Klasse aller Inhaltselemente, die von einer Aussage i logisch in einer genau fixierten L-Sprache impliziert wird“ an. Man bemerkt, daß das Explikandum in der natürlichen Umgangssprache noch einigermaßen verstehbar ist, während das Explikat Ausdrücke der künstlichen Präzisionssprache der Logik benutzt. Martini hebt in seiner Interpretation zu „Der Tod in Venedig“ z.B. folgende Stelle als Explikandum hervor: „Er liebte das Meer aus tiefen Gründen: aus dem Ruheverlangen des schwer arbeitenden Künstlers, der vor der anspruchsvollen Vielgestalt der Erscheinungen an der Brust des einfachen, Ungeheueren sich zu bergen begehrt; aus einem verbotenen, seiner Aufgabe gerade entgegengesetzten und ebcn darum verführerischen Hang zum Ungegliederten, Maßlosen, Ewigen, zum Nichts. Am Vollkommcnen zu ruhen, ist die Sehnsucht dessen, der sich um das Vortreffliche müht; und ist nicht das Nichts eine Form des Vollkommenen?“ Als Explikat der Interpretation gibt Martini folgenden Text: „Zauber und Bedrohung sind hier zugleich ausgesprochen: das Meer ist zugleich die Sehnsucht und die Verführung des Künstlers zu seiner Vernichtung als Künstler. Aber dieser todessüchtigen Vollkommenheit im Abgrund des Nichts begegnet in schwebender Ambivalenz die Vollkommenheit des Künstlers in der kritisch-spielerischen Freiheit seines Geistes, die stets ein Triumph des gestaltenden Vermögens durch die Souveränität der durchgeistigten Form ist.“

Man bemerkt zweifellos eine gewisse Kontextäquivalenz. Auch ist das Explikat fruchtbar in dem Sinne, daß es aus generellen Aussagen besteht und solche involviert. Das Explikat versucht Begriffe einem wissenschaftlichen System von Begriffen, z.B. der Psychologie (Ambivalenz) der existentiellen Metaphysik (Abgrund des Nichts) bzw. der ethischen Metaphysik (Freiheit seines Geistes) zu entnehmen. Die damit eingeführte Verschiebung in Richtung höherer Wortfrequenzen wird aufgehoben durch Äußerungen, die Thomas Manns Paraphrasen der Umgangssprache anpassen. Z.B. „aus einem verbotenen, seiner Aufgabe gerade entgegengesetzten und eben darum verführerischen Hang zum Ungegliederten, Maßlosen, Ewigen, zum Nichts“ in „Das Meer ist zugleich die Sehnsucht und die Verführung des Künstlers zu seiner Vernichtung als Künstler“.

Alle durch das System der Interpretation bzw. der semantischen Regeln vorgenommenen Verschiebungen in der Frequenz der Worte bzw. Wortserien und Reihen gehören natürlich zur kommunikationstheoretischen Semantik, während die Tatsache, daß es sich dabei um Einsetzungsregeln bzw. Äquivalenzen handelt, Thema der logischen Semantik ist.

Ich möchte nunmehr dazu übergehen, die logischen und die kommunikationstheoretischen Probleme der Semantik, soweit sie die analytischen und synthetischen Fragen der Testsemantik betreffen, zu erörtern. Vor allem handelt es sich darum, Texte sowohl im statistischen wie auch im semantischen Sinne als Informationen bzw. als Ketten von Informationen verständlich zu machen. Ich spreche also von informationellen Aussagen als einer besonderen Klasse sprachlicher Formulierungen.

Sie sind – und das ist das Problem, das hier beleuchtet werden soll – dadurch gekennzeichnet, daß sie nicht wie die Aussagen, die in der Logik zur Diskussion stehen, die definierende Eigenschaft besitzen, wahr oder falsch zu sein, sondern ausdrücklich als in dieser Hinsicht neutral eingeführt werden.

Die Kommunikations- und Informationstheorien, die ihre „Informationen" als sprachliche Formulierungen dieser Art voraussetzten, haben bisher nur sehr wenige wissenschaftstheoretische Analysen beigebracht, durch die eine solche Voraussetzung geklärt würde. Das war vielleicht auch nicht nötig, so lange der Begriff der „Information" als Gegentand einer mathematischen und nachrichtentechnischen Theorie, als Begriff eines bloßen „Betrags" nur numerisch, aber nicht semantisch fungierte. Anders ist das jedoch, seit Rudolf Carnap zusammen mit Bar-Hille versucht, eine Semantische Informationstheorie neben der Mathematischen zu errichten, in der der Begriff des numerischen Betrags einer Information dem der logischen Bedeutung einer Aussage angenähert wird. Nahegelegt werden darüber hinaus derartige Untersuchungen im Zwischenraum zwischen Kommunikationsforschung und Aussagenlogik aber noch durch die Tatsache, daß insbesondere in der neueren amerikanischen Grundlagenforschung – ich denke dabei vor allem an die seit etwa 1951 erscheinenden Arbeiten von Rothstein und Pakswer – wiederholt der Versuch unternommen wurde, Begriffe der Informationstheorie auf das Problem der Theorienbildung überhaupt anzuwenden. (Vgl. Jerome Rothstein, Information, Logic and Physics, p. 31; s. Pakswer Information, Entropy and Inductive Logic, p. 254.)

Jedenfalls kann man feststellen, daß das Problem der wahrheitswert--neutralen Aussage bzw. Information sowohl in der Logik wie in der Kommunikationsforschung auftritt und daß mit der informationstheoretischen Formulierung des Begriffs „Theorie" sich eine Möglichkeit bietet, eine tiefere erkenntnistheoretische Fundierung des hier betrachteten Doppelbegriffs der „informationellen Aussage" anzustreben.

Ich betrachte zunächst die Stellung der wahrheitswertneutralen Aussage in der Philosophie.

Prägnant formuliert wurde sie wohl zuerst in Bolzanos „Wissenschaftslehre" von 1837, dem sowohl für die Entwicklung der neueren Logik als für die Phänomenologie Husserls so wichtigen Werk, und zwar schon gleich zu Beginn des ersten Bandes. (I, § 19, S. 77). Bolzano führt dort seine berühmten „Sätze an sich" ein und gibt dafür folgende Definition:

„Unter einem Satze an sich verstehe ich nur irgend eine Aussage, daß etwas ist oder nicht ist, gleichviel, ob diese Aussage wahr oder falsch ist." Es ist wichtig zu wissen, daß Bolzano erst nach der Einführung dieser „Sätze an sich" die „Wahrheiten an sich" und „Falschheiten an sich" zuläßt, denn erst damit wird die ganze Tragweite und Selbständigkeit dieser Klasse von Sätzen semantischer Neutralität offenbar.

Heinrich Scholz hat wohl zuletzt die Bolzanosche Wissenschaftslehre untersucht und dargestellt (Abhandlung d. Friesschen Schule 1937), doch ich finde, daß es seine Arbeit beeinträchtigt, daß er gleich mit der Analyse der „Wahrheiten an sich" anfängt und fast nichts zur Erhellung der „Sätze an sich" bietet. Denn ich bin der Auffassung, daß ihr logischer Ort der eigentliche Aufhängepunkt der gesamten Bolzanoschen Wissenschaftstheorie ist. Doch steht nicht sie, sondern der Satz zur Diskussion, der nur sagt, daß „etwas ist oder nicht ist, gleichviel, ob diese Aussage wahr oder falsch ist".

Man erkennt leicht, daß ein solcher Satz kein Urteil ist, nur eine Vorstellung, oder wie man heute gerne sagt, nur eine Feststellung, aber keine Bewertung dieser Feststellung, keine Behauptung, sondern ein Satz, der „der Behauptung fähig ist", wie Peirce es formulierte.

Ich darf darauf aufmerksam machen, daß im Grunde schon Kant die Existenz derartiger Formulierungen geläufig war, indem er in der „Kritik der reinen Vernunft" das, was er „Urteil" nennt, genau von dem unterscheidet, was er als „Vorstellung der Sinne" bezeichnet. Es heißt dementsprechend in der „Einleitung" zum Abschnitt über „Die transzendentale Dialektik" (Kehrbachsche Ausgabe): „In einer Vorstellung der Sinne ist (weil sie gar kein Urtheil enthält) ... kein Irrthum ... In der Übereinstimmung mit den Gesetzen des Verstandes besteht aber das Formale aller Wahrheit. In den Sinnen ist gar kein Urtheil, weder ein wahres noch falsches ..."

Offenbar bestehen die „Sätze an sich", die Bolzano einführt, unabhängig voneinander, denn das, was für ihn selbst und für die Darstellung, die Heinrich Scholz von der „Wissenschaftslehre" gibt, so wichtig ist, die Begriffe der Folge und Abfolge von Sätzen, bezieht sich auf Wahrheiten an sich" und „Falschheiten an sich", wird also erst jenseits der „Sätze an sich" relevant. Damit geraten diese „Sätze an sich" in die Nachbarschaft der Wittgensteinschen Voraussetzung der „Tatsache". „Die Welt ist die Gesamtheit der Tatsachen, nicht der Dinge" heißt es im „Traktat" (1921, 1. 1), und er fügt unter Nr. 2.06 hinzu: „Das Bestehen von Sachverhalten nennen wir auch eine positive, das Nichtbestehen eine negative Tatsache.“ Ergänzt wird diese Definition durch die weitere (2.061): „Die Sachverhalte sind von einander unabhängig.“

Es scheint mir wesentlich, den Begriff „Satz an sich“ am Begriff „Tatsache“ zu spiegeln, um auf diese Weise hervorzuheben, daß die Wahrheitswert-Neutralität, die Bolzano für jenen in Anspruch nimmt, nicht Anlaß sein darf, den „Satz an sich“ mit der (von Scholz aus Bolzano abgeleiteten) neutralen Satzform zu verwechseln, die, wie das Bolzanosche Beispiel „Das Wesen Cajus ist sterblich“ weder allgemeingültig noch allgemeinungültig ist, sondern je nachdem was wir an Stelle der „variablen Vorstellung“ ‚Das Wesen Cajus‘ einsetzen (den Namen eines sterblichen oder den Namen eines unsterblichen Wesens), manchmal wahr und manchmal falsch wird.

Damit kommen wir aber bereits auf die logische Stellung der in Bezug auf den Wahrheitswert neutralen Aussagen.

In der zweiwertigen Logik geht man, wenn ich das einschieben darf, davon aus, daß es atomare Aussagen gibt, die durch die logischen Konstanten (und, oder, wenn ... so, etc.) zu molekülaren Aussagen verknüpft werden. Die Bedeutung der atomaren und molekülaren Aussagen ist der Wahrheitswert dieser Aussagen, d.h. die atomare oder molekülare Aussage kann mit „wahr oder falsch“ bewertet werden. Der Wahrheitswert der molekülaren Aussage ist abhängig von den Wahrheitswerten der atomaren Aussagen, aus denen die molekülare Aussage besteht, und man spricht in diesem Zusammenhang von „Wahrheitsfunktionen“. Die logisch-konstruierten Aussagen haben also nur die Bedeutung, „wahr“ oder „falsch“ zu sein, und die Aufgabe des Logikers ist es, diese Wahrheit oder Falschheit jeweils zu ermitteln bzw. sicherzustellen. Es gibt dabei zwei Möglichkeiten, den Wahrheitswert der Aussagen zu verifizieren: 1) man geht streng axiomatisch vor, d.h. man leitet die Aussagen aus einem Axiomensystem mit Hilfe von vorgegebenen Regeln und Definitionen ab, 2) man geht semantisch vor, d.h. man benutzt zur Verifikation von Aussagen die logischen Matrizen.

Wählt man den ersten Weg, die axiomatische Deduktion, so hat man es eigentlich nur mit „wahren Aussagen“ zu tun; denn das Axiomensystem, aus dem man ableitet, wird selbstverständlich als wahr vorausgesetzt, und es kann nur der Fall eintreten, daß sich eine Aussage ableiten läßt oder nicht. Wählt man den zweiten Weg, die Verifikation mit Hilfe der Matrizen, so ist man unmittelbar an der Bedeutung der Aussagen, wahr oder falsch zu sein, orientiert. Und hier fällt auch sofort auf, daß es im Grunde keine Möglichkeit gibt, die atomare Aussage, die ja als Grundlage jeder Verknüpfung angesehen wird, eindeutig als wahr oder eben als falsch zu bestimmen. Es ist nur möglich, darüber eine Annahme zu machen und sie vorauszusetzen. Im Grunde spricht man bei der semantischen Verifikation auch nicht von atomaren Aussagen, sondern arbeitet sogleich mit den Werten, w, f.

Die Schwierigkeit, die dabei zu Tage tritt, betrifft die Übertragung von Werten auf die Aussagen. Wenn ich schreibe p v q, so kann ich diesen molekülaren Satz nämlich wahrheitsmäßig mit Hilfe der Matrizen erst dann bestimmen, wenn ich für p und für q Werte, also w oder f, einsetze. Allerdings gibt es molekülare Aussagen, deren Wahrheitswert unabhängig von der Einsetzung konstant eindeutig ist, die logisch bestimmt sind: p v p′ und p · p′ zum Beispiel, die (im einen Fall) in der zweiwertigen Logik als „immer wahr“ und im zweiten Fall als „immer falsch“ charakterisiert werden. Es handelt sich, wie man sieht, einmal um die Tautologie besser: um Identität und einmal um den Widerspruch. Trotz der Unbestimmtheit der atomaren Aussagen, gibt es also molekülare Aussagen, die semantisch sofort als wahr oder falsch bestimmt werden können. Woran liegt das? – Es liegt vor allem daran, daß in den logisch eindeutigen oder bestimmten Aussagen die Negation auftritt. Die Negation wird in der modernen Logik als „Verknüpfung“, als „monadischer Funktor“ etc. bestimmt, und es wird gesagt, daß sich die Verknüpfung der Negation nur auf eine, nicht auf zwei Aussagen beziehe. In einer „Notiz zur Negation“ hatte Elisabeth Walther gesagt, daß die Negation keine Verknüpfung darstellt, sondern der Bestandteil der Logik ist, der als „wahrheitswerterzeugender“ Funktor bezeichnet werden könnte. Erst durch die Negation ist es möglich, von zwei Wahrheitswerten zu sprechen, so, daß man sagen kann, daß die Negation wahr in falsch und falsch in wahr überführt. Auch in den mehrwertigen Kalkülen von Post, Lukasiewicz etc. ist im Grunde nur die Negation der Wahrheitswert erzeugende Funktor. Wenn man den Übergang von einem Wert zum anderen mit Hilfe der Negation festgelegt hat, erst dann kann man zwei atomare Aussagen verknüpfen und fragen, ob die verknüpfte Aussage wahr oder falsch ist. Logisch bestimmt sind immer die Aussagen, in denen ein und dieselbe atomare aussage einmal positiv und einmal negativ auftritt. Allerdings ist der Wahrheitswert von p wie auch der Wahrheitswert von p′ damit noch nicht festgelegt. Bestimmt ist nur der Übergang von w zu f und von f zu w, d.h. w′ = f und f′ = w. Eine Gleichung für p kann nicht aufgestellt werden, es sei denn man sagt $p \neq p'$ und $p' \neq p$. An diesen Bestimmungen sieht man übrigens ganz deutlich, daß sich die Negation auf die Wahrheitswerte und nicht auf die Aussagen selbst bezieht.

Wir sprechen also von einer Klasse von Aussagen, die als semantische Aussagen charakterisierbar sind, da ihnen Wahrheitswerte zugeordnet werden, doch haben wir kein Kriterium, um die Wahrheit oder Falschheit der atomaren Aussagen p, q, r ... zu bestimmen, sie muß, wie schon gesagt, als Annahme eingeführt werden. Es gibt also Aussagen, und die atomaren Aussagen gehören dazu, die mit Hilfe logischer Kriterien nicht als wahr oder falsch determiniert werden können. In der Philosophie und gelegentlich auch in der Logik ist man so weit gegangen zu sagen, die atomaren Aussagen bedürfen eines anderen Wahrheitskriteriums als des logischen, nämlich des Wahrheitskriteriums der Übereinstimmung oder auch des ontologischen Wahrheitskriteriums; d.h. für die atomare Aussage p müßte die elementare Aussage „Die Rose ist rot" eingesetzt werden, die einen Sachverhalt ausdrückt, und die empirische Nachprüfung ergebe, ob „Die Rose ist rot" wahr oder falsch sei. Wenn die Aussage „Die Rose ist rot" wahr ist, so ist die Aussage „Die Rose ist nicht rot" falsch bzw. umgekehrt, wenn „Die Rose ist nicht rot" wahr ist, dann ist „Die Rose ist rot" falsch, denn beide Aussagen können nicht gleichzeitig wahr und falsch sein. Man sieht auch hier wieder deutlich, daß die Negation die den Sachverhalt der Aussage, für die man in diesem Falle dann vielleicht besser einfach Ausdruck sagt, nicht verändert und daß die Aussage, gleichgültig ob sie positiv oder negativ ausgedrückt ist, wahr oder falsch sein kann. Obwohl somit diese elementaren Aussagen, die einen Sachverhalt darstellen, etwas über die Welt aussagen, kann man ihnen nicht ohne weiteres ansehen, ob sie wahr oder falsch sind, ihr Wahrheitswert ist als solcher nicht evident.

Ohne auf den kommunikativen Sinn der Wahrheit oder Falschheit positiv oder negativ erfolgter Formulierungen einzugehen, wird ersichtlich, daß eine Klasse von Aussagen, deren Bedeutung sich nicht in den Wahrheitswerten erschöpft, durchaus logisch erreicht werden kann.

Die folgende Betrachtung wird zeigen, daß und in welchem Sinne solche Aussagen den Begriff der Nachricht annähern, die unabhängig davon, ob sie eine Wahrheit oder eine Falschheit ist, für einen Empfänger eine solche sein kann, also die Bedeutung einer neuen Aussage, die Bedeutung einer Aussage mit Innovation hat.

Ich möchte jetzt also dazu übergehen, die aussagenlogische Stellung des schon bezeichneten Begriffs „Information" zu erläutern.

Ich beziehe mich dabei auf die beiden Autoren, die bisher am meisten dazu beigetragen haben, den kommunikationstheoretisch bestimmten Begriff „Information" und den logisch bzw. logistisch bestimmten Begriff „Aussage" einander anzunähern: D.M. MacKay und Rudolf Carnap zusammen mit Yehoshua Bar-Hille.

MacKay geht davon aus, daß Informationstheorie eigentlich eine allgemeine Theorie der „Darstellung" sei, worunter er den Aufbau eines Symbolismus im allgemeinsten Sinne versteht. Als Darstellung bezeichnet er demnach jede abstrakte oder konkrete Struktur, ein Schema, ein Bild, ein Modell, das sich auf etwas bzw. auf Etwase bezieht. Es ist klar, daß es im Hinblick auf eine gegebene Struktur verschiedene gleichwertige Darstellungen geben könne. Aber – und das ist nun das Entscheidende seiner Überlegung – wir sprechen immer dann von einer „Information", wenn es sich um etwas handelt, was die Darstellung verändert. „Information", so definiert er in seiner Nomenclatur unter Nr. 2.1, „ist das, was eine Darstellung verändert".

Es ist klar, daß eine Aussage, unabhängig davon, ob sie wahr oder falsch ist, sagen wir: eine Aussage „an sich", eine Darstellung ist, aber es ist auch klar, daß dann die Bewertung der Aussage durch „wahr" oder „falsch" relativ zur Aussage eine „Information" im Sinne MacKays bedeutet, denn die Aussage wird verändert und sei es nur, daß sie länger wird.

Jeder Text ist hiernach primär eine Darstellung im Sinne MacKays, und Texttheorie ist ein spezieller Teil der Darstellungstheorie. Mit dieser Auffassung umfaßt der Begriff Text auch jede beliebig gegliederte Wortmenge, vom Beweis bis zum Gedicht, vom Essay bis zum Roman. Die Verschiedenheit der Struktur, durch die derartige Text-„Darstellungen" formal, inhaltlich oder auch kommunikativ eine bestimmte Bedeutung erlangen, ist statistisch, topologisch, aber auch semantisch ausdrückbar. Unabhängig von der logischen semantischen Kennzeichnung seiner Sätze ist z.B. ein Axiomensystem auch statistisch (Frequenzverhältnisse des dafür aufgewendeten Vokabulars), wie wir schon sahen, anders zu charakterisieren als seine Interpretation; eine wissenschaftliche Abhandlung anders als ein Essay. Texttopologisch hingegen (also im Hinblick auf die Bildung von Wortkonnexen bzw. was den Zusammenhang der satzmäßigen Konnexe anbetrifft) steht ein Axiomensystem im allgemeinen einem Gedicht näher als einem Roman. Aber der Roman weist andererseits wieder gewisse texttypologische Verwandtschaft zum Beweis auf. Denn nach Frege ist ein Beweis nicht nur dazu da, (semantisch) die unumstößliche Wahrheit eines Satzes aufzuzeigen, sondern auch den (topologischen) Zusammenhang dieses Satzes mit anderen aufzuweisen und intuitionistisch gesprochen sei der Satz, hebt Freudenthal hervor, nur „eine Art Überschrift", während erst der Beweis der eigentliche Satz ist". Entsprechend beruht die epische Verfahrensweise im Roman texttopologisch auf der Herstellung von Zusammenhängen zwischen Sätzen vermittels weiteren Sätzen, so daß man sagen kann, ein Beweis ist im analogen Sinne eine Texttopologische Konnexbildung (aus Sätzen) wie ein Roman (oder eine Novelle, Story u.dergl.).

„Die Rose ist rot“ sei die Darstellung; dann ist „‚Die Rose ist rot‘ ist wahr“, Information, doch selbstverständlich ist auch „‚ Die Rose ist rot‘ ist falsch“, Information. Denn in beiden Bewertungsfällen wird die ursprüngliche Darstellung, die ursprüngliche Struktur der Aussage verändert.

In welcher Weise nun MacKay auf der Grundlage dieser Definition der Information ihre wahrscheinlichkeitstheoretische Formulierung gewinnt, muß außerhalb meiner Betrachtung bleiben, wissenschaftstheoretisch zugängig ist hier nur der Gewinn der Begriffe „wahr“ und „falsch“, wenn man von der Darstellung zur Information übergeht.

Das Vorgehen MacKays ist ziemlich naheliegend.

Ich sagte bereits, daß der Begriff „Darstellung“ die Voraussetzung für den Begriff „Information“ sei. Darstellung wird aber verstanden als Darstellung von Darstellbarem. Wenn nun Information als „Veränderung“ einer Darstellung eingeführt ist, sind drei Fälle möglich. 1. (um gleich in der Terminologie MacKays zu bleiben) die Entsprechung zwischen Darstellung und Darstellbarem wird größer, 2. diese Entsprechung wird kleiner und 3. sie bleibt gleich. Mit dieser Überlegung gewinnt MacKay die Möglichkeit, die Wahrheitswerte an den Begriff Information heranzubringen, d.h. also Informationen wie Aussagen zu behandeln. Er definiert:

„2.2.1. Wenn sich eine Darstellung verändert, dann definieren wir die neue Information als wahr, wenn die Veränderung den Grad der Entsprechung zwischen der Darstellung und dem Original erhöht“ und (unter 2.2.2) „Die Information wird falsch genannt dann, wenn die Veränderung den Grad der Entsprechung erniedrigt.“

Es ist ersichtlich, daß es sich bei den beiden Informationen „‚Die Rose ist rot‘ ist wahr“ und „‚Die Rose ist rot‘ ist falsch“ jedes Mal um „wahre Informationen“ handelt, denn in beiden Fällen wird 1. die ursprüngliche Darstellung verändert, nämlich ergänzt und 2. der Grad der Entsprechung erhöht, denn wenn wir wissen, daß die Aussage der Darstellung „Die Rose ist rot“ wahr ist, wissen wir ebensoviel mehr, als wenn wir wissen, daß die Aussage der gleichen Darstellung falsch ist. Hingegen wäre die Information „Die Rose hat eine Farbe“ im Verhältnis zu „Die Rose ist rot“ keine neue Information, genauer: eine Verminderung der ursprünglichen Information, also eine Darstellung mit weniger Entsprechung, wie MacKay sich ausdrückt, und das bedeutet dann sogar eine falsche Information. Was sich allgemein all diesen Überlegungen MacKays entnehmen läßt, ist nun meines Erachtens folgendes:

In der Art wie sich in der Aussagen-Logik die semantischen Begriffe „wahr“ und „falsch“ auf Ausdrücke beziehen, beziehen sich in der Informationstheorie die numerischen Begriffe „mehr“ und „weniger“ (an Entsprechung) auf Darstellungen. Der Ausdruck, auf den sich die Aussage, die wahr oder falsch ist, bezieht, entspricht der Darstellung, auf die sich die Information, die positiv oder negativ sein kann, bezieht.

Genau diese Analogie kann meiner Auffassung nach den Versuch Carnaps und Bar-Hillels rechtfertigen, von einer numerischen Informationstheorie zu einer semantischen, von einem statistischen Informationsbegriff zu einem logischen überzugehen.

Wertneutrale Ausdrücke müssen in der Aussagenlogik disponibel sein, um die semantischen Bewertungen darauf anzuwenden und um aus Ausdrücken Aussagen zu machen, und vorgegebene Darstellungen müssen in der Informationstheorie verfügbar sein, um ihren Zuwachs oder ihre Abnahme als Information im Sinne eines numerischen Betrags einführen zu können. Es ist hier schon ersichtlich, daß die Negation, die MakKay einführt, eine gänzlich andere ist als die, die in der Logik üblich ist.

Man kann sagen: die in der Logik verwendete Negation, also die logische Negation, ist eine Negation der Wahrheitswerte, die sich auf ganze Aussagen beziehen, die diese Aussagen als Ganzes bezeichnen. Da solche aussagenbezeichnenden Begriffe auch semantische Begriffe genannt werden, darf man also bei der in der Logik verwendeten Negation von semantischer Negation sprechen.

Aber die in den wissenschaftstheoretischen Grundlagen der Informationstheorie verwendete Negation ist eine numerische Negation, keine Negation der Bewertung, sondern eine Negation des Betrags: wahr ist, was mehr ist, falsch ist, was weniger ist. Sofern allerdings die Bezeichnungen mehr oder weniger sich auf disponible Beträge als Ganzes beziehen, kennzeichnen sie also diese Beträge in ähnlicher Weise, wie wahr und falsch die ganzen Aussagen charakterisieren. Es würde von hier aus also durchaus möglich sein, auch die informationellen Wahrheitswerte, wie ich sie jetzt nennen möchte, ebenfalls als semantische in einem verallgemeinerten Sinne zu bezeichnen, allerdings ist es nicht möglich, sie logische Wahrheitswerte zu nennen, denn sie beanspruchen zu ihrer Funktion ja keine logische Negation bzw. überhaupt keinen logischen Prozeß.

Ich möchte hier darauf aufmerksam machen, daß der amerikanische Logiker und Mathematiker Charles S. Peirce, der übrigens als einer der ganz wenigen Philosophen des 19. Jahrhunderts sich mit dem schon erwähnten Bolzano beschäftigte und offenbar auch seine Lehre von den „Sätzen an sich" kannte, eine ausführliche Untersuchung der Negation durchführte, in der er 1. von der logischen Negation (im Sinne eines Gegenteils der Affirmation), 2. von der metaphysischen Negation (im Sinne des wohl an Hegel orientierten Unterschiedes von Negativem und Positivem) und 3. von der prälogischen Negation subjektiver Orientierung sprach.

Mir scheint es nun evident, daß das mehr oder weniger, das eine Darstellung gewinnt, – um mich nun allerdings sehr vorsichtig auszudrükken –, nur auf der Seite dessen auftritt, was man nach Meyer-Eppler den Perzipienten, den Empfänger der informationellen Aussage nennt.

Ganz allgemein darf man die Erkenntnisrelation, die eine Subjekt-Objektrelation ist, nicht mit einer Informationsrelation verwechseln, die eine kommunikative Beziehung darstellt.

Das würde bedeuten, daß die Positivität bzw. die Negativität einer informationellen Aussage oder einfacher einer Information in dem Sinne subjektiv ist, als sie nur auf der rechten Seite eines Kommunikationsschemas wirksam wird, und das ist es ja, was MacKay behauptet hat. Da nun das Negieren einer Darstellung eines bestimmten Sachverhaltes: z.B. „Die Rose ist rot“ darin besteht, die Entsprechung, die in ihr enthalten ist, zu vermindern (obige Darstellung übergehen zu lassen in: „Die Rose hat eine Farbe“), so bemerkt man, daß es sich hier nicht um eine Anwendung von Wahrheitswerten handelt, sondern lediglich um eine Minderung der Information.

Die informelle Negation, die in den MacKay'schen Begriffen enthalten ist, erweist sich also durchaus als eine Art der prä-logischen Negation, wie sie Peirce schon eingeführt hat, und das Prä-logische liegt genau darin, daß diese Negation keinen Wahrheitswert verändert, sondern nur einen Betrag, also keine logische, sondern eine numerische Operation darstellt.

Im folgenden habe ich ein Kommunikationsschema entworfen, das die Zusammenhänge etwas verdeutlicht:

Kommunikations-Schema

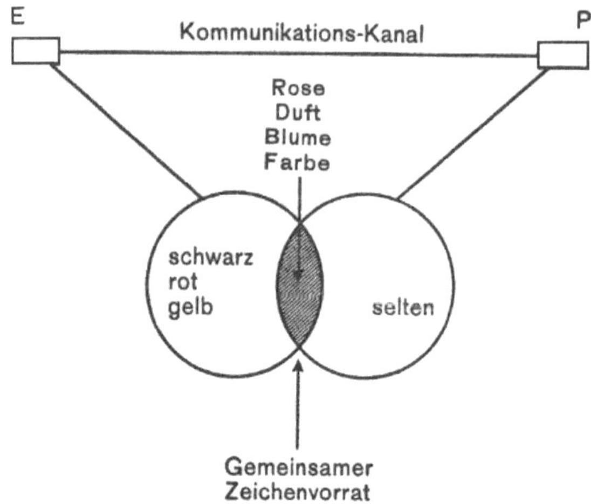

„Darstellung“	**Verminderte „Darstellung“**
Rose ist rot	Rose hat Farbe
gelb	ist eine Blume
schwarz	hat Duft

Erhöhte „Darstellung“:
Rose hat selten Duft.

Man bemerkt mit Hilfe dieses Schemas sehr leicht, daß der Erkenntnisbegriff der Informationstheorie eigentlich ein Übertragungsbegriff ist, und in dem Maße wie der innerhalb ihrer Vorstellung verwendete Negationsbegriff prä-logisch ist, kann man vielleicht hervorheben, daß der verwendete Wissensbegriff ein prä-erkenntnistheoretischer ist (und dies nicht in historischer, sondern in systematischer Hinsicht). Und genau in diesem Sinne möchte ich den Begriff des ästhetischen Satzes bzw. der ästhetischen Erkenntnis im Aufbau von Texten (Prosa oder Poesie) semantisch verstanden wissen.

Carnap macht zur Einführung des Begriffs „semantische Information“ zwei Voraussetzungen, die an und für sich aus der Theorie der formalisierten Sprachen bekannt sind:

1. Wird der Begriff in einem sogenannten fixierten Sprachsystem aufgebaut bzw. werden alle Begriffe darauf bezogen.
   Ein fixiertes Sprachsystem besteht aus einer endlichen Zahl von Individuenkonstanten, die für Dinge, Ereignisse oder Zustände stehen und aus einer endlichen Zahl von einfachen Prädikaten, die einfache Eigenschaften der Individuen bezeichnen sollen.

Ein atomarer Satz in diesem sprachlichen System soll aus einem einfachen Prädikat und einer Individuenkonstante bestehen. Wenn die Individuenkonstanten a1, a_2, a_3 ... usw. heißen und die Prädikate P_1, P_2, P_3 ... usw., so bedeutet z.B. P_5a_2 den Satz „Das Individuum a_2 hat die Eigenschaft P_5."

2. Jeder Satz ist in einem solchen System, dem sogenannten L-System entweder
   L-wahr, d.h. logisch-wahr, analytisch wie z.B. ($P_1a_1 \vee - P_1a_1$),
   L-falsch, d.h. logisch-falsch, kontradiktorisch wie $P_1a_1 \cdot - P_1a_1$)
   oder factual, d.h. faktisch, d.h. synthetisch bzw. logisch unbestimmt wie z.B. ($P_1a_1 \vee P_2a_2$).

Diese faktualen Sätze sind logisch unbestimmt in dem Sinne, daß mit logischen Mitteln über ihre Wahrheit oder Falschheit nicht entschieden werden kann. Um die eingangs verwendete kantische Terminologie zu benutzen, kann man sagen: Es handelt sich um einen Ausdruck, der nicht beurteilt, sondern formuliert wird. „$P_1a_1 \vee - P_2a_3$", z.B. „Rose ist rot oder Pferd ist nicht weiß", geht nur im Sinne erweiterter Darstellung über „P_1a_1" hinaus, nicht im Sinne einer semantischen Bewertung.

Es kann sich also bei einer solchen Formulierung höchstens um eine Information, nicht um eine Aussage handeln.

Solche nicht logisch bestimmten, semantisch nicht bewerteten Aussagen kann man daher, wenn man sie gleichzeitig von MacKay und von Carnap her, also gleichzeitig von der Informationstheorie und von der Logik aus klassifizieren will, als „informationelle Aussagen" bezeichnen.

Anders gewendet, kann man auch sagen:

Wenn der Sinn der faktualen Aussage die logische Unbestimmtheit ist, dann verleiht ihr genau diese Eigenschaft den Charakter der Information im Sinne der Veränderung der ursprünglichen Darstellung.

Ich kehre nun, um den Terminus „semantische Information" einführen zu können, zu den faktualen Sätzen, so wie sie Carnap gekennzeichnet hat, zurück. Denn von ihnen aus wird in der „semantischen Informationstheorie" der so wichtige Begriff des „Inhalts" einer „Aussage" als die durch diese Aussage „übermittelte Information" logisch konstruiert.

(„Inhalt" = Cont(i) = die durch die Aussage „i" übermittelte [semantische] Information.)

Carnap unterscheidet dabei zwischen „Zustandsbeschreibungen" und „Inhaltselementen" in einer L-Sprache, die aus einer endlichen Menge von Individuen und einer endlichen Menge von Prädikaten (als dem einfachsten Fall) besteht.

Eine faktuale Zustandsbeschreibung der Welt, die aus n Individuen und P Prädikaten bestehen soll, ist eine (logische) Konjunktion, die für jede der (n P) atomaren Aussagen als Komponenten entweder diese Aussage selbst oder aber ihre Negation, jedoch nicht beide enthält. Sonst wären sie nicht faktual! Wenn es n · P atomare Sätze gibt, gibt es $2^{n \cdot P}$ Zustandsbeschreibungen.

Besteht die Welt aus einem Individuum, das eine „Rose" ist, und aus drei Farben schwarz, rot, gelb, so gibt es 1 · 2 atomare Sätze (Rose ist rot, Rose ist gelb, Rose ist schwarz) und 2^3 Zustandsbeschreibungen, also im Ganzen 8. Z.B.:

> Rose ist rot, und die Rose ist nicht gelb, und die Rose ist nicht schwarz etc.

Carnap hat betont, daß mit einer solchen Zustandsbeschreibung ein möglicher Zustand des betrachteten (L-)-Universums gegeben ist (d.h. also eine mögliche Welt, wie Stegmüller sagte, um einen Zusammenhang mit der leibnizschen Metaphysik herzustellen). Doch drückt sich Carnap noch etwas präziser aus, indem er nämlich sagt, eine Zustandsbeschreibung drücke vollständig einen möglichen Zustand des „Mitteilbaren" aus, und indem er vom „universe of discourse" spricht, bringt er einen wichtigen Terminus von Peirce ins Spiel, den dieser in den „Collect Papers", Vol. II, p. 326, einführt, aber, wie er zugibt von de Morgan, dem englischen Logiker, bezogen hat.

Ich betone das, weil es die frühste Formulierung eines kommunikations- bzw. informationsmäßigen Standpunktes bezüglich der Erkennbarkeit der Welt ist, denn es scheint, daß Peirce das „universe of discourse" als eine gewisse Menge von Möglichkeiten, wie er sagt, ansieht, die zu jedem Satz gehören, wenn man diesen Satz zwischen einem „speaker" und einem „auditor" vermittelt denkt.

Während nun die Zustandsbeschreibung, wie leicht einzusehen, konjunktiv aufgebaut ist, werden die Inhaltselemente faktual nur als Disjunktionen verständlich, deren Glieder wiederum atomare Aussagen sind und in denen entweder wiederum die atomare Aussage selbst oder deren Negation auftritt, aber nicht beide (sonst enthielte ja die Disjunktion eine Tautologie und Tautologien sind inhaltsleer).

Wenn das Sprachsystem oder die Welt aus 3 Individuen und aus 2 Prädikaten besteht, gibt es also 2 · 3 = 6 atomare Sätze und $2^6 = 64$ Inhaltselemente.

Eine wäre z.B.: $P_1a_1 \vee - P_2a_1 \vee - P_1a_2 \vee P_2a_2 \vee P_1a_3 \vee P_2a_3$

Die Klasse aller derartigen Inhaltselemente, die von einer beliebigen Aussage „i" in der L-Sprache im „Universum des Mitteilbaren" impliziert wird, also die Klasse aller (logischen) Disjunktionen, die in der L-Sprache wahr sind, wird nun von Carnap sinnvoll als der „Inhalt“ dieser Aussage i bezeichnet, in Zeichen: Cont(i). In unserem Sprachsystem von vorhin, bestehend aus Rose, rot, gelb und schwarz lassen sich 2^3 Disjunktionen bilden, also 8. Lautet unsere Aussage i „Die Rose ist rot“, so entspricht dieser Sachverhalt dem konjunktiven Zustand „Die Rose ist rot und ist nicht gelb und ist nicht schwarz“ und dem disjunktiven Inhaltselement „Die Rose ist rot, oder die Rose ist nicht gelb, oder die Rose ist nicht schwarz“. Ist der Satz „Die Rose ist rot“ die betrachtete Aussage i, und die Klasse der wahren zugehörigen Disjunktionen ist der Inhalt, so sind offenbar 7 der acht möglichen Inhalts-Disjunktionen immer wahr.

Der Begriff der semantischen Information fällt also zusammen mit dem Begriff der durch eine Aussage übermittelten Information, wie man vielleicht sagen darf, fällt wieder zusammen mit dem, was der „Inhalt“ dieser Aussage heißt, der seinerseits durch seine logisch disjunktiv gebauten Inhaltselemente bestimmt wird.

Carnap bleibt natürlich bei dieser rein logischen Erörterung nicht stehen, er übersetzt durch bestimmte mathematische Manipulationen (und zwar mit Hilfe einer Maßfunktion) den semantisch definierten Inhalt in einen numerischen und erreicht auf diese Weise den Anschluß an die statistische Betrags-Information. Doch liegen diese Dinge außerhalb meiner Betrachtung. Was ich zeigen wollte, ist etwas ausgesprochen Philosophisches: wie sich nämlich mit der Einführung des „semantischen“ Informationsbegriffs an Stelle des substanzmetaphysischen Weltbegriffs der aussagenmetaphysische des „Universums des Mitteilbaren“ als notwendiges Korrelat einstellt.

Schon von hier aus ergibt sich nun ein Zugang zu der von Rothstein und Pakswer erörterten Auffassung vom informationellen Charakter einer Theorie.

Wir verstehen im allgemeinen unter einer Theorie ein geordnetes System von Sätzen, das aus Definitionen, Annahmen bzw. Voraussetzungen, Regeln und Theoremen besteht. Handelt es sich speziell um eine physikalische Theorie – und von ihnen sprechen die genannten Autoren insbesondere – wird man mit Kailo noch einen sogenannten Realitätsgehalt fordern, wenn die Theorie eine perfekte Theorie sein soll.

Unter dem Realgehalt einer perfekten Theorie ist dabei, kurz gesagt, der nachprüfbare Teil der Theorie zu verstehen. Genauer ist darunter ein Teilsystem der ableitbaren Theoreme zu verstehen, das aus Sätzen, mindestens aber aus einem Satz besteht, der mit Hilfe von Beobachtungen oder Messungen bestätigt oder aber widerlegt werden kann. Ohne hier nun auf die interessanten Diskussionen einzugehen, die gerade die Forderung des Realgehaltes in der Form von Sätzen in der amerikanischen

Grundlagenforschung hauptsächlich durch Carnap, Margenau, Nagel, Churchman, Reichenbach, Hempel u.a. erfahren hat, scheint eines in der ganzen Diskussion – die sich übrigens vor allem um die Formulierbarkeit des Realgehaltes dreht – stabil geblieben zu sein, nämlich die Tatsache, daß in einer solchen perfekten Theorie mit Sicherheit nachprüfbare Sätze ableitbar sind, daß aber die Nachprüfbarkeit selbst nicht ableitbar ist. Denn wäre das der Fall, brauchte man natürlich keine weitere empirische Bestätigung der Theorie mehr. Zwischen der Ableitbarkeit eines Satzes und seiner empirischen Bestätigung bleibt im Rahmen der Theorie ein Sprung, der nicht wegdeduziert werden kann, der vielmehr nur durch das Experiment bzw. durch die Messung schließbar ist.

Der Realgehalt bleibt demnach in der Theorie undeduzierbar. Er taucht, um es in der bisherigen Terminologie auszudrücken, nur als logisch unbestimmter Bestandteil in der Theorie auf, das heißt: er ist faktual, er stellt einen Bestandteil dar, der über den gesamten analytischen Teil der Theorie synthetisch hinausgeht. Er stellt damit, wie wir auf Grund der vorangehenden Erörterung auch sagen können, die eigentliche innovative, informationelle Aussage, die die Darstellung im analytischen Teil verändert, dar.

Damit ist ein Anschluß an Rothsteins Auffassung vom Charakter der physikalischen Theorie gewonnen. Denn diese Auffassung läßt sich auf Grund der bisher publizierten Arbeiten auf folgende drei Hauptgedanken zusammenziehen:

1. Beobachtung ist der einzige Weg, um wirklich Information (im Sinne neuer Erkenntnis, die tatsächlich über die hineingesteckten Voraussetzungen bzw. Axiome hinausgeht) zu gewinnen;
2. Im Rahmen der naturwissenschaftlichen Theoriebildung fällt der Begriff Information mit dem Begriff Beobachtung – observation – zusammen, und man kann jenen durch diesen ersetzen;
3. Das Wesen der Theorie besteht hauptsächlich in der Organisation von Beobachtungen.

Rothstein betont in seinen Arbeiten immer wieder, daß auf diese Weise nicht nur der Begriff der Erkenntnis dem der Information angenähert werde, sondern auch eine starke Verbindung zwischen den rationellen und den empirischen Bestandteilen einer Theorie hergestellt würde. Natürlich wird damit der Begriff der „Information", wie er ursprünglich von Seiten der mathematischen Nachrichtentechnik gebildet worden ist, verallgemeinert, aber andererseits wird der Begriff der Erfahrung, wie er durch die Erkenntnistheorie vielfältig schillernd eingeführt wurde, spezialisiert. Jedenfalls könne keine Theorie, so hebt Rothstein hervor, ohne die induzierende Ungewißheit ihres Realgehaltes zu echter Information im Sinne faktualer Sätze, wie ich jetzt formulieren möchte, gelangen.

Pakswer, den ich bereits erwähnte, hat die Auffassung Rothsteins unter Hinzuziehung von Carnaps induktiver Logik zu begründen versucht, worauf ich hier, da er damit in das Gebiet der Mathematik eindringt, jedoch nicht eingehen kann. Philosophisch wichtig scheint mir jedoch seine Bemerkung zu sein, daß eine starke Beziehung zwischen Rothsteins informationeller Auffassung der Theorie und der denkökonomischen Begründung, die Ernst Mach im Rahmen seines Positivismus gegeben hat, besteht.

Tatsächlich gibt ja Ernst Mach – und zwar vor allem in seiner kritischen Geschichte der Mechanik (Die Mechanik in ihrer Entwicklung, historisch-kritisch dargestellt, 1884/1933) – eine ökonomische Analyse der naturwissenschaftlichen Erkenntnisprozesse, der man den Gedanken, daß die Theorie Beobachtungen zu organisieren habe, leicht unterlegen kann. Schon sein berühmter Satz (aus dem zitierten Werk p. 465), daß „alle Wissenschaft ... die Funktion“ habe, „Erfahrungen zu ersetzen“, lenkt den Blick in die angedeutete Richtung. „Sie muß ... zwar einerseits in dem Gebiet der Erfahrung bleiben, eilt aber doch andererseits der Erfahrung voraus, stets einer Bestätigung, aber auch einer Widerlegung gegenwärtig ... Sie bewegt sich immer nur auf dem Gebiete der unvollständigen Erfahrung.“ (p. 465)

Interessant für mich ist darüber hinaus die Tatsache, daß Ernst Mach in der Geschichte der Mechanik sein Kapitel über „Die Ökonomie der Wissenschaft“ (p. 457) mit einem Hinweis auf den „Mitteilungs“-Charakter der Wissenschaft eröffnet und daß gerade dieses Faktum (nicht etwa der Beweis der Wahrheit) den ökonomischen Gesichtspunkt erzwingt. „Die Erfahrungen werden mehr oder weniger vollkommen in einfachere, häufiger vorkommende Elemente zerlegt und zum Zwecke der Mitteilung stets mit einem Opfer an Genauigkeit symbolisiert.“ (p. 458

Gerade die Zeichenprozesse, deren sich die Wissenschaft, die Forschung bedient, scheinen für Mach die Einbruchstelle für den ökonomischen Aspekt zu sein. So fordert er z.B. eine universal und allgemein fachlich orientierte Zeichensprache als wissenschaftliche Terminologie. Diese Sprache sei al Schrift leichter zu erreichen, denn als Laut, und Vereinfachung des „Zeichensystems“ sei die Voraussetzung dazu, fügte er hinzu (p. 458). Es muß als bedauerlich angesehen werden, daß er keine Notiz von gewissen verwandten Bestrebungen des für ihn zeitgenössischen amerikanischen Philosophen, Logikers und Mathematikers Charles Sanders Peirce, dessen Pragmatismus doch Machs Positivismus in vielen Punkten seht entgegenkommt, genommen hat. Zweifellos hätte sich Mach dann den oft wiederholten Vorwurf der philosophischen Flachheit erspart und seine semiotischen und ökonomischen Kennzeichnungen der wissenschaftlichen Denkprozesse und Theorienbildung sorgfältiger durchgeführt.

Tatsächlich läßt sich gerade die Formulierung Rothsteins über das informationelle Wesen der Theorie von der Peirce'schen Zeichentheorie her verständlich machen.

Peirce unterscheidet – übrigens genau so scharf wie Frege in der „Begriffsschrift" von 1879 – zwischen bloßer Aussage und Behauptung. Jedes Zeichen bzw. jede Aussage, die der Behauptung fähig ist, wird von ihm als Index bezeichnet (eine Zeichenkategorie, die er neben den höchst allgemein verstandenen Symbolen und den sinnlich-anschaulich gemeinten Ikonen einführte), und zwar als Index, sofern sie eben auf die Möglichkeit ihrer Behauptung hinweist. Die Behauptung der Aussage selbst, die als Beobachtung, als Übereinstimmung mit dem Sachverhalt bestätigt wird, ist insofern ikonisch, als sie das Bild des Sachverhaltes liefert.

Von hier läßt sich also derjenige Teil der Theorie, der analytisch den Realgehalt, die Beobachtung (die die Übereinstimmung zwischen Satz und Sachverhalt wiedergibt) „organisiert", wie Rothstein sich ausdrückte, als eine Indexbewegung auffassen, während die Beobachtung, also der Realgehalt selbst, als Ikon, als strukturale Übereinstimmung zweier Gegebenheiten, der Realität, sofern sie physikalisch wirksam wird, und der Realität, sofern sie logisch im Theorem ausgedrückt wird, bezeichnet werden muß. Ein Zahlenwert, der in einer Theorie abgeleitet wird, kann also semiotisch eine doppelte Funktion haben: In der analytischen Herleitung hat er die Bedeutung eines Index, aber als der durch Messung bestätigte Wert bringt er die ikonische Bedeutung der Zahl zum Ausdruck.

Genauer muß man sagen, daß in jeder Theorie Sätze abgeleitet werden, die zu einem Satz über einen Meßwert führen, und alle diese Sätze, einschließlich des Satzes über den Meßwert sind indexikalischer Natur, aber der Meßwert selbst, der in der Messung, also in einer Handlung, nicht in einem Satz, und demnach außerhalb der Satzes, der ihn determiniert, erscheint, ist ikonisch. Er ist ein Bild der „realen Welt".

Es steht zu vermuten, daß jede informationelle Aussage, insbesondere aber jede informationelle Theorie, wie wir jetzt, um wieder auf unser Thema zurückzukommen, die perfekte Theorie bezeichnen können, semiotisch gesehen, aus symbolischen, indexikalischen und ikonischen Ausdrücken zusammengesetzt ist.

Auf diese Weise erscheint aber der Realgehalt einer Theorie, wie der Realgehalt eines Textes überhaupt, als ein System der Darstellung im MacKayschen Sinne. Übergänge von Darstellungen zu Informationen gelingen im physikalischen Aspekt dieser Realität, d.h. der Außenwelt des Textes, nur durch Beobachtungen (d.h. durch Sätze, die das logische Bild von Sachverhalten sind), die (logisch-) semantische Information ermöglichen, und im ästhetischen Aspekt, d.h. in der Eigenwelt des Textes, nur durch Selektionen (d.h. durch Wort- oder Satzfolgen, die realiter die Wahl präsentieren), die (numerisch-) statistische Information hervorrufen.

Doch möchte ich mich jetzt der spezielleren semantischen Textanalyse unter Einbeziehung der Begriffe der Semantischen Informationstheorie zuwenden.

Carnap und Bar-Hillel haben sich, wie ausgeführt, mit der Aufgabe befaßt, in einem einfachen „Sprachsystem vom Typ L" („L-Sprache"), das über einer endlichen Zahl N von Individuenkonstanten (a_1, a_2 ... a_n) und einer endlichen Zahl von Prädikaten (P_1, P_2 ... P_i) errichtet ist und in dem Atomsätze („P_2a_5" = „Das Individuum a_5 hat die Eigenschaft P_2") und Molekülsätze (zusammengesetzt aus Atomsätzen mit Hilfe von logischen Verknüpfungen) gebildet werden können, „Zustandsbeschreibungen" (im Sinne „eines möglichen Zustandes des Universums des Mitteilbaren [discourse]") und „Inhaltselemente" bzw. „Inhalt" (im Sinne von „durch eine Aussage übermittelte Information") zu formulieren. In einem linguistischen, logisch konstruierten L-System stellen sich „Zustandsbeschreibungen" als Konjunktionen dar, die als Komponenten für jede atomare Aussage entweder diese Aussage oder ihre Negation, aber nicht beide und keine andere Aussage enthalten; „Inhaltselemente" hingegen werden als disjunktive Folge entwickelt, die für jede der atomaren Aussagen als Komponenten diese Aussage oder deren Negation, aber nicht beide enthält. Die Klasse aller „Inhaltselemente", die von irgendeiner Aussage i logisch impliziert wird (in L), heißt „Inhalt" dieser Aussage und wird durch „Cont (i)" bezeichnet. In einem System mit n Individuen und π einfachen Prädikaten gibt es $n \cdot \pi$ Atomsätze und $2^{\pi n}$ Zustandsbeschreibungen bzw. Inhaltselemente.

Elisabeth Walther hat in ihrer Arbeit über Francis Ponge die Brauchbarkeit derartiger Überlegungen für die textsemantische Analyse gezeigt. Ich übernehme hier ihr Beispiel. Es ist dabei natürlich klar, daß Ponge seine Texte primär nicht in einer logisch fixiert aufgebauten (L-)Sprache schrieb, sondern in einer poetisch fixierten (P-)Sprache. Die textsemantische Analyse reduziert also den Text der P-Sprache auf einen Text der L-Sprache. Elisabeth Walther weist darauf hin, daß Ponge in dieser Hinsicht ein sehr günstiger Autor ist. Zunächst also den Text in deutscher Übersetzung:

„Die Auster
Die Auster, so groß wie ein mittlerer Kieselstein, erscheint runzeliger, weniger einheitlich in der Farbe als er, leuchtend weißlich. Es ist eine trotzig geschlossene Welt. Doch kann man sie öffnen: Man muß sie in der Falte eines Tuches halten, sich eines schartigen und leicht beschädigten Messers bedienen, mehrere Male von vorn beginnen. Man schneidet sich dabei in die neugierigen Finger, man bricht sich die Nägel ab: Es ist eine rohe Arbeit. Die Schläge, die man ihr versetzt, zeichnen in ihre Schale weiße Kreise, eine Art Lichtkreise.

Im Inneren findet man eine ganze Welt zum Essen und zum Trinken: Unter einem Firmament (genau gesagt) von Perlmutt, der Himmel oben fällt auf den Himmel unten, um nicht mehr zu bilden als eine Lache, ein klebriges, grünliches Säckchen, das hin- und herschwappt, wenn man es anblickt oder daran riecht, mit schwärzlichen Spitzen an den Rändern ausgefranst. Manchmal, sehr selten, eine ausgebildete Perle auf ihrem Perlmuttgrund, mit der man sich sogleich schmücken möchte."

Der Text läßt sich zerlegen in $a_1 ... a_{36}$ Individuenkonstanten:

> Auster Kieselstein Farbe Welt Man Falte Tuch Messer Male Man Finger Man Nägel Arbeit Schläge Man Schale Kreise Lichtkreise Innere Man Welt Essen Trinken Firmament Perlmutt Himmel Himmel Lache Säckchen Man Spitzen Ränder Perle Perlmuttgrund Man

und in $P_1 ... P_{56}$ verbal, adjektivisch, adverbial, etc. auftretende einfache bzw. zusammengesetzte Prädikate:

> groß mittlerer erscheint runzliger weniger einheitlich leuchtend weißlich trotzig geschlossen kann öffnen muß halten schartig leicht beschädigten bedienen mehrere vorn beginnen schneidet dabei neugierige bricht rohe versetzt zeichnen weiße findet ganze unter genau gesagt oben unten nicht mehr bilden klebriges grünliches hin her schwappen anblickt daran richt schwärzlich ausgefranst manchmal sehr selten ausgebildete sogleich schmücken möchte

Legt man auf Grund dieser Teilung dem P-Text einen äquivalenten L-Text zugrunde, so müßte es $2^{36 \cdot 56}$ Zustandsbeschreibungen (bzw. Inhaltselemente) geben (d.h. 2^{2026}). Das entspricht in der Größenordnung einer Zehn mit 719 Nullen. Daß diese Beschreibungen nicht alle formuliert werden, ist klar. Die dichterische Arbeit muß in einer Auswahl oder Verdichtung bestehen, sofern sie überhaupt darauf aus ist, von dem, was gesagt werden kann und von dem noch nicht alles gesagt worden ist, wenigstens etwas zu sagen. Andererseits bestätigt aber dieser numerische Einblick in die Verhältnisse einer vollständigen „Zustandsbeschreibung" bzw. eines „Inhalts" die Auffassung unseres Dichters, daß „der Reichtum an Sätzen, die im geringsten Gegenstand enthalten sind“ so „gewaltig ist, daß ich noch keine Möglichkeit sehe, von etwas anderem als von den einfachsten Dingen zu sprechen ...“ Ein einzelnen Inhaltselement der 2^{2016} möglichen könnte folgendermaßen aussehen:

$$P_1a_1 \vee P_2a_1 \vee \ldots P_{56}a_1 \vee P_1a_2 \vee \ldots P_{56}a_2 \vee \ldots P_{56}a_{36}.$$

Eine Zustandsbeschreibung dementsprechend:

$$P_1a_1 \cdot P_2a_1 \cdot \ldots P_{56}a_1 \cdot P_1a_2 \cdot P_2a_2 \cdot P_{56}a_2 \cdot \ldots P_{56}a_{36}.$$

Es ist leicht einzusehen, daß man den Text Ponges, einmal in seine Subjekte und Prädikate zerlegt, grammatisch transponiert und reduziert, in der Form eines solchen ausgedehnten konjunktiven Satzketten-Moleküls schreiben kann. Allerdings entspricht der „Auster-Text“ einer Zustandsbeschreibung, in der das 37. Prädikat verneint auftritt, was natürlich eine mögliche Zustandsbeschreibung unter den 2^{2016} darstellt. Aber die in der konjunktiven Form dargestellte Zustandsbeschreibung der „Auster“ bedeutet natürlich die Komprimierung des Pongeschen Textes. Die komprimierte Form fixiert ihn in einer carnapschen L-Sprache, in der dann der „Inhalt“ im Sinne von „Cont (i)“, also der Inhalt im Sinne von „semantischer Information“ bzw. auch der betragsmäßige Informationsgehalt angebbar wird.

Nach Carnap ist der Anwendungsbereich der semantischen Informationstheorie größer als der der statistischen. Diese ist in jene überführbar, aber nicht umgekehrt. Ästhetisch bedeutet das, aß der gesamte semantische Realismus, den Elisabeth Walther bei Ponge konstatierte, zwar eine statistische Realität exemplizieren kann, aber dennoch nur im begrifflichen Apparat einer semantischen Informationstheorie und Informationsästhetik beschreibbar ist.

Bei der numerischen Fassung des Begriffs „Semantische Dichte“, den Ponge übrigens unabhängig von unseren textsemantischen Begriffen benutzte, genügt es, in erster Näherung davon auszugehen, daß sie repräsentiert wird durch die Zahl der möglichen Atomsätze pro Text, d.h. also, die Zahl, die sich ergibt, wenn man das Produkt $a \cdot p$ durch die Länge des Textes (Zahl der Wörter überhaupt) dividiert. Tatsächlich kommen dabei für Ponge, wie es seiner eigenen Auffassung gemäß sein muß, auch relativ hohe Werte zum Vorschein. Für „Das Vergnügen mit der Tür“ ergibt sich ein Wert von 5,6, für „Die Auster“ 12,6 und für „L'abricot“ (franz. Text) sogar der sehr hohe Wert von 18,5.

Topologische Texttheorie

Texte sind sprachliche Gebilde, die aus Wörtern als den entscheidenden Elementen bestehen. Text ist der Oberbegriff für alle Arten von Zusammenstellung dieser Elemente in zeitlicher und räumlicher Hinsicht. Die Theorie dieser Zusammenstellung heißt Texttheorie. Es ist eine materiale Theorie, sofern sie das aufgewendete Material, also die Wörter, betrachtet, aber nicht ihre außersprachlichen Bedeutungen. Der Textbegriff, der vorausgesetzt wird, ist also nicht nur allgemein und abstrakt, sondern material. Wir bezeichnen Wörter als elementares Textmaterial und Sätze oder bestimmte Folgen von Wörtern, wie Redefiguren und dgl., als komplexes Textmaterial. Allgemein sprechen wir einfach von Wörtern und Wortfolgen im linearen bzw. von Wortkonstellationen im flächigen Sinne. Analytische Texttheorie zerlegt gegebene Texte in elementares bzw. komplexes Textmaterial und kennzeichnet die Wörter, Wortfolgen bzw. Wortkonstellationen nach numerischen Gesichtspunkten, Synthetische Texttheorie geht nicht zerlegend, sondern aufbauend vor, leitet also aus gegebenen Materialien natürlich (menschlich) oder künstlich (maschinell) Texte ab. Im allgemeinen zerfällt die materiale Texttheorie in Textstatistik, Texttopologie, Textsemiotik und Textästhetik. Textstatistik gibt eine statistische, Texttopologie eine topologische, Textsemiotik eine semiotische und Textästhetik eine auf jene Kennzeichnungen aufbauende ästhetische Beschreibung von Texten.

Während die Textstatistik den Text als gegliederte Elementenmenge einführt (Fucks), geht die Texttopologie vom Text als einer primär ungegliederten Elementenmenge aus. Sofern das Wort das einzige in Betracht zu ziehende Element sein soll, und alle Satzzeichen können natürlich durch Wörter bezeichnet werden, dürfen wir von Wortmengen sprechen. Auf Mengen kann die Theorie der Mengen angewendet werden. Vom Standpunkt der Tatsache, daß das Wort das grundlegende Element der Texte ist, wird man Texttheorie als Mengentheorie der Wörter betreiben können. Die Extensionalität aller Texte legt es nahe, Begriffe der Topologie auf sie anzuwenden, also eine Texttopologie aufzubauen. Nöbeling definierte „Topologie als eine allgemeine Theorie des Benachbartseins". Er geht dabei aus von einer Menge „irgendwelcher Dinge, die wir Punkte nennen". Es ist leicht einzusehen, daß solche „Dinge, die wir Punkte nennen" auch als Wörter gegeben sein können. Auf diese Weise kann man dann die Allgemeine Topologie in Texttopologie überführen und topologische Räume in Texträume. Der Raumbegriff wird in der Topologie so allgemein wie möglich gefaßt; er soll möglichst alles umfassen, was im weitesten Sinne des Begriffs den Namen Raum verdient. Mir scheint, daß, wie die Phasenräume der Physik, die Matrizenräume, die Funktionsräume usw. auch Texte in diesem verallgemeinerten topologischen Sinne räumliche Modelle ein-, zwei- oder sogar dreidimensionaler Mannigfaltigkeit liefern.

Jeder Text ist durch zwei Bestimmungsstücke materialer Art gekennzeichnet: einmal durch einen gewissen Reichtum verschiedener Wörter (W) und dann durch die Häufigkeit, mit der diese Wörter vorkommen (F). Die Texttopologie bezieht sich primär auf die Wörter eines Textes überhaupt (T) und denkt sich diesen Text herausgeschnitten (abgelesen) aus einem idealen Wörterbuch, das alle Wörter, sowohl was ihren Reichtum wie auch ihre Frequenz anbetrifft, enthält (W). Diese Wortmenge (W) ist die den Texträumen zugrundeliegende Wortmenge überhaupt. Die topologische Struktur eines Textes kann demnach beschrieben werden durch die Eigenschaften der Beziehung zwischen beliebigen Worten und Texten, die in Bezug auf W als Umgebungen der Wörter in W gekennzeichnet werden. Ein Text T definiert also über der Wortmenge W in dem Sinne eine topologische Struktur, als jedem Wort E von W ein System U (E) von Teilmengen der Menge W, sogenannten Umgebungen von E, zugeordnet werden kann. Das System U(E) der Teilmengen von W sind Texte, in denen E vorkommt. Ein Text T definiert also eine bestimmte Umgebung U_γ eines Elementes (Wortes) E aus W im System der Umgebungen U(E) gemäß den (dementsprechend modifizierten) Hausdorfschen Umgebungsaxiomen

1. E e U_γ für jede Umgebung U_γ e U(E).
2. Wenn U_γ e U(E) und V_γ)U_γ, so V_γ e U(E).
3. Wenn $U_{\gamma'}$ $U_{\gamma''}$ e U(E), so $U_{\gamma'} \cap U_{\gamma''}$ e U(E); W e U(E).
4. Zu U_γ e U(E) gibt es ein V_γ e U(E) so, daß U_γ e U(G) für alle G e V_γ.

(e ist das Zeichen für „Element von“, > ist das Zeichen für „enthalten in“ und ∩ das Zeichen für „Durchschnitt“).

Nun können, wie jede Menge von Elementen, auch Texte als Mengen von Wörtern einmal vom Standpunkt der in ihnen gegebenen Operationen und ein andermal vom Standpunkt der in ihnen gegebenen Strukturen betrachtet werden. O p e r a t i o n e n bestimmen das, was man als eine Algebra, S t r u k t u r e n da, was man als ein Relativ bezeichnet hat. Ein kennzeichnender operationeller Begriff für Systeme von Mengen von Elementen (Texte) ist der des V e r b a n d e s . Ein Verband liegt vor, wenn in einem System von Mengen von Elementen (Texte) die Operationen Durchschnitt und Vereinigung sinnvoll sind. Nun kann man vom Durchschnitt von Texten sprechen, sofern sie Wörter gemeinsam haben, und unter der Vereinigung eines Systems von Texten ist die Menge aller

Wörter zu verstehen, die mindestens zu einem Text gehören. Übrigens sind in diesem Falle Durchschnitt und Vereinigung auf das Vokabular V bezogen, so daß wir vom V-Durchschnitt bzw. von der V-Vereinigung sprechen können. Selbstverständlich können aber Durchschnitt und Vereinigung auch auf die Frequenzen bezogen erden, was zum F-Durchschnitt bzw. zur F-Vereinigung führt. Jedenfalls ist es nicht schwer, festzustellen, daß Texte vom Standpunkt definierender Operationen, wie Vereinigung und Durchschnitt, der Algebra eines Verbandes genügen.

Ein kennzeichnender struktureller Begriff für Mengen von Elementen ist der der Halbordnung. Die Halbordnung ist ein relativ, und die Relative gehören zu den Strukturen. Man spricht in Bezug auf eine Menge von Elementen, in der eine zweistellige Relation gegeben ist, von einer Halbordnung, wenn für die Elemente in Bezug auf die Relation 1. das Gesetz der Reflexivität, 2. das Gesetz der Transitivität und 3. das Gesetz der Identität gilt. Man erkennt leicht, daß lineare Texte in Bezug auf die Relation „folgt auf“ eine Halbordnung bilden. Die genannten Axiome nehmen dann folgende Fassung an:

Wenn e, f, g ... Wörter des linearen Textes sind, gilt 1. e folgt auf e, 2. wenn g auf f folgt und f auf e, so folgt g auf e, 3. wenn f auf e folgt und e auf f, so ist e identisch f.

Wichtig ist noch der Begriff des Komplementes eines Textes. Wenn T in W gegeben ist, so ist unter dem Komplement des Textes T, als KT, die Menge aller Wörter in W zu verstehen, die nicht zu T gehören.

Im Anschluß an den spezielleren topologischen Begriff des hausdorffschen Raumes läßt sich hier schon der Begriff des hausdorffschen Textes einführen:

Wenn E und G zwei Wörter von W sind, so gibt es Texte (Umgebungen) U_γ e U(E) und V_γ e U(G) derart, daß $U_\gamma \cap V_\gamma = \varnothing$, worin $\varnothing$ die leere Menge bedeutet. Dieses modifizierte hausdorffsche Trennungsaxiom besagt texttopologisch, daß es für zwei verschiedene Wörter eines Wortschatzes immer zwei Texte gibt, die keine Wörter des Wortschatzes gemeinsam haben. Wortschätze bzw. Wortmengen W dieser Art heißen hausdorffsche Wortschätze.

Man kann im Anschluß an diese Überlegungen sich Texte denken, die als Vereinigung oder als durchschnitt zweier Texte erklärt bzw. konstituiert werden können. Vereinigung zweier Texte setzt im idealen Fall voraus, daß sie kein Wort gemeinsam haben. Unter dem Durchschnitt zweier Texte ist die Menge der Wörter zu verstehen, die sie gemeinsam haben. Die so als Vereinigungsmengen oder Durchschnittsmengen entstandenen Texte können als B o o l e s c h e T e x t e bzw. B o o l e s c h e M o n t a g e n bezeichnet werden (nach dem irischen Mathematiker G.

Boole, der zuerst solche algebraischen Überlegungen logisch verwendete. Als Beispiel verweise ich auf Ludwig Harigs bekannten Text „Haiku Hiroshima“, der sowohl mit Vereinigungs- als auch mit Durchschnittsmengen arbeitet, in wesentlichen Teilen also eine Boolesche Montage darstellt.)

Wenn w eine Teilmenge aus dem Wortschatz W ist, so kann man selbstverständlich von inneren und äußeren Wörtern in Bezug auf w in W sprechen. Ein Wort E e W heißt inneres Wort von w, wenn es eine Umgebung U_γ e U(E) gibt, die ganz zu w gehört. Die Menge der inneren Wörter von w (Kern) wird als $\underline{w}$ bezeichnet. Entsprechend heißt ein Wort E e W äußeres Wort von w, wenn es eine Umgebung U_γ e U(E) gibt, die ganz zum Komplement Kw gehört. Schließlich heißt ein Wort E e W Randwort bezüglich w, wenn jeder Text, in dem E vorkommt, Wörter von w und Wörter von Kw enthält. Die Menge aller Randwörter heißt der Rand von w, (rw). Ein Wort E e W heißt Berührungswort von w, wenn in jedem Text, in dem E vorkommt, Wörter von w vorkommen. Die Menge aller Berührungswörter heißt die Hülle von w, bezeichnet durch $\overline{w}$. Die Wortmenge w ist also Text aller und nur der Wörter von $\underline{w}$. In direkter Analogie zu den entsprechenden topologischen Begriffen kann man jetzt von offenen und geschlossenen Teilmengen von Wörtern bzw. Teilwortschätzen und Texten sprechen. Ein Teilwortschatz w heißt offen, wenn er nur aus inneren Wörtern besteht, wenn also w = $\underline{w}$, und er heißt abgeschlossen, wenn w alle Berührungswörter enthält. Im ersten Falle sind die Randwörter von w im Komplement Kw enthalten, im zweiten Falle sind die Randwörter von w in w enthalten. Aus diesen Definitionen ergeben sich dann bekannte Sätze der Topologie, modifiziert für die Texttopologie: Eine Wortmenge w ist dann und nur dann offen (bzw. ein offener Text), wenn das Komplement Kw abgeschlossen ist, und eine Wortmenge w ist dann und nur dann abgeschlossen, wenn das Komplement Kw offen ist. Ein Teilwortschatz w aus der Wortmenge W ist somit dann und nur dann offen, wenn er der Text (d.h. topologisch: Umgebung) aller seiner Wörter ist.

Natürlich lassen sich auch in der Texttopologie feinere und gröbere topologische Strukturen bzw. feinere und gröbere Topologien unterscheiden. Die feinste Topologie über einer Wortmenge W ist offenbar die sogenannte diskrete Topologie, die jedem Wort E und W jeden E enthaltenden Text als Umgebung zuordnet. Die gröbste Topologie über W enthält nur zwei Systeme offener Wortmengen, nämlich W selbst und die leere Wortmenge.

Der allgemeine Textraum W, der in der Texttopologie vorauszusetzen ist, muß als diskret gedacht werden. Diskret ist W, sofern jede Untermenge seiner Elemente als offen aufgefaßt werden kann. Wörter im Sinne einwortiger Untermengen sind offen. Wir können alsdann den für die Texttheorie wichtigen Begriff des Kontextes topologisch als Zusammenhang verständlich machen. Im allgemeinen heißt ein topologischer Raum zusammenhängend, wenn er keine Aufteilung in zwei nichtleere offene Teilmengen erlaubt. In diesem Sinne kann man streng nur vom Kontext eines Textes sprechen, wenn er nicht in zwei offene Wortmengen geteilt werden kann, also einen Zusammenhang (Konnex) darstellt. führt man den Begriff Komponente als maximal zusammenhängende Teilmengen eines Raumes bzw. einer Wortmenge W bzw. eines Textes T ein, so kann man im Anschluß an die topologischen Sätze texttopologisch folgendermaßen formulieren:

Jede Komponente von W bzw. T ist abgeschlossen. Jedes Wort ist eine Komponente. Das System aller Komponenten eines (nichtleeren) W oder T ist eine Zerlegung von W oder T. Ein W oder T ist genau dann zusammenhängend, wenn es nur eine Komponente gibt, sie also nur aus einem Wort bestehen. Ein W oder ein T sind genau dann zusammenhängend, wenn es zu zwei Wörtern eine zusammenhängende Teilmenge w bzw. einen zusammenhängenden Teiltext t gibt, die diese Wörter enthalten. Ein Wortschatz bzw. ein Text heißen total unzusammenhängend, wenn alle Komponenten einwortig sind. Ich verweise z.B. auf gewisse Gedichte A. Stramms, die total unzusammenhängend und außerdem kompakt sind, also keinen inneren Durchschnitt haben. Separierte Mengen haben fremde Umgebungen, d.h. zwei Teiltexte bilden keinen Zusammenhang, wenn sie zu fremden Texten gehören, also zu Texten, die kein Wort gemeinsam haben. Für zwei separierte Texte T_1 und T_2 gilt also $T_1 \cap T_2 = T_1 \cap T_2 = \varnothing$. Kontexte können damit als maximale komplexe Komponenten eines texttopologischen Raumes W (d.h. eines Wortschatzes, eines Wörterbuches) aufgefaßt werden.

Man kann sich weiterhin einen Text w in der Wortmenge W (Wortschatz) denken, der so beschaffen ist, daß jeder Text zu anderen Wörtern von W Wörter von w enthält. Wir sagen dann w ist ein dichter Text in W. Für einen dichten Text in W gilt offenbar $\overline{w} = W$, bzw. jeder nichtleere offene Teil von W enthält Worte von w.

Wie man nun in der allgemeinen Topologie Klassen von Teilmengen einer Menge bilden kann und als Filter bezeichnet, gibt es auch in der Texttopologie die Wortklasse gewisser Wortmengen, die Teilmengen z.B. eines Gesamttextes oder Wortschatzes eines Autors sind; man wird sie analog als Textfilter einführen. Durch das System der Substantive, Verben, Adjektive etc. eines Textes bzw. Wortschatzes werden z.B. solche Filter hervorgerufen. Sie können auch als selbständige Texte fungieren, gewissermaßen als abgefilterte Texte, die ihre semantische oder ästhetische Botschaft durch eine Wortklasse wiedergeben. In der konkreten Poesie finden sich gelegentlich solche abgefilterten Texte, die auf diese Weise ihre texttopologische Erklärung finden. Ich verweise z.B. auf Eugen Gomringers „33 Konstellationen".

Der topologische Textbegriff ist wie der topologische Raumbegriff sehr allgemein. Spezieller ist für die Topologie der metrische Raumbegriff und für die Texttopologie der metrische Textbegriff. Analog zu den Erklärungen, die in der Topologie für metrische Räume gegeben werden, kann man sagen, daß ein Text eine Metrik besitzt, wenn jedem Paar E,G von Wörtern des Wortschatzes W eine reelle Zahl zugeordnet werden kann, die als Abstand deutbar ist. Das ist natürlich ohne weiteres möglich. Z.B. kann der Abstand als Differenz der Frequenz der Wörter E,G in einem Häufigkeitswörterbuch eingeführt werden.

Abschließend möchte ich noch darauf aufmerksam machen, daß es sich bei einer Übersetzung, topologisch gesehen, um die Abbildung einer Wortmenge in eine andere handelt. Im idealen Fall ordnet die Übersetzung jedem Element E e W ein bestimmtes G e V zu. Die Übersetzung hat die Bedeutung einer Funktion. Zwei topologische Wortmengen W und G heißen homöomorph, wenn es eine umkehrbar-eindeutige Zuordnung von W in G gibt, derart, daß dabei das System der offenen Mengen von W dem System der offenen Mengen von V entspricht.

Allerdings kann die Übersetzungsfunktion auch auf komplexe Komponenten von W bzw. V angewendet werden, z.B. auf Zusammenhänge (Konnexe) bzw. semantische Einheiten.

Selbst innerhalb eines einzigen gegebenen Wortschatzes W vermag die Übersetzungsfunktion zur Auswirkung kommen. Kontexte innerhalb eines Textes können innerhalb des gleichen Textes noch einmal formuliert werden. Teiltexte eines Textes können also den gleichen Kontext haben. Das läßt uns ganz allgemein formulieren, daß jeder Kontext die similare (ähnliche) Klasse similarer Klassen ist. Das kommt darin zum Ausdruck, daß jede Sprache (Wortschatz) erlaubt, Phrasen, Tropismen, Metonymien und Metaphern zu bilden, in denen zwei Kontexte (Zusammenhänge, Konnexe) einander zugeordnet werden, do daß topologisch vom Urkontext und Bildkontext oder einfach vom Urtext und Bildtext gesprochen werden darf.

Die Verwendung texttopologischer Begriffe zeigt, in welchem Sinne und in welchem Umfang jeder Text als Ausdruck materialer Nachbarschafts- bzw. Umgebungsbeziehungen beschrieben werden kann und wie weit der Begriff Text zu verallgemeinern ist. Der Begriff der topologischen Schreibweise, der aus dem topologischen Textbegriff abgeleitet werden kann, betrachtet den Sprachfluß wesentlich vom Standpunkt der Herstellung extensionaler Wortmengen im Sinne der Wort-Umgebungen bzw. der Wortnachbarschaften innerhalb einer gegebenen Sprache.

Wir haben den literaturwissenschaftlichen Begriff des Kontextes topologisch als zusammenhängenden Raum, als Konnex, eingeführt. Jeder Text läßt sich in Teiltexte zerlegen, die Kontexte darstellen, oder stellt als Ganzes selbst einen solchen dar. Jeder Textraum, das heißt das, läßt sich in Konnexe zerlegen oder stellt als Ganzes selbst einen Konnex dar.

Ein Kontext ist als Konnex ein nicht-haussdorffscher Textraum, insofern er zusammenhängend ist, für ihn also keine Trennungsaxiome gelten, und er ist abgeschlossen, sofern es zu ihm ein offenes Textkomplement gibt. Er kann dicht sein, muß es aber nicht. Er ist dicht, wenn jeder nicht-leere offene Teil des allgemeinen zugrundeliegenden Textraumes W Wörter von ihm enthält.

Sofern nun ein Kontext im Sinne eines Konnexes abgeschlossen ist, kann man auch in Analogie zu den gestuften topologischen Räumen Hausdorffs von gestuften Kontexträumen sprechen. Der unterste aller Kontexträume ist ein Textraum, in dem alle Worte isolierbar, alle Teilmengen abgeschlossen und einwortig sind, der also nur in einwortige Konnexe zerlegbar ist; es ist der total diskrete Textraum, praktisch ein bloßer Wortschatz, ein Wörterbuch. Dem gegenüber ist der oberste Textraum der, der als Konnex mit dem eigenen Wortschatz zusammenfällt, oder in dem alle zum System der in W möglichen Texte und W selbst abgeschlossen sind. Dazwischen existiert natürlich eine ganze Stufenfolge konnexer Texträume, (kT e W) also von Kontexten, die eine mehr oder weniger deutlich definierbare semantische Funktion erfüllen. Grammatische Partikel, Präfixe, Suffixe, Beugungen etc., logische Partikel wie „und“, „oder“, „wenn so“ etc. und semantische werte wie „wahr“, „falsch“ etc. können als topologische Funktoren, d.h. als konnexerzeugende Funktoren gedeutet werden. Atomsätze und molekülare Sätze fungieren topologisch als Konnexe und in einem speziell logischen Sinne als Kontexte. Die in den bekannten Shannonschen stochastischen Textapproximationen auftretenden ein- bis mehrgliedrigen Wortgruppen sind als Frequenz-Konnexe verständlich, denen allerdings nicht der topologische Textraum W (gewöhnliches Wörterbuch), sondern der topologische Textraum F (ein Häufigkeitswörterbuch) zugrundeliegt. Mit diesen Frequenz-Konnexen nähert man sich im Prinzip den ästhetischen Konnexen, die gemäß der statistischen und informationellen Ästhetik) ja ebenfalls statistischer Natur sind. Ich erörtere jedoch diese Zusammenhänge hier nicht, möchte aber hervorheben, daß sich damit ein Zugang zu den textästhetischen Begriffsbildungen ergibt.

Denn es zeigt sich indessen, daß nicht nur die bloße Extensionalität der Texte eine topologische Rolle spielt, sondern daß es innerhalb der als Umgebungssystem eines zugrundeliegenden allgemeinen Textraums eingeführten Texte auch Konvergenzen zu beachten gilt. Das Prinzip der Konvergenz, also die Limesbildung – wenn auch nicht in einem strengen und numerischen, sondern in einem mehr intuitiven und allgemeinen Sinne – ist von Punktfolgen auf Wortfolgen übertragbar. Auch Wortfolgen können einen Limes haben, der naturgemäß wieder als Wort definiert ist, wenn der Textraum W ist.

Eine Wortfolge wie „vier haben ist außer Blick auch" hat in einem solchen Textraum W offenbar keinen Limes.

In „Schnee Schnee Schnee Schnee ..." ist „Schnee" der Limcs der Wortfolge. In „A rose is a rose is a rose is a rose" ist „a rose" der Limes. In „Und wie ermutigt durch diesen vielleicht allzu freundlichen Zuspruch zogen sie ihren Kreis enger um mich" ist „mich" das Wort, auf das alle vorangehenden Konvergieren.

Der texttopologische Limesbegriff stützt sich, wie gesagt, auf den Begriff der Wortfolge. Konvergente Wortfolgen sind Folgen, die auf ein bestimmtes Wort konvergieren. Wir sprechen von texttopologischer Konvergenz, vom Limes einer Wortfolge, vom Limeswirt, von konvergenten oder nichtkonvergenten Texträumen, von konvergenten oder nichtkonvergenten Texten. Ganz allgemein läßt sich formulieren, daß das Wort w eines haussdorffschen Textraumes Wh in einem übertragenen Sinne Limes oder Limeswort der Wortfolge w_1, w_2, w_3 ... heißt, wenn zu jedem Text (Umgebung) von w, also zu U_γ e U(w), ein $Wn_0 = Wn_0$ (U) existiert, so daß das Wort w_n für $n > n_0$ zu U_γ gehört.

Wenn also ein Text als Teilmenge eines zugrundeliegenden Wortschatzes bzw. Wörterbuches W aufgefaßt werden kann, so heißt ein Wort w, das zu W gehört, Limeswort dieses Textes, wenn es Limeswort einer Wortfolge des Textes ist. Kontexte im Sinne von Konnexen sind gemäß dieser Definition als konvergierende Wortfolgen aufzufassen. Konnexerzeugende Funktoren der Texttopologie können auch Wortfolgen hervorrufen, die konvergieren, also konvergenzerzeugend sein. „Es ist wahr, daß ...", „Wenn ... so ..." bieten Beispiele. „Schnee Schnee Schnee Schnee ..." ist, wie gesagt, ein gegen „Schnee" konvergierender Text, aber er gehört in einen untersten Kontextraum, sofern seine Teilmengen abgeschlossen und einwortig sind. „Folgen von Folgen von Folgen von Folgen von Folgen" hingegen konvergiert gegen das Limeswort „Folgen", gehört aber in einen wesentlich höheren Kontextraum, sofern er als Ganzes einen Kontext darstellt. Davon abgesehen, daß es sich hier stets um Kontexte im Sinne der abstrakten Konnexe der Topologie handelt, gewährleisten sie ein semantisches Verständnis. Da ein Wort in zweierlei Hinsicht semantisch verständlich werden kann (also Bedeutung hat), einmal durch den Zusammenhang, in dem es auftritt und ein andermal durch die Häufigkeit, mit der es verwendet wird, erweist sich seine Bedeutung einmal als eine (text-)extensionale und das andere Mal als eine (text-)statistische; topologisch ausgedrückt (d.h. durch Nachbarschaftsbeziehungen): einmal als eine vokabular-topologische und das andere Mal als eine frequenztopologische. Eine Wortfolge mit so hoher Frequenz des Einzelwortes wie „Schnee ..." kann es sich leisten, seine Bedeutung durch seine bloße Frequenz zu vermitteln, indessen die Wortfolge zu „Folgen von ..." dazu einen Kontext, also den Konnex nötig hat.

Mit der Definition eines Textes als Menge von Elementen, die Worte sind bzw. als Textraum in einem topologischen Sinne ist das Wörterbuch als allgemeiner zugrundeliegender Textraum in die Texttheorie einbezogen worden. Nun sind Kode, Frequenz und Kontext nach linguistischer Auffassung Parameter, die den Gebrauch eines Wortes kennzeichnen. Wörterbücher enthüllen diesen Gebrauch.

Man kennt im allgemeinen zwei Arten von Wörterbüchern: das gewöhnliche Wörterbuch (z.B. von Duden), das das Vokabular, den Reichtum verschiedener Wörter enthält und das, keineswegs bereits für alle wichtigeren Sprachen existierende, Häufigkeitswörterbuch, das die Frequenzen der einzelnen Wörter angibt, also die Häufigkeit ihres Gebrauchs in der Sprachmasse einer Epoche oder im Werk eines bestimmten Autors.

Die topologische Bestimmung des Kontextes als Konnex legt es nahe, an ein drittes Wörterbuch zu denken, in dem die Wörter weder dem Kode nach, noch der Häufigkeit nach geordnet auftreten, sondern in einem Konnex, in einem Kontext erscheinen, der ihren Gebrauch erkennbar macht. Natürlich sind diese Konnexe jeweils aus mehreren möglichen selektiert worden. Der „Littré" in Frankreich beweist, daß ein solches kontextliches Wörterbuch im Prinzip sinnvoll und möglich ist. Die Auswahl der Konnexe kann überdies stärker nach semantischen oder stärker nach ästhetischen Gesichtspunkten erfolgen, je nach dem, zu was das kontextliche Wörterbuch dienen soll. Jedenfalls macht dieses dritte Wörterbuch der Konnexe, neben der linguistisch-syntaktischen auch die informativ-kommunikative Bedeutung eines Wortes klar.

Gerade die mit dem Konnex (bzw. Kontext) sichtbar werdende informativ-kommunikative Rolle eines Wortes legt allgemein eine semiotische Betrachtung oder Klassifikation der drei Wörterbücher nahe. Natürlich muß man sich dabei der Peirceschen Semiotik, der subtilsten, die es gibt, bedienen und die Hinweise ausnützen, die Peirce in Richtung unseres Problems gegeben hat. Peirce, der ja zwischen Symbol, Index und Ikon unterschied, bemerkte, daß mit der Syntax die Sprache ikonisch würde. Da die Syntax mit dem Kontext bzw. mit dem Konnex erscheint, kann man sagen, daß ein Wörterbuch auf der Basis der Konnexe ein am sprachlichen Ikon orientiertes Wörterbuch, kurz, ein ikonisches Wörterbuch darstellt. Das Häufigkeitswörterbuch stellt dem gegenüber, da die numerische Frequenzangabe im Peirceschen Sinne indexikalisch ist, ein indexikalisches Wörterbuch dar. Das gewöhnliche Wörterbuch, in dem die Wörter alphabetisch geordnet auftreten und nur als Symbole für Sachen etc. benutzt werden, wäre hingegen als symbolisches Wörterbuch zu bezeichnen. Die Konstruktion besonderer semantischer oder ästhetischer Konnexe, um ein Wort durch einen Kontext festzulegen, kann eine besondere Aufgabe des Schreibens von Texten sein. Man kann sich dabei der Vorstellung minimaler aber auch maximaler Ausdehnung des Konnexes bedienen. „morgen war (Weihnachten)", Käte Hamburgers bekanntes „episches Präteritum", ist ein minimaler Konnex, der semantisch sowohl das „morgen" wie das „war" bestimmt und außerdem als Ganzes von geringer Frequenz ist, obwohl beide Komponenten eine hohe Frequenz besitzen, so daß er auch als ästhetischer Konnex bewertet werden kann (tatsächlich ist er literarischen Ursprungs). Es gehört übrigens ganz allgemein zur Theorie poetischer Bilder oder Metaphern wie „Es lächelt der See" oder „Europa, dieser Nasenpopel", daß sie echte kürzeste Textkonnexe darstellen, deren einzelne Glieder zwar eine relativ hohe, fast umgangssprachliche Häufigkeit besitzen, während ihre zwei-, drei- oder mehrgliederige Zusammenstellung als Ganzes von äußerst geringer Frequenz ist. „Folgen von Folgen von Folgen von Folgen von Folgen" und „Ehe die Blumen der Freundschaft verwelkten, verwelkte Freundschaft" sind ebenfalls Konnexe literarischer Provenienz, die Wörter semantisch und ästhetisch festlegen, das Wort „Folgen" und das Wort „verwelken", aber dieses Mal von mittlerer Länge. Hingegen sind z.B. Gertrude Steins Texte über „Picasso" oder Matisse" in „Portraits und Prayers" nichtsemantische ästhetische Konnexe maximaler Ausdehnung.

Ich möchte noch einen weiteren Punkt in Betracht ziehen, der uns veranlaßt, von Texttopologie zu sprechen. Ich meine den Aspekt der Deformation (im Sinne der Degradation eines Zeichens, von der schon Hegel und im Sinne seiner Degeneration, von der Peirce gesprochen hat), der beim Schreiben von Texten zur Geltung kommt. Fréchet hat in seiner kleinen „Introduction à la Topologie Combinatoire" (1946, zusammen mit Ky Fan) von jenen Eigenschaften gesprochen, die bei der Deformation einer Figur invariant bleiben. Diese Eigenschaften sind typisch topologische. Nachbarschaftseigenschaften, Umgebungseigenschaften gehören dazu. Jeder zusammengedrückte Kreis, jeder geschlossene Linienzug hat die gleichen Nachbarschaftseigenschaften wie ein geometrischer Ort aller derjenigen Punkte, die von einem festen Punkt konstanten Abstand haben. In Bezug auf diese Vorstellungen bildete Féchet dann den Begriff einer „géométrie de caoutchouc".

In der Texttopologie kommt ein analoger Begriff von Deformation dadurch zur Wirksamkeit, daß wir beim Schreiben die Wortfolge zwar (theoretisch) einem Wörterbuch (einem Wortschatz) entnehmen, die einzelnen Wörter aber gemäß des syntaktischen und grammatischen Gebrauchs, den wir von ihnen machen, deformieren. Schreibt man die Wortfolge eines beliebigen Satzes (oder einfach einer Zeile) so, wie die einzelnen Wörter im Wörterbuch stehen, dann wird ersichtlich, daß jede Wortfolge eines Textes die entsprechende des Wörterbuchs mehr oder weniger deformiert.

In diesem Sinne verändert der Satz „Er verlangte keines billigen Frühlings weicheren Wind" die Wortfolge des Wörterbuchs „Er verlangen kein billig Frühling weich Wind".

Grammatik und Syntax definieren also in gewisser Hinsicht die Elastizität sprachlicher Elemente, doch bleibt der rein topologische Konnex der Wörter in der bloßen Wortfolge und im Satz derselbe. Frege machte die Bemerkung, daß die Stämme (der Wörter) allein keine sprachliche Beziehung unter ihnen herstellen, sondern daß erst ihre grammatisch-syntaktische Veränderung diese Beziehung vollbringe. Frege denkt dabei natürlich an die semantische, nicht an die topologische Beziehung und an den sprachlichen Kontext, nicht an den materialen Konnex.

Die hier gemeinte texttopologische Deformation ist demnach durch die Tatsache bestimmt, daß sie die Nachbarschaftsverhältnisse der Wörter nicht ändert, daß also der topologische Konnex der Wörter eine Invariante darstellt. Schon hier kann man sich ein texttopologisches Deformationsmaß denken, das die Zahl der (im Verhältnis zur entsprechenden Wortfolge in einem zugrundegelegten Wörterbuch) veränderten (deformierten) Wörter einer Zeile, eines Satzes oder dergleichen zählt.

„Ich du er sie und es werden immer als unveränderlich gelten müssen" ist ein Text, der so wie er hier steht aus dem Wörterbuch gezogen werden kann, der Satz fällt also mit seiner W-Wortfolge zusammen, die Deformation ist gleich 0.

„Keines anderen Mannes geliebtes Töchterchen hätte schrecklicherer Abende furchtbarer Ereignisse gedankenloser gedacht" ist hingegen ein Text, der an keiner Stelle mit der Wortfolge des Wörterbuches zusammenfällt (vorausgesetzt, daß „Töchterchen" nicht selbständig, sondern nur abgeleitet im Wörterbuch fungiert), dessen Deformation im texttoplogischen Sinne also den höchsten Wert besitzt, der als 1 bezeichnet werden kann. Es ist klar, daß bezüglich der texttopologischen Deformation nur Texte gleicher Länge (Wortzahl) verglichen werden können. (In unserem Falle bestand jeder Text aus 12 Wörtern.) Wie weit ein Deformationsmaß als Stilcharakteristik eines Autors, einer Sprache, eines zeitlichen oder räumlichen Sprachraums ausgenützt werden kann, ist hier noch nicht abzusehen. (Eine erste Zählung in Kafkas „Schloß", Nathalie Sarrautes „Tropismen" und Heissenbüttels „Textbuch II" ergab als durchschnittliche Werte für die topologische Deformation 28 %, 23 % und 17 %.)

Es ist jedoch leicht einzusehen, daß die (statistische) Information der topologischen Wortfolge jeweils größer ist als ihre semantische Deformation. Man kann das auch so ausdrücken, daß man sagt, die Information eines topologischen Konnexes liegt höher als die seines semantischen Kontextes. Die grammatisch-syntaktische Deformation einer Wortfolge bedeutet zugleich eine Zunahme deren Redundanz. Deformationen des semantischen Kontextes erhöhen im allgemeinen seine statistische Information, die, sofern sie sich nicht als Bedeutung sondern als Material, also nicht intentional, sondern extensional auswirkt, als ästhetische deutbar ist.

Die semiotischen Kennzeichnungen wie Symbol, Ikon und Index für Wörter können ebenfalls in topologischen Betrachtungen fungieren, insbesondere, da es sich bei endlichen Texten um diskrete Mengen von Wörtern handelt, die abgeschlossen sind. Wir hatten aber unter Text zunächst jede Umgebung eines Wortes (E e W) verstanden, und eine Umgebung eines Wortes ist jede offene Menge von Wörtern, die es enthält. Beliebige Wortfolgen sind also offen, z.B. „sehr drollig gehalten haften Skala lückenhaft mir Prügel Gegenstand untersuchen der sich einweisen um annehmbar Wagemut". In der semiotischen Kennzeichnung ist jedes Wort zunächst Symbol. Jedes Symbol ist als einwortiger Text offen. Auch Folgen beliebiger Symbole sind zunächst offene Texte.

Nun können Wörter bzw. Folgen von Wörtern semiotisch auch als Indices oder als Ikonen interpretiert werden. In einem Text wie „Sokrates ist ein Mensch" fungiert „Sokrates" als Zeichen für den griechischen Philosophen. „Sokrates" ist also ein Index. Als Symbol kann das Zeichen „Sokrates" offener Text sein und in offenen Texten fungieren, aber nicht als Index. Als Index ist „Sokrates" abgeschlossener Text; er kann nicht jedem anderen Text angehören; er kann nicht Umgebung jedes Wortes E aus W sein.

Aber er ist Umgebung von „ist ein Mensch". In der semiotischen Kennzeichnung stellt „ist ein Mensch" ein Ikon dar. Topologisch können solche Ikonen als offene Texte (innerhalb eines Teiltextes w e W) gedeutet werden, sofern sie in diesem als Komplement des abgeschlossenen Textes fungieren. Denn in diesem Sinne ist topologisch das Ikon „ist ein

Mensch“ als Komplement zum Index „Sokrates“ aufzufassen. Es erhellt, daß die Vereinigung beliebig vieler offener Texte (Mengen) wiederum ein offener Text (Menge) ist, denn zwei beliebige Wortfolgen von der oben zitierten Art sind ohne weiteres aneinander zu fügen; es ist auch klar, daß der Durchschnitt zweier (oder endlich vieler) offener Texte wiederum einen offenen Text liefert. Desgleichen bildet die Vereinigung zweier abgeschlossener Texte wieder einen abgeschlossenen Text. So ist die Folge der Namen „Sokrates Diogenes ...“ als Index aufzufassen. Und der Durchschnitt beliebig vieler abgeschlossener Texte gehört ebenfalls zur Klasse abgeschlossener Texte. „Sokrates“ kann als Index in einer Menge von Sätzen, die den Charakter abgeschlossener Texte haben, vorkommen. „Sokrates“ fungiert dann als Durchschnitt dieser abgeschlossenen Texte und zugleich als Index.

Ein Text, in dem alle Wörter von W vorkommen ist zugleich offen und abgeschlossen. Semiotisch handelt es sich dabei um ein System aus Indices und Ikonen bzw. um ein System aus Symbolen, denn nach Peirce sind Symbole aus Indices und Ikonen zusammensetzbar.

Allgemeine Textästhetik

Jede Textästhetik wird zwei Voraussetzungen machen müssen, die ihre Begründung in einer allgemeinen statistischen und informationellen Ästhetik erfahren: erstens, daß der sogenannte schöpferische Prozeß, im Sinne der Realisation (Machen) und im sinne der Innovation (Originalität), letztlich überhaupt nur als ästhetische Kategorie (Kategorie der selektiven Seinssetzung) verständlich wird, und zweitens, daß diese ästhetische Kategorie nur als eine statistische wirksam und beschrieben werden kann. Ein Text ist also im Prinzip in dem Maße ein sprachliches Kunstwerk, als er ästhetische Information verwirklicht und vermittelt, und er verwirklicht und vermittelt sie schon, insofern er überhaupt auf einem statistisch beschreibbaren Anordnungsgrad, auf einer selektierenden Komplexität bzw. auf einer Häufigkeitsverteilung aufgewendeter Elemente bzw. Klassen von Elementen beruht. Wie weit indessen ein solcher Text, der also minimal ästhetische Information besitzen kann, dann über seine semantische Rolle hinaus überhaupt ästhetisch fungieren wird, ist selbstverständlich eine Frage vergleichender Analyse und Interpretation, die wie die statistischen Werte auch die konventionellen Normen berücksichtigen. Jedenfalls, nur statistisch, nicht semantisch, ikonographisch, historisch oder metaphysisch kann also der ästhetische Zustand, den der Text, das Bild etc. fixiert, wiedergegeben werden, und diese statistische Wiedergabe, das ist das Wesentliche, ist gleichgültig gegen Unterscheidungen wie Form und Inhalt, Gegenständlichkeit und Ungegenständlichkeit, Material und Bedeutung, Zeichen und Sinn; das heißt also, sie kann sich sowohl auf Perzeption wie auch auf Apperzeption beziehen. Schöpfung im angedeuteten Sinne des ursprünglichen und gebenden Machens bezieht sich stets auf das Sein des Etwas, nicht auf sein Sosein. Ein solcher Vorgang kann also auch im Text nur statistisch erfaßt werden, weil nämlich die statistische Zählung, das was sie zählt, nur als Seiendes zählt; zählen ist primär seinssetzend, nicht soseinssetzend.

Im Textbereich verschiebt sich jedoch die ästhetische Perzeption sofort in Richtung der ästhetischen Apperzeption. Was als Wahrnehmung beginnt, wird sogleich in die Bedeutung gehoben, und das heißt, daß sich die statistische Verteilung, die einen ästhetischen Zustand des Textes garantiert, als solche hier irrelevant oder fortgesetzt werden kann. Jedenfalls beruht das sprachliche Kunstwerk auf der Tatsache, daß über die perzipierbare Textmaterialität hinaus der statistische Zustand mehr oder weniger unwahrscheinlicher Häufigkeitsverteilung in der apperzipierbaren Textphänomenalität erhalten werden kann.

Ein Hauptproblem der Texttheorie, wie überhaupt der statistischen Ästhetik, ist also die Unterscheidung zwischen semantischer und ästhetischer Information, die ein Text gibt. Und zwar ist diese Unterscheidung nicht nur numerisch, sondern auch begrifflich schwierig. Informationen sind Zeichenfolgen, die im Text durch Sprache konstituiert werden. Natürlich ist ihr Zustand zunächst ein rein statistischer, die Information rein strukturell, ihr Text bloße Textmaterialität. Die ästhetische Information einer solchen Textmaterialität wird man daher nur durch Errechnung und Vergleich gewisser statistischer Charakteristiken wie Entropie, informationelle Temperatur etc. identifizieren können, wenn man sich nicht auf emotionale Wirkungen der Wahrnehmung verlassen will. Die semantische Information der Textmaterialität erweist sich dabei im Prinzip zwar ohne weiteres mit ihrer kommunikativen Funktion in der üblichen Bedeutungssphäre als gegeben; ihre numerische Abschätzung setzt aber voraus, daß sie in einem fixierten Sprachsystem, in dem die bekannten Inhaltselemente und Maßfunktionen Carnaps und Bar-Hillels für semantische Information definiert werden können, formulierbar ist.

Dennoch befriedigt die Angabe, daß die semantische Information aus einem universalen normierbaren Repertoire aufgebaut werden kann, während die ästhetische Information gerade nicht aus einem universalen und normierbaren Repertoire entwickelbar ist, die begriffliche Theorie nicht. Man muß festhalten, daß der semantische Vorgang in einer Sprache bzw. in einem Text zu Bedeutungen führt, zu deren Funktion es gehört, zwischen einem Ich und einem Du übertragbar zu sein, d.h. sie müssen, produziert in einem Ich, in einem Du reproduziert sein. Der Vorgang der semantischen Information ist also, wie gesagt, ein Vorgang der Kommunikation, und Bedeutung ist der Ausdruck dieser Kommunikation, denn Bedeutung hat stets den doppelten Sinn „Bedeutung von ...“ und „Bedeutung für ...“ zu sein; sie ist eine Kommunikations-Funktion, eine Frage der „Übereinkunft“ wie Wittgenstein sagte, und ihre Festigkeit ist eine Frage der Kodierung. Bedeutung ist stets kodiert, semantische Information immer kodierbar. Was jedoch in einer Sprache, in einem Text als ästhetische Information auftritt, ist etwas ganz anderes als die semantische Information. Die numerischen Zusammenhänge, die statistisch angegeben werden können, spiegeln offenbar nicht ganz die begrifflichen Unterschiede, die die Theorie, wenn sie mehr sagen will, machen muß. Natürlich ist das Repertoire, aus dem sich die ästhetische Information eines Textes ergibt, zunächst das gleiche. Aber es wird nicht universal und normiert ausgewählt. In diesem Sinne hat Suzanne Langer Recht, wenn sie die Auffassung vertritt, Kunst (von uns als Träger ästhetischer Information aufgefaßt) sei keine Sprache im Sinne dieses Begriffs, der traditionell die Kommunikations-Funktion einschließt. Doch handelt es sich in der ästhetischen Information primär nicht darum, „Bedeutungen“ zu übertragen. Der ästhetische Vorgang in einer Sprache, in einem Text kann, aber muß nicht zu „Bedeutungen“ führen, zu deren Funktion Übertragbarkeit und Reproduzierbarkeit gehört. Man muß sich daran gewöhnen, im ästhetischen Prozeß, der in einem bestimmten Material stattfindet, also etwa in der Sprache, im Text, primär den Realisationsprozeß eines gewissen Zustandes dieses Materials zu sehen, der im allgemeinen die normierbare Wahrscheinlichkeit seiner Ordnung in Richtung einer nicht normierbaren Unwahrscheinlichkeit verschiebt. Was wir ästhetische Information nennen, ist nur als Folge der Realisationsmomente dieser Verschiebung verständlich, daher unkodierbar. Mit der Bildung der ästhetischen Information in einem Text, der im übrigen semantische Information gibt, geht die Kommunikations-Funktion in eine Realisations-Funktion über. Natürlich kann man auch sagen, daß im Gegensatz zur semantischen Information die ästhetische keine „Bedeutung“, sondern „Realisation“ überträgt. Spiel, im Sinne von Mit-Spiel, wäre ein Modell für diese Art Kommunikation, die nicht „Bedeutung“, sondern „Realisation“ überträgt. Jedenfalls kann man auf diese Weise zwei Klassen von Kommunikation unterscheiden, informative und fabrikative. Da jedoch im allgemeinen ein Text die ästhetische Information immer auf dem Grund der semantischen entstehen läßt, wird andererseits auch angenommen werden können, daß jede semantische Information im Prinzip auch wenigstens ein Minimum ästhetischer Information mitführt. Man wird nicht nur sagen können, daß ein Text die ästhetische Information mit Hilfe semantischer wahrnehmbar, zugängig macht, beide Klassen der Kommunikation also betätigt, sondern auch formulieren müssen, daß innerhalb eines Textes nicht nur seine rein materialen Elemente in ihrer statistischen Verteilung ästhetische Information liefern und Realisationsmomente darstellen, sondern die „Bedeutungen“ selbst, also die „Übereinkünfte“ eine solche Funktion besitzen können. Die Aufspaltung ästhetischer Information in singuläre, die nur in einmaliger Realisation wahrnehmbar wird, also am exemplarischen Kunstwerk, und generelle, die als bestimmte Proportion, als Symmetrie, als Ornament, als Muster, überhaupt als Stilcharakteristik loslösbar und übertragbar ist, deutet die Zwischenformen an, die die beiden Klassen der Kommunikation, die informative und fabrikative, oder die Textklassen überhaupt, mit einander verbinden.

Jeder ästhetische Prozeß läßt seinen Ursprung hinter sich; die statistische Entwicklung eines Textes verschwindet um so mehr, als wir intentionale Erfüllungen in den Bedeutungen und konstruktive Möglichkeiten in den Formen gewinnen. Es gibt Fälle, in denen die ästhetische Beschaffenheit eines Textes auf der Verdeckung der statistischen Textmaterialität beruht, aber es gibt auch andere, in denen der produktive Prozeß gerade darauf aus ist, die statistische Textmaterialität bloßzulegen. Die Entstehung der ästhetischen Botschaft im Text ist ein spezielles Problem der allgemeinen Texttheorie, mit dem sie in Textästhetik übergeht.

Auch zum ästhetischen Prozeß eines Textes gehört es, daß er primär ein Zeichenprozeß, sekundär ein Informationsprozeß und tertiär ein Kommunikationsprozeß ist. Auch im Text beschreibt die Folge dieser Vorgänge den Akt der Realisation. Natürlich kann die Realisation schon im ersten oder im zweiten Stadium abbrechen. Dann verfügt der Text nur über nichtkommunikative oder auch nicht-informative Reste einer möglichen ästhetischen Botschaft. Doch haben diese partialen Texte im Prinzip einen ästhetischen Sinn. Denn das ästhetische Zeichen, das im ästhetischen Prozeß der Realisation wirksam ist, ist es einmal als effektives („sign-event") und das andere Mal als bloßes „Bezeichnet-sein" („sign-design"), und für die Reichweite der Realisation spielt diese Unterscheidung natürlich eine Rolle.

Wir unterschieden zwischen P-Texten (in einer logischen Sprache) und M-Texten (in einer ästhetischen Sprache). Beiden ist gemeinsam, daß sie ihren spezifischen Zustand nicht transzendieren. Der L-Text bezieht sich als solcher nicht auf etwas, was außerhalb seiner selbst liegt. Er sagt über die Welt nichts aus. Darauf beruht seine (konstruktive) Determination. Auch der P-Text bezieht sich im Prinzip nicht auf die Welt; die Gegenstände, über die er spricht, sind als solche nicht für seine ästhetische Beschaffenheit verantwortlich. Wie der L-Text, sagt auch der P-Text nur sich selbst aus. Darauf beruht seine (disponible) Indetermination. Wie der logische Zustand eines Textes ist auch der ästhetische tautologisch. Hingegen ist ein S-Text (in einer semantischen Sprache) stets ein transzendierender Text. Als semantisches System basiert er auf einem System von Regeln, das in einer Metasprache formuliert werden kann und das die Wahrheitsbedingungen jedes Satzes seiner Objektsprache festlegt. Nur auf diese Weise determinieren die Regeln auch die Bedeutung der Sätze, in denen die deskriptiven Zeichen vorkommen; diese Bedeutungen überziehen die statistische Textmaterialität wie mit einer Haut; es ist eine Art Skineffekt der Bedeutungen, der damit wirksam wird.

Das ästhetische ist allerdings keine weitere Dimension eines Zeichens neben der syntaktischen, semantischen oder pragmatischen und existentiellen. Es bezeichnet jedoch auch keine besondere Klasse von Zeichen. Es handelt sich vielmehr nur um eine statistische Zustandsfunktion der Textmaterialität, gewissermaßen um eine eigensemantische Dimension derselben, die auf die intentionale Textphänomenalität ausdehnbar ist, wenn man unter Text primär und allgemein Mengen (Folgen, Ensemble) von der Kreation, Perzeption und Apperzeption zugängigen Zeichen versteht. So gehört also der ästhetische Zustand eines Textes auch in das Konfinium zwischen seiner statistischen Textmaterialität und seiner intentionalen Textphänomenalität. Denn die ästhetischen Momente sind die wahrnehmbaren Realisationen einer unwahrscheinlichen Verteilung, die unvorhersehbar, stochastisch entstehen und die sowohl am Material wie an der Bedeutung haften können. Materialer Text und intentionaler Text, materiale Poesie und intentionale Poesie sind natürlich mögliche Grenzfälle. Material ist ein Text, wenn seine ästhetische Botschaft eine semantische voraussetzt und sein statistisches Material nur durch festgelegte vorgegebene Bedeutungen ästhetische Realität gewinnt. „The vulture dragging his hunger through the sky ...“. So unterscheiden sich auch die materiale und die intentionale ästhetische Botschaft, aber jeder Text arrangiert im Prinzip die eine oder die andere, und zuweilen handelt es sich nur um eine virtuelle Verrückung in der Textmaterialität oder in der Textphänomenalität, um die eine oder die andere entstehen zu lassen. Die Logik kennt schon lange den Unterschied zwischen intentionaler und materialer Verknüpfung von Sätzen. „Wenn Platon lebt, so atmet er“, kann als intentionale Verknüpfung gedeutet werden. Aber „wenn 5 größer als 7, so ist die Göttliche Komödie in Terzinen gedichtet“, ist material, zwei Sätze, die intentional nicht zusammengehören, werden durch das satzverknüpfende Bindewort „wenn-so“ miteinander verbunden, und die Verknüpfung ist nach den anerkannten Regeln der Logik wahr, wenn die verknüpften Sätze wahr sind.

Man stößt auf diese Weise auf das Problem des Zusammenhangs zwischen der stochastischen und der logischen Entstehung der ästhetischen Botschaft in einem Text, denn die materiale Verknüpfung zweier Sätze kann durchaus willkürlich, also auch unwahrscheinlich sein und dann zugleich mit der Eigenschaft der Wahrheit mindestens die Chance auch der Schönheit haben.

Beim Versuch, einen Ausgangspunkt für Textlogik und Textästhetik im Rahmen einer allgemeinen Texttheorie zu finden, stößt man auf gewisse Überlegungen Wittgensteins. Was wir Textlogik nennen, beginnt im „Traktat“ mit einer Gruppe von Formulierungen, die den „Sachverhalt“ und seine logische Form im „Satz“ betreffen. „1 Die Welt ist alles, was der Fall ist. 2. Was der Fall ist, die Tatsache, ist das Bestehen von Sachverhalten. 2.01 Der Sachverhalt ist eine Verbindung von Gegenständen. 2.011 Es ist dem Ding wesentlich, der Bestandteil eines Sachverhaltes sein zu können. 2.0141 Die Möglichkeit seines Vorkommens in Sachverhalten, ist die Form eines Gegenstandes. 2.04 Die Gesamtheit der bestehenden Sachverhalte ist die Welt. 2.06 Das Bestehen und Nichtbestehen von Sachverhalten ist die Wirklichkeit. 2.11 Das Bild stellt die Sachlage im logischen Raume, das Bestehen und Nichtbestehen von Sachverhalten vor. 2.171 Das Bild kann jede Wirklichkeit abbilden, deren Form es hat. 2.181 Ist die Form der Abbildung die logische Form, so heißt das Bild das logische Bild ..." Der Kontext eines Satzes oder der Kontext der Sätze in einem Text ist also ein logischer, sofern in ihm das Bestehen oder Nichtbestehen von Sachverhalten formuliert wird. Offenbar sind nur in einer künstlichen Sprache, in der die Welt logisch formuliert wird, also in Sätzen, die das Bestehen oder Nichtbestehen von Sachverhalten aussagen, die Grenzen dieser Sprache auch die Grenzen meiner Welt. Sofern diese Welt aber nicht logisch formuliert wird, sofern also meine Sprache nicht vom Bestehen oder Nichtbestehen von Sachverhalten redet, sind die Grenzen dieser Welt unbestimmt, geöffnet für Überraschungen, für Unvorhersehbares und drückt die Sprache selbst diese Unbestimmtheit aus und bilden ihre Kontexte den Bereich ihrer Unbestimmtheitsrelationen. Eine zweite Gruppe von Formulierungen im „Traktat" scheint die Sprache vorsichtig dem bloßen Zugriff der Logik, also der bestehenden und nichtbestehenden Sachverhalte wieder entziehen zu wollen. „2.172 Seine Form der Abbildung aber, kann das Bild nicht abbilden; es weist sie auf. 2.22 Das Bild stellt dar, was es darstellt, unabhängig von seiner Wahr- oder Falschheit, durch die Form seiner Abbildung. 2.224 Aus dem Bild allein ist nicht zu erkennen, ob es wahr oder falsch ist. 3.13 Zum Satz gehört alles was zur Projektion gehört; aber nicht das Projizierte ... Im Satz ist die Form seines Sinnes enthalten, aber nicht dessen Inhalt. 3.221 Ein Satz kann nur sagen, wie ein Ding ist, nicht was es ist. 3.3 Nur der Satz hat Sinn; nur im Zusammenhange des Satzes hat ein Name Bedeutung. 4.121 Was sich in der Sprache spiegelt, kann sie nicht darstellen. Was sich in der Sprache ausdrückt, können wir nicht durch sie ausdrücken. 4.1212 Was gezeigt werden kann, kann nicht gesagt werden." Mir scheint, daß hier der Punkt erreicht wird, an dem die, wenn ich so sagen darf, Textlogik Wittgensteins in Textästhetik übergeht, und das wird sprachlich sichtbar, wenn man die Formulierungen bedenkt, die Wittgenstein selbst in den „Cambridge Lectures", die G.E. Moore 1955 in der Zeitschrift „Mind" publizierte, dem Problem der Ästhetik gegeben hat. „All that aestetics does is ‚to draw your attention to a thing', to ‚place things side by side'." Es handelt sich offenbar darum, daß die logische Konstituierung der Welt eine zwar indirekte, aber beherrschbare, also eine Kodierung ist, während sich ihre ästhetische Konstituierung als eine direkte, dafür aber unbeherrschbare, also als Realisierung vollzieht. Damit ist auch der Unterschied zwischen sagen und zeigen beschrieben, auf den Wittgenstein Wert legt. Was sich von sich selbst her zeigt, ist realisiert, was aber davon ausgesagt wird, ist kodiert. Logik ist ein Bestandteil der Theorie der Sprache, die etwas aussagt; Ästhetik ist ein Bestandteil der Theorie der Sprache, die etwas zeigt. Das sind Folgerungen, die sich einerseits aus der Wittgensteinschen Textlogik und andererseits aus der Wittgensteinschen Textästhetik ergeben. Jeder logische Satz ist determiniert, jeder indeterminierte Satz ist deskriptiv, formuliert Carnap in der „Logischen Syntax der Sprache", aber jeder realisierte Satz, so wird man hinzufügen müssen, ist ästhetisch. Seine Realisierung in einem Sprachmaterial realisiert auch die Unbestimmtheit, die der Unwahrscheinlichkeit und Unvorhersehbarkeit, also den Rängen und Frequenzen der Worte entspricht. – Die semantische Botschaft eines Textes kann auch anders als in ihm verwirklicht und das heißt ausgesagt werden; sie ist eine Invariante und ihre Abhängigkeit vom logischen Bau ist offenbar, wenn man bedenkt, daß das Logische eines Satzes genau das ist, was seiner Transposition widersteht, also invariant ist gegen eine Änderung der Ausdrucksform. Aber die ästhetische Botschaft eines Textes kann nicht anders als in ihm verwirklicht werden, denn sie zeigt sich nur mit der Realisierung des Textes; wird die Realisierung geändert, dann ändert sich auch die ästhetische Botschaft. Doch wie sie sich ändert, ist unvorhersehbar. Die ästhetische Botschaft ist im wesentlichen indisponibel. Die ästhetische Realisation eines Textes kann demnach gegen seinen logischen Bau, aber auch mit ihm entstehen. Der Grad der Invarianz eines Textes im Verhältnis zur Transponierbarkeit kann als Maß der Extension und Konsistenz seiner Logik dienen, aber der Grad der Empfindlichkeit gegenüber Varianten in der Realisation ist dann zweifellos ein Maß für die Ursprünglichkeit seiner ästhetischen Realität. Die semantische Dimension eines Textes scheint überdies das mögliche Auseinanderfallen logischer Kodierung und ästhetischer Realisation zu behindern. – Stellt man sich vor, daß für das, was die allgemeine Texttheorie Text nennt, die potentielle Gesamtheit einer Sprache, also der extensionale Inbegriff ihrer Textmaterialität verantwortlich ist, dann kann man aus einer Sprache Textschichten abfiltern, deren jeweils spezifische Textmaterialität durch ihre Ränge und Frequenzen, ihre Entropien und Redundanzen statistisch festgelegt erscheint. Diese Sortierung kann zu folgender Schichtung führen:

semantischer Text (mit normierter semantischer Information): Wahrscheinlichkeit einer Kenntnis;
metaphysischer Text (mit nichtnormierter semantischer Botschaft): Unwahrscheinlichkeit einer Kenntnis;
ästhetischer Text (mit nichtnormierter nichtsemantischer Botschaft): Wahrscheinlichkeit einer Unkenntnis;

logischer Text (mit normierter nichtsemantischer Botschaft): Unwahrscheinlichkeit einer Unkenntnis.

Es ist eine Schichtung, die den Zustand der Kenntnis berücksichtigt; eine solche Schichtung ist informationell; denn das Maß der Information ist ein Maß relativ zu einer Unkenntnis.

Durch dieses Prinzip der Klassifikation wird aber auch ein definierbarer Zusammenhang zwischen Text und Theorie, also zwischen Beobachtungs-, Kunst- und Präzisionssprachen erschlossen. Man kann sich jetzt Texte hoher Entropie denken, deren Elementenvorrat aus allen textmaterialen Schichten stammt. Als Beispiel eines semantischen Textes führe ich eine beliebige Beschreibung von Alexander von Humboldt an, als Beispiel eines metaphysischen Textes die Beschreibung des transzendentalen Ichs aus Kants „Kritik der reinen Vernunft", als Beispiel eines ästhetischen Textes „Anna Livia Plurabelle" aus „Finnegans Wake" von Joyce und als Beispiel eines logischen Textes Lukasiewicz's Ableitung des Satzes von der Identität aus dem Axiomensystem des Aussagenkalküls.

Im Sinne der beschriebenen Textschichtung besteht zunächst ein maximaler Abstand zwischen dem semantischen Text und dem logischen Text. Der logische Text besteht aus Sätzen der Logik, und die „Sätze der Logik demonstrieren die logischen Eigenschaften der Sätze, indem sie sie zu nichtssagenden Sätzen verbinden", sagt Wittgenstein im „Traktat" (6.121), der semantische Text hingegen besteht aus Sätzen, die wahr oder falsch sind, und „die Wahrheitsbedingungen bestimmen den Spielraum, der den Tatsachen durch den Satz gelassen wird", wie es ebenfalls im „Traktat" (4.463) heißt. Während ein Text kraft seiner Logik nichts über die Welt aussagt, sagt er auf Grund seiner semantischen Eigenschaften dadurch etwas über sie aus, „daß er bestimmte Fälle, die an sich möglich wären, ausschließt und daß er uns mitteilt, daß die Wirklichkeit nicht zu den ausgeschlossenen Fällen zählt", wie es Carnap formuliert hat.

In einem ästhetischen Text nun verengen die Schönheitsbedingungen der verknüpften Sätze den Spielraum der Wahrheitsbedingungen für den Spielraum, der den Tatsachen durch den Satz gelassen wird, aber jeder metaphysische Text erweitert diesen Spielraum der Wahrheitsbedingungen durch das Mittel der Reflexion. Ein Satz besagt semantisch um so mehr, je kleiner der Spielraum ist, heißt es noch einmal bei Carnap, und der Spielraum eines Satzes ist die Klasse der Zustandsbeschreibungen, in denen er wahr ist, aber ein Satz besagt dann metaphysisch um so mehr, wird man nun hinzufügen können, je größer sein Spielraum ist, ästhetisch jedoch ist der Spielraum eines Satzes nur er selbst, identisch mit sich, weder größer noch kleiner als seine materiale Realisation, ästhetisch sagt also der Satz nur, was er zeigt. Ästhetische Sprache geht im Prinzip der Objektsprache voraus, so wie die Metasprache dieser nachfolgt.

Nun ist eine Sprache im allgemeinen ein fixiertes System aus Elementen und Regeln, die der Verknüpfung und Anwendung der Elemente dienen. Doch die ästhetische Sprache ist in diesem Sinne von der Modalität der nichtnormierten Unsicherheitsgebiete. Eine Sprache, die diese Modalität und diesen Bereich verwirklicht, kann nie eine universale Sprache sein, sie ist in einem äußersten Sinne auf eine Region beschränkt, ist regionale Sprache. Regional in einem Material und regional im Wahrnehmungsfeld. Es kann abzählbare Arten von Elementen geben. Fixierbare Regeln zu ihrer Verknüpfung sind aber bestenfalls Regeln der Redundanz, nicht der Innovation der ästhetischen Botschaft.

Mehr sagen wir nicht, wenn wir sagen, daß ein Text als ästhetischer Text einen definitiven Bereich der Unkenntnis definit beschreibt, genauer: darstellt, noch genauer: zeigt.

Der statistische Zustand der ästhetischen Textmaterialität ergibt sich dann zwangsläufig. Auch können nur statistische Zustände dem Zugriff der vollständigen Identifizierung entzogen bleiben und eine Zone der Nichtidentifizierbarkeit ausbilden, die tief in die ästhetische Realität der Kunstwerke einzudringen vermag. Natürlich sind mikrolinguistische Strukturen ästhetischer Texte stärker von ihr befallen, als makrolinguistische. Doch kann jede ästhetische Botschaft im Text digital, durch eine Folge von Entscheidungen oder analog, durch eine Folge von Nachahmungen, entstehen, wenn man diese Einteilung der möglichen Prozesse überhaupt aus der kybernetischen Terminologie hier übernimmt. In der klassischen gegenständlichen und abstrakten Kunst verläuft der Zeichenprozeß stets primär analog, in der modernen nichtgegenständlichen und informellen Kunst (die expressive „activ painting" natürlich ausgenommen) verläuft er jedoch betont digital. Mandelbrot hat in „An Informational Theory of the Statistical Structure of Language" von der analog arbeitenden imitativen Sprache und von der digital arbeitenden symbolisierenden Sprache gesprochen. Er fügte hinzu, daß nur die digital aus einem Elementenvorrat sich entwickelnde Sprache den Forderungen der Zivilisation entsprechen könnte. Denkt man daran, daß Kommunikation und Reflexion, physisch, psychisch und metaphysisch gesehen, wesentliche Prozesse sind, auf denen im Rahmen moderner Zivilisation die Idee der Humanität beruht und daß der Ablauf dieser Prozesse die Freiheit personaler Entscheidungen verbraucht, dann übersieht man sofort die Berechtigung der These Mandelbrots. Tatsächlich kann man deutlich eine Zunahme digitaler geistiger Vorgänge im Rahmen unserer Zivilisation auf Kosten der analogen beobachten. Was indessen die Texte angeht, so ist leicht zu erkennen, daß die klassische fonction fabulatrice oder die écriture automatique Analog-Funktionen darstellen, während z.B. konkrete oder materiale Texte, serielle oder stochastische Texte, die heute schon nicht mehr nur in den Werbetexten eine Rolle spielen, vor allem digital arbeiten. Während mindestens mit dem Kubismus die Malerei beginnt, ihre ästhetische Botschaft digital herzustellen, bieten Joyce und Gertrude Stein Beispiele für die digitale.

Erzeugung ästhetischer Botschaften im Text. Ich möchte mit einigen Bemerkungen zur Spieltheorie der Texte abschließen. Saussure hat die Idee des Spiels wieder in die Betrachtung der Sprache eingeführt. Wittgenstein entwarf die Idee des methodischen „Sprachspiels" vom Standpunkt der Logik. Mandelbrot hat aus dem Vergleich beträchtliche Schlüsse für die Kommunikationstheorie der Sprache gezogen. Inzwischen hatte John von Neumann die mathematische Spieltheorie entwickelt und den Begriff des strategischen Spiels, den Mandelbrot natürlich gebrauchte, in den Mittelpunkt gerückt. Der Zusammenhang zwischen informationstheoretischer und spieltheoretischer Betrachtungsweise ergab sich selbstverständlich aus der statistischen Beschreibung und Vermittlung, deren sich beide bedienen. Der Zusammenhang mit der Ästhetik ergibt sich daraus, daß neben der Informationsbedeutung des Ästhetischen auch seine Spielbedeutung feststeht und berücksichtigt werden muß. In der Informationsbedeutung zeigt sich die kommunikative, in der Spielbedeutung die realisierende Funktion der Kunst. Der Grund, weshalb überhaupt das Spiel eine ästhetische Kategorie, neben Information und Kommunikation darstellt, liegt also darin, daß spiel im allgemeinen immer einen realisierenden, aber keinen kodierenden Charakter besitzt, mindestens hätte dieser eine sekundäre Funktion. Daraus ergibt sich, daß die Spielbedeutung eines Textes mit seiner realisierten ästhetischen Botschaft, nicht mit seiner kodierten semantischen Botschaft ansteigt. Das Präzise eines Textes als Kategorie seiner semantischen Dimension bleibt als Kategorie der Kommunikation eine solche der menschlichen Sicherheit und Arbeit; aber das Preziöse eines Textes als Kategorie seiner ästhetischen Dimension bleibt als Kategorie der Realisation eine solche der Zerstreuung und des Spiels.

Textsorten

Die Klassifikation von Texten vom Standpunkt einer Herstellung, die nicht mehr zwischen maschinellen und natürlichen Verfahren unterscheidet (was ja das Thema der Synthetischen Texttheorie ist), führt zu Textsorten, deren entscheidende Merkmale den Prozeß ihrer spezifischen Entstehung kennzeichnen. Es ergeben sich gewisse Paare von Textformen – bzw. Realisationen, die sowohl klassisch wie auch nichtklassische Texte umfassen. Mir scheint, daß folgende die wichtigsten sind:

1. semantische und nichtsemantische Texte
2. prädikative und mechanische Texte
3. konstruktive und automatische Texte
4. logistische und stochastische Texte
5. abstrakte und konkrete Texte
6. determinierte und randomisierte Texte
7. hochentropische und niederentropische Texte
8. reduzierte und komplette Texte
9. offene und geschlossene Texte
10. homogene und heterogene Texte
11. Textschliffe und Textstücke
12. Textfluß und Textmontage.

Jede semantische Textkonzeption geht natürlich von vorgefaßten Bedeutungen aus, die selbst wieder sprachlicher Natur sind. Gerade dadurch wirken sie wie Programmierungen, Beschreibungen und Andichtungen als reine Fälle. Die „metaphysical poems“ der elisabethanischen Epoche sind klassisch. Lessing führt das Gedicht als „vollkommene sinnliche Rede“ gegen Pope ins Feld, doch versteht er diese „vollkommene sinnliche Rede“ ebenso sehr semantisch wie motorisch. Die nichtsemantischen Texte gehen im Gegensatz hierzu nicht von vorgefaßten Bedeutungen, von inhaltlichen Konzeptionen aus. In ihren Sätzen und Zeilen gibt es statistische Selektion, keine semantische, statistische Verteilung der Worte, keine semantische. Vorstellungen gehen nicht voran, sie folgen bestenfalls nach. Shannonsche Approximationen in Wort-Markoff-Ketten bilden den theoretisch reinsten Fall. Doch entstehen die nichtsemantischen Texte in jeder willkürlichen zeiligen Wortreihung. Sie sind im wesentlichen semantisch leer, können aber ästhetisch sehr voll sein, besonders dann, wenn sich in diesen Wortreihen zufällige Shannonsche Approximationen einstellen, also Inseln aus Diagrammen, Trigrammen usw., die die Umrisse, Schatten oder Kerne von Bedeutungen bzw. Aussagen bilden. Prädikative Texte als Texte, die aussagen in dem Sinne, daß einem Subjekt ein Prädikat zukommt oder nicht zukommt, sind semantische Texte. Mechanisch entstandene Texte aus Worten ohne notwendigen unmittelbaren Zusammenhang, wie sie z.B. Dodge schon 1896 beschrieben hat, sind hingegen bereits nichtsemantische Texte, genauer: motorische Texte, hörbare Äußerung von Emotionen. „Na! There! Well! Ha ha! Now use! No we'll see! That ought to work! That'll do it." usw. (Dodge). Die weitere Unterscheidung zwischen konstruktiven und automatischen Texten bezeichnet einmal den willensmäßig bestimmten, an vorgefaßten Bedeutungen orientierten semantischen Text und dann den mechanischen, sich auf Grund der motorischen Wortvorstellungen, der Sprach- und Schreibbewegungsvorstellungen ergebenden semantischen oder nichtsemantischen Schattentext, wie ich im Anschluß an eine ältere sprachpsychologische Begriffsbildung sagen möchte. Logistische Texte sind unter Benutzung logistischer Verknüpfungsregeln zur Bildung von Molekülarsätzen aus Atomsätzen entstanden. Als prädikative semantische Sätze sind solche Texte immer aus Molekülsätzen aufgebaut oder bilden als Ganzes ein Molekül. Allerdings kann es sich bei diesen Texten, sind sie gleichzeitig reduzierte Texte oder Textschliffe, auch um Systeme zusammengesetzter Prädikate, etwa Carnapscher Q-Eigenschaften handeln. „Rot und dabei und hat aufgehört zu sein rot und dabei und hat nicht aufgehört zu sein rot und nicht dabei und hat aufgehört zu sein" usf. Stochastische Texte, für die z.B. von Th. Lutz in Stuttgart Programme zur Erzeugung mit Hilfe elektronischer Rechenanlagen entwickelt wurden, bestehen aus maschinell (Zufallsgenerator) oder natürlich (würfelähnliche Vorgänge), und zwar partiell oder komplett zufallsmäßig bestimmten Wortreihen (und unter Umständen auch Satz- bzw. Satzteilreihen). Stochastisch-logische Texte, für die ebenfalls Lutz und R. Gunzenhäuser in Stuttgart Programmierungen entwickelt haben, sind Texte, deren grammatische und logische Struktur vorgegeben wird, deren Worte, Prädikate und Substantive jedoch zufallsmäßig bestimmt werden. Nun kann man aber auch weiterhin Texte im Sinne bloßer materialer Sprachausbreitung dadurch bilden, daß man nur grammatikalische und logische Bestandteile benutzt, also das, was man logistisch die Konstanten, Funktoren u.ä. nennt, aber die konkreten, variablen prädikativen, adjektivischen und substantivischen Teile wegläßt oder aus vorgegebenem konventionellem Satzmaterial herausstreicht. Solche Bildungen heißen abstrakte Texte. „Wenn so oder wenn dann was nicht und." Im Verhältnis zu solchen abstrakten Texten sind die konkreten Texte der sogenannten „Konkreten Poesie" (vor allem deutscher und südamerikanischer Autoren) zumeist Wortsysteme nicht in zeiliger (eindimensionaler) sondern flächiger (zweidimensionaler) selektierter Anordnung, die gerade die variablen Sprachteile bevorzugen und gern frei von grammatikalischer oder logischer Wortsubstanz bleiben; diese variablen Sprachteile, vor allem Substantive und Prädikate, bilden die „Konkreta“ dieser Art ästhetischer Selektion, die zumeist entschieden in der Eigenwelt der Sprache, also nichtsemantisch verläuft. Doch sind die Konkreta natürlich Bedeutungsträger, infolgedessen werden leicht semantische Bezüge assoziiert, weshalb man schließlich hier von halbsemantischen oder quasisemantischen Texten sprechen könnte. Determinierte Texte sind Texte, die durch irgendwelche Vorgaben (semantischer oder nichtsemantischer Art) in ihrer zeiligen Entstehung oder flächigen Anordnung (auf Plakaten z.B.) bestimmt sind. Stellen in einem Text, die auf keine Weise determiniert sind (in den gewählten Worten oder in den grammatischen oder logischen Strukturen), heißen randomisiert. Zufälle, Störungen, Zerfall usw. randomisieren. Fucks u.a. haben Texte als gegliederte Elementenmengen aufgefaßt, wobei die Elemente ein-, zwei-, bzw. mehrsilbige Worte sind. Sie haben alsdann Texte als Mischungen solcher numerisch verschiedenartiger Elemente angesehen und die Entropie, also den Mischungsgrad, zahlenmäßig bestimmt. Sprachen haben durchweg eine mittlere Entropie, die sie kennzeichnet, desgl. Autoren. Mittlere Entropien können w3eit unterboten und weit überboten werden. D.h. man kann Texte herstellen, die maximal viele Worte gleicher Silbenzahl oder maximal viele Worte verschiedener Silbenzahl verwenden oder einfach maximal oft das gleiche Wort (semantisch oder nichtsemantisch) benutzen. Gertrude Stein liefert Beispiele dieser Art. „Eine Rose ist eine Rose ist eine Rose ist eine Rose.“ Auch Wort-Jazz wie „Jetzt, jetzt und erst jetzt, jetzt und nur jetzt, jetzt und doch jetzt, jetzt ist das jetzt erst jetzt das nur jetzt ist ...“ ist durch eine Entropieabweichung, hier niederentropisch, bestimmt. Die Verwendung der Ausdrücke „reduziert“ und „komplett“ zur Kennzeichnung von Texten kann sich sowohl auf die semantische wie auf die nichtsemantische Funktion eines Textes beziehen. Man kann in einem Text grammatische und logische Ausdrücke reduzieren, oder man kann mehr oder weniger auf die konkreten Bedeutungsträger (die die Außenwelt eines Textes im Gegensatz zu seiner sprachlichen Eigenwelt geben) verzichten. Heißenbüttel, der die Sprache Gertrude Steins als reduziert bezeichnete, gab in „Textbuch I“ Beispiele für Reduktionen in semantischen wie auch in nichtsemantischen Sprachteilen. Die Texte, die hingegen ein Autor wie Francis Ponge in „Le Parti pris des Choses“ gab, erstreben im allgemeinen eine syntaktische und semantische Komplettierung. Offene Texte sind Texte, deren Eigenwelt so determiniert ist, daß man sie durch Wiederholung oder auch Assoziierung (etwa beliebiger Substantive mit Hilfe des „und“ oder des „oder“) fortsetzen kann. Geschlossene Texte sind strukturell oder bedeutungsmäßig, also eigenweltlich oder außenweltlich, beendet. Texte Ponges als Beispiele; er erstrebt zweifellos jene maximale „semantische Dichte", die der Grundbegriff seiner Poetik ist. Homogenität und Heterogenität der Texte sind Begriffsbildungen, die etwa denen von Textfluß und Textmontagen entsprechen. Textflüsse sind homogene Texte, Textmontagen heterogene. Schließlich wird unter einem Textstück einfach ein Stück eines vorgegebenen Textes verstanden, und zwar im Sinne von Teil. Eine Periode, ein Kapitel, ein Vers, eine Zeile usw. sind typische Textstücke im Sinne makro-textlicher Bestandteile. Der Textschliff (abgeleitet von Dünnschliff, gewissermaßen die erweiterte Form dieses von mir gebrauchten Begriffs) ist ein Textstück, in dem die strukturellen und semantischen oder nur die einen oder die anderen wesentlichen Momente eines (erweitert oder komplettiert zu denkenden) Textes in maximaler syntaktischer oder semantischer Verdichtung sichtbar werden. Es handelt sich beim Textschliff gewissermaßen um den (im materialen Sinne) vorgenommenen linguistischen Dünnschliff eines Textes zu einem mikroästhetischen Textstück, wenn ich das einmal so sagen darf. Textschliffe sind somit auch reduzierte Texte, die jedoch noch andere Klassifikationsmerkmale wie semantisch oder nichtsemantisch, prädikativ oder mechanisch, konstruktiv oder automatisch zeigen müssen.

Die eingeführten Begriffe bestimmen ausdrücklich und vor allem experimentelle Kategorien der sprachlichen Arbeit, keine konventionellen. Das Wesen des Schöpferischen erscheint in ihnen radikal als V e r s u c h , nicht als Entschluß zur B e s t ä t i g u n g e i n e s M u s t e r s , und die Unsicherheit der Erwartung entscheidet hier mehr als die Sicherheit des Verfahrens. Je mehr Geschlossenheit die funktionierenden Kräfte unseres Geistes gewinnen, desto entschiedener wendet sich sein Interesse neuen Erprobungen zu.

Theorie der Interpretation

Texttheorie, sofern sie also Entstehung und Verständnis von Texten abstrakt betrachtet, muß neben der Realisationstheorie eine Interpretationstheorie enthalten. Die Realisationstheorie bezieht sich auf die Produktion, die Interpretation auf die Apperzeption der Texte. Beide, Realisation und Interpretation, gehören damit dem erweiterten Schema der Kommunikation an. Die im Rahmen einer allgemeinen Texttheorie heute entwicklungsfähige Theorie der Interpretation muß demnach folgende Grundzüge aufweisen: Erstens ist zu beachten, daß das System der Interpretation stets der Metasprache angehört. Das ist nicht so zu verstehen, daß die Interpretation nur metasprachliche Ausdrücke wie z.B. „lügen" enthält, sondern so, daß in der Interpretation die Ausdrücke metasprachlich fungieren. Als Modell führe ich den Satz „Der Hahn ist das Männchen der Henne" an. In diesem Satz hat der Teil „das Männchen der Henne" die „metasprachliche Funktion", wie Zabrocki, von dem das Beispiel stammt, sagt, übernommen, obwohl die Worte der Objektsprache angehören. In jeder Interpretation wird also ein Wortschatz in metasprachlicher Kodierung verwendet. Das System der Interpretation, das einem bestimmten Text einen anderen erklärend zuordnet, verwendet letzteren metasprachlich. Das metasprachliche System der Interpretation ist dabei aus eigentlichen metasprachlichen Ausdrücken wie „lügen" oder „wahr" oder „bezeichnet" und aus uneigentlich metasprachlichen Ausdrücken, die also nur die metasprachlichen Funktionen übernommen haben, aufgebaut. Die Trennung zwischen Objektsprache und Metasprache ist charakteristisch für jedes System der Interpretation. Jede Interpretation legt in dieser Weise einen Schnitt durch die gegebene Sprache. Daß die Interpretation zum Zeichenprozeß gehört, folgt aus dem Peirceschen Begriff des Zeichens, der hervorhebt, daß alles Zeichen ist, was als Zeichen interpretiert wird, und daß dem Begriff dieses Zeichens der „Interpretant", der das Zeichen als dieses Zeichen interpretiert, inhärent ist. Daraus folgt, daß jedes System von Zeichen ein weiteres involviert und daß im Prinzip ein System der Interpretation eine hierarchische Folge von Interpretationen hervorzurufen im Stand ist.

Zweitens, und damit wird dieser Schnitt auch numerisch zugängig, vollzieht jedes System der Interpretation, statistisch gesehen, im allgemeinen eine Verschiebung des ursprünglich aufgewendeten Wortschatzes in Richtung eines anderen, der sich durch die größeren Häufigkeiten der Worte bzw. der Wortgefüge auszeichnet. Das gilt allerdings vorwiegend für die Interpretation von Texten, die eine ästhetische Funktion haben, also für Poesie und Prosa der Literatur.

Denn man muß drittens auf einen Typus der Interpretation hinweisen, der gerade das Gegenteil durchführt, der hohe umgangssprachliche Worthäufigkeiten in niedere überführt. Der Satz der Umgangssprache „Das Wetter ist schön" bedarf insofern einer Interpretation, als das Wort „schön" eine derart hohe Häufigkeit (im Häufigkeitswörterbuch) besitzt, daß es gerade dadurch (nach Zipf) eine beliebige Auffassung zuläßt, die es informativ völlig wertlos macht. Die Interpretation wird also die Ausdrücke „Wetter" und „schön" ersetzen und das ganze ursprüngliche Wortgefüge in ein Interpretationssystem etwa von der Art transponieren wie „Die Bedeckung des Himmels ist kleiner als ein Zehntel, der Luftdruck liegt über tausend Millibar, die Luftfeuchtigkeit ist verschwindend, Windstärke fast Null" usw. Dieses (wissenschaftliche) Interpretationssystem verwendet natürlich Ausdrücke, deren Häufigkeit weit geringer ist als die des umgangssprachlichen Satzes. Allerdings, und das ist wiederum für gewisse Systeme der Interpretation typisch, wird mit der tieferen Frequenz des Vokabulars auch die Erweiterung des Umfangs notwendig. Doch ist hier ein Unterschied zwischen analytischer und synthetischer Interpretation zu machen. Das System meteorologischer Aussagen kann einmal, wie im vorstehenden Beispiel, als Interpretation der umgangssprachlichen Formulierung „Das Wetter ist schön" aufgefaßt werden. Wir sprechen dann von analytischer Interpretation. Andererseits kann aber auch der umgangssprachliche Ausdruck als Interpretation der Aussage über die meteorologischen Daten gelten; in diesem Falle handelt es sich um eine synthetische Interpretation.

Ich möchte hinzufügen, daß in gewisser Hinsicht jedes Bild bzw. jede Metapher eines Textes als eine synthetische Interpretation aufgefaßt werden können. Sie würden also damit zu metasprachlichen Formulierungen zu rechnen sein. Doch unterliegt ihr Bildungsgesetz noch anderen Prinzipien. Es ist z.B. leicht einzusehen, daß ein Bild bzw. eine Metapher mindestens aus zwei Worten besteht, etwa „lächelnde See". Im Durchschnitt beträgt jedoch die Länge 3-4 Worte wie in „Europa, dieser Nasenpopel" oder „Es lächelt der See". Semiotisch gesehen, handelt es sich bei einem Bild bzw. bei einer Metapher im allgemeinen um die Verknüpfung mindestens zweier Symbole durch einen Index und diese Verknüpfung stellt als eigentliche Zeichenfunktion des Bildes bzw. der Metapher ein Ikon dar. Was übrigens die Frage der Häufigkeitsverteilung anbetrifft, so gehören die Symbole meist zu einer Klasse von Worten, die in der Umgangssprache mit einer mittleren Frequenz vorkommen, aber die Verknüpfung, also die Metapher selbst, das Ikon, ist stets relativ niederer Häufigkeit.

Viertens gehört es zum Wesen jeder Interpretation, daß sie kommunikative von nichtkommunikativen Bestandteilen trennt. Auch dieser Vorgang ist vor allem für die (literaturwissenschaftliche) Interpretation von Texten ästhetischer Funktion kennzeichnend. Sofern eine Interpretation zwischen objektsprachlichem und metasprachlichem Wortschatz unterscheidet, bedeutet das nichtkommunikative Residuum, das also nur festgestellt, aber nicht gedeutet werden kann, einen objektsprachlichen Rückstand. Da im allgemeinen das, was als ästhetische Information (eines Kunstwerks, eines Textes) bezeichnet wird, nicht kodierbar, nur realisierbar ist, entzieht sich das Ästhetische im allgemeinen der Interpretation, und ist speziell das nichtkommunikative Residuum Träger der ästhetischen Information. (Daher bezieht sich in allen literaturwissenschaftlichen Interpretationen, ich denke z.B. an die von Ernst Robert Curtius zu Proust, an die von Fritz Martini zu Heym, Broch und Döblin u.a., das metasprachliche System vorwiegend auf die semantischen Bestandteile des Textes).

Fünftens trennt also das System der Interpretation die semantische Information eines Textes von der ästhetischen ab und bezieht sich, wie gesagt, vorwiegend auf die erstere. Da das Ästhetische eines Textes durch den statistisch relativen Zustand seines Materials bestimmt ist, kann es nur numerisch beschrieben werden. Eine Interpretation in dem Sinne, daß eine Verschiebung des statistisch relativen Zustandes des Materials in Richtung gewohnterer Häufigkeit vorgenommen wird, erhellt nicht die ästhetische Information, die gegeben werden sollte, sondern hebt sie als solche auf. Allerdings gibt es Fälle, in denen eine bestimmte ästhetische Information (eine bestimmte „Höhe“ der „Gestaltung“ oder „Reinheit“, wie Christian von Ehrenfels sagen würde) erst dadurch apperzipierbar wird, daß man ihre Innovation vermindert. Wir fordern im allgemeinen von einer Interpretation, die einem Text zugewendet wird, nicht nur analytische und hermeneutische Klarheit, sondern auch ein gewisses Maß an ästhetischer Aufwendung, denn erst mit dieser wird neben der semantischen auch die ästhetische Botschaft wenigstens partiell apperzipierbar, natürlich nicht im Sinne einer Kommunikation, die als kodierende Übertragung, sondern nur als nichtkodierende Nachrealisation (oder Mitrealisation) aufgefaßt werden kann.

Während also die uneigentliche Interpretation ästhetischer Zustände in Wirklichkeit nur eine Feststellung numerischer Verhältnisse sein kann, wird die eigentliche Interpretation semantischer Zustände phänomenologisch vorgehen müssen, denn es handelt sich um die Reflexion von Bedeutungen. Daran ändert auch die für die übliche Interpretation charakteristische Trennung von Form und Inhalt nichts. Die Feststellung einer Form sagt primär ebenso wenig etwas über ästhetische Zustände aus wie die Feststellung eines Inhalts. Formen gehören wie Inhalt primär dem semantischen Befund an. Erst die (statistische) Selektivität der Formen oder der Selektivität des Inhalts kann einerseits die ästhetische und andererseits die semantische Information des Textes ausmachen. Denn diese treten ja statistisch nur durch die Differenz relativer Häufigkeit ihres Materials auseinander.

Es ist also sechstens hervorzuheben, daß die eigentliche Interpretation im Prinzip stets ein System metasprachlicher Kodierungsfunktionen ist, das sich auf semantische Information bezieht. Die Interpretation verläuft semantisch, heißt eben, daß sie einen metasprachlichen Kode aufbaut.

Wie sehr nun siebtens eine solche Interpretation ein phänomenologischer Vorgang ist, erhellt daraus, daß sie die „Bedeutungen" als „Gemeintes", als „Intentionalitäten" herausstellt. Jeder „intentionale Gegenstand", jede „Bedeutung" im Sinne des phänomenologischen Aktes, besitzt aber einen Subjektpol und einen Objektpol. Die „Bedeutung" ist als „Was" eine Bedeutung „für". Eine Interpretation kann also den Text als Bedeutungsgehalt unter dem Gesichtspunkt des „Was" und unter dem Gesichtspunkt des „für" metasprachlich kodieren. Der Text ist also in der Interpretation entweder ein Text „von" oder ein Text „über" oder ein Text „von" und „über". Das heißt, daß der Text eine Außenwelt besitzt (über die er spricht) und daß der Text einen subjektiven Jemand als Hervorbringer zur Voraussetzung hat. Das metasprachliche System der Interpretation deckt also, wenn es vollständig ist, die Ichrelation des Textes wie auch die Weltrelation des Textes auf. Das gilt alles für das, was üblicherweise Form genannt wird ebenso, wie es für das gilt, was Inhalt heißt. Daß ein Gedicht die Form eines Sonetts besitzt, ist primär eine semantische Feststellung, keine ästhetische, und als diese Form ist sie intentionaler Gegenstand einer produktiven Subjektivität für objektive Welt, und bestünde sie auch nur aus Worten, aber in der mehr oder weniger erfüllten Präzision dieser Form liegen durchaus die Stufen der Evidenz vor, die für den phänomenologischen Akt kennzeichnend sind und die wir nur scheinbar vorwiegend den sogenannten Inhalten zusprechen. Auch Aussagen über das Verhältnis von Form und Inhalt gehören dem metasprachlichen System der semantisch vorgehenden Interpretation an, denn sie sagen letztlich nur etwas über die Evidenz von „Bedeutungen" aus.

Ich möchte achtens noch darauf hinweisen, daß sich Interpretation und Übersetzung genau dadurch unterscheiden, daß die Interpretation ein metasprachliches System darstellt, die Übersetzung jedoch nicht und daß neuntens der gesamte Interpretationsverlauf selbstverständlich ein Zeichenprozeß ist, der, wie es Elisabeth Walther in ihrem Beitrag schon angedeutet hat, die verschiedenen Peirceschen Zeichenklassen in dieser Hinsicht stark differenziert, derart, daß mit der Zunahme der Indices auch die Deutungsmöglichkeit und wohl auch die Deutungsbedürftigkeit ansteigt.

Über natürliche und künstliche Poesie

Es kann jetzt zur Erhellung eines allgemeinen Poesiebegriffs beitragen, wenn man zunächst zwischen natürlicher und künstlicher Poesie unterscheidet. In beiden Fällen arbeitet man mit Worten, ihren Derivationen, die als Deformationen in Bezug auf einen zugrundegelegten Wortraum gedeutet werden können und ihren Folgen, die linear oder flächig angeordnet sind. Für unsere Gesichtspunkte bleibt jedoch die Differenz in der Art der Entstehung das Wesentliche.

Unter der natürlichen Poesie wird hier die Art von Poesie verstanden, die, es ist der klassische und traditionelle Fall, ein personales poetisches Bewußtsein, wie es Hegel schon nannte, zur Voraussetzung hat; ein Bewußtsein, das Erlebnisse, Erfahrungen, Gefühle, Erinnerungen, Gedanken, Vorstellungen einer Einbildungskraft etc., kurz, eine präexistente Welt besitzt und ihr sprachlichen Ausdruck zu verleihen vermag. Nur in diesem ontologischen Rahmen kann es ein lyrisches Ich oder eine fiktive epische Welt geben. Das poetische Bewußtsein in diesem Sinne ist ein prinzipiell transponierendes, nämlich Seiendes in Zeichen, und den Inbegriff dieser Zeichen nennen wir Sprache, sofern sie metalinguistisch eine Ichrelation und einen Weltaspekt besitzen. In dieser natürlichen Poesie hört also das Schreiben nicht auf, eine ontologische Fortsetzung zu sein. Jedes Wort, das sie äußert, folgt den Welterfahrungen eines Ichs nach, und selbst der ästhetische Rang, der jenem dabei erteilt wird, könnte noch als ein Reflex dieser Welt aufgefaßt werden.

Unter der künstlichen Poesie hingegen wird hier eine Art von Poesie verstanden, in der es, sofern sie z.B. maschinell hervorgebracht wurde, kein personales poetisches Bewußtsein mit seinen Erfahrungen, Erlebnissen, Gefühlen, Erinnerungen, Gedanken, Vorstellungen einer Einbildungskraft etc., also keine präexistente Welt gibt, und in der das Schreiben keine ontologische Fortsetzung mehr ist, durch die der Weltaspekt der Worte auf ein Ich bezogen werden könnte. Infolgedessen ist auch aus der sprachlichen Fixierung dieser Poesie weder ein lyrisches Ich noch eine fiktive epische Welt sinnvoll abhebbar. Während also für die natürliche Poesie ein intentionaler Anfang des Wortprozesses charakteristisch ist, kann es für die künstliche Poesie nur einen materialen Ursprung geben.

Selbstverständlich gelten die angeführten Differenzen in erster Linie nur idealtypisch. Wirklich existent sind jedoch wahrscheinlich nur die Annäherungen. Z.B. können infolge der Präzision, mit der Rhythmus und Metrum gehandhabt werden, auch in der intentionalen natürlichen Poesie materiale Züge einer künstlichen auftreten. Was nun die Beispiele realisierter künstlicher Poesie anbetrifft, die, z.B. durch maschinelle Selektion, den Wortprozeß ausschließlich material und sukzessiv ablaufen läßt, wie ich schon sagte, so empfiehlt es sich, dabei einfach von „Texten“ zu sprechen, um mit diesem Begriff die generalisierte Form der Poesie anzudeuten, die in ihnen erreichbar ist. „Text“ bezeichnet dabei jede Wortfolge bzw. jede Wortanordnung, die selektiv und kontingent in Bezug auf einen zugrunde gelegten Textraum (Wortschatz) aus diesem hervorgeht und gewisse Deformationen am einzelnen Wort zuläßt.

Programme für die Realisierung solcher Texte in künstlicher Poesie lassen sich vor allem in drei Richtungen entwickeln: statistisch, strukturell und topologisch. Statistisch ist das Programm, sofern es zur Bildung der selektierten Wortfolge bestimmte Häufigkeitsverteilungen der Worte ausnützt, diese Häufigkeitsverteilungen also programmiert; strukturell ist das Programm, wenn es die selektierte Wortfolge (makrolinguistisch) strukturiert, in ihr also nur ganz bestimmte Wortklassen, Verben, Substantive, Adjektive usw. zugelassen werden oder gewisse Anordnungen der selektierten Worte auf der Fläche vorgegeben sind, und topologisch nennen wir das Programm, wenn Worte auf Grund eingeführter Nachbarschaftsverhältnisse oder Deformationen[37], bzw. Deformationsklassen ausgewählt werden.

Die Programme gehen also jeweils von Häufigkeitseigenschaften, von Klassen- und Anordnungseigenschaften und von Nachbarschafts- und Deformationseigenschaften aus. Charakteristische Texte einer statistischen Programmierung sind z.B. die bekannten Shannonschen Text-Annäherungen; die Selektion der Wortfolgen zu Textstücken geht stufenweise vor, indem sie jeweils auf Repertoire verschiedener, aber immer mehr einem wirklichen Text entsprechender Häufigkeitsverteilungen zurückgreift; der Text besteht also aus einzelnen Textstücken, deren erstes völlig willkürlich und deren letztes am wenigsten willkürlich erscheint. Es handelt sich also um stochastische Textfolgen, die die statistische Struktur der Markoffketten aufweisen. Charakteristische Texte eines strukturellen Programms sind die seriellen Wortfolgen Gertrude Steins und Helmut Heissenbüttels oder auch die flächigen Wortkonstellationen der Konkreten Poesie Eugen Gomringers und der brasilianischen Gruppe der „noigandres“. Charakteristische Texte eines topologischen Programms schließlich sind, was die Selektion bestimmter Nachbarschaftsverhältnisse anbetrifft, sowohl in den Di-, Tri-, Tetragramm-Auswahlen der Shannonschen Approximationen als auch in der der seriellen (Gertrude Stein)

37 Unter Deformation ist dabei jede Veränderung eines Wortes im Verhältnis zu seinem Vorkommen im ursprünglichen, zugrundeliegenden Wortraum (Wörterbuch des Wortschatzes) zu verstehen.

und der konkreten Poesie („noigandres“) anzutreffen; Texte, deren ästhetische Programmierung bewußt auf texttopologischer Deformation beruhen, sind vom Autor publiziert worden. Selbstverständlich sind solche Programmierungen nur idealiter getrennt zu halten. Im Rahmen der faktischen Realisierung künstlicher Poesie, gleichgültig ob durch menschliches oder maschinelles Schreiben (Selektieren), überwiegt zwar die eine oder andere Programmierung, bezieht aber sofort noch mindestens eine weitere ein.

Wir können solche Programme materiale Programme nennen, sofern ihre „Themen“ ganz und gar der Eigenwelt des Materials, also dem aus Worten als Elementen bestehenden Textraum, angehören. Das trifft auf die Bildungen von „Folgen“, „Serien“, „Annäherungen“, „Häufigkeiten“, „Klassen“, „Deformationen“ usw. deutlich zu. Die entstehende Poesie kann auch als mathematische bezeichnet werden, sofern die Programmierung mathematisch vorgeht, d.h. durch mathematische Bestimmungsstükke wie „Folgen“, „Klassen“, „Häufigkeiten“, „Mengen“, „Teilmengen“, „Boolesche Verbände“ usw. festgestellt ist. Der Terminus kybernetisch ist für die künstliche Poesie dann angebracht, wenn die Selektion, also das „Schreiben“, maschinell, also mit Hilfe programmgesteuerter elektronischer Rechenanlagen vorgenommen wurde. Beispiele für speziell kybernetische künstliche Poesie sind in Heft 6 der Serie „rot“ veröffentlicht worden.

Es scheint mir nun möglich, auf weitere Unterschiede zwischen natürlicher und künstlicher Poesie hinzuweisen. In der natürlichen Poesie genießen gewisse Wortklassen, z.B. Substantive, Verben und Adjektive eine gewisse Vorzugsstellung im Hinblick auf die Bildung des semantischen Gehaltes, der meist als Träger des ästhetischen auftritt. In der künstlichen Poesie hingegen, in der die materiale Realisation der Worte bzw. der Wortfolge mit der ästhetischen zusammenfällt, der semantische Gehalt also unberücksichtigt bleibt, sind a priori alle Worte gleichberechtigt. Darüber hinaus ist noch folgendes festzustellen: Natürliche Poesie kann und muß interpretiert werden, weil zumeist erst mit der Interpretation die Ichrelation der Worte einerseits und ihr Weltaspekt andererseits apperzipierbar wird und der kommunikative Vorgang auf diese Weise erst zum Abschluß kommen kann. Da nun das Wesen der Interpretation in erster Linie in der Herstellung der Ichrelation und des Weltaspektes eines Textes besteht, d.h. also im Rekurs auf das, was wir „ontologische Fortsetzung“ nannten, diese jedoch in der künstlichen Poesie nicht besteht, hat für diese eine Interpretation keinen Sinn. Künstliche Poesie enthält demnach im allgemeinen viel mehr nichtkommunikative Bestandteile als natürliche Poesie, zumindest jedenfalls, was die realisierte Information anbetrifft.

Wir stoßen damit auf die ästhetische Diskussion unseres Problems. Offenbar zeichnet sich jede ästhetische Realisation durch spezifische nichtkommunikative Bestandteile aus. Wahrscheinlich sind gerade sie für den Aufbau der originalen ästhetischen Information charakteristisch. In der Informationsästhetik wird gezeigt, daß ästhetische Information im Unterschied zur semantischen nicht kodierbar, nur realisierbar ist. In der künstlichen Poesie, so kann man sagen, erscheinen die ästhetischen Informationsbeträge, da sie im idealen Fall keine semantischen Träger im üblichen Sinne (Aussagen, Vorstellungen etc.) vorgegeben erhalten, als pure Realisationsbeträge. Jedenfalls ist künstliche Poesie als reine, absolute Poesie möglich, sofern in ihr keine präfixierten Bedeutungen, die hervorrufenden Charakter haben, vorausgesetzt werden können; sie hat gewissermaßen, wie die Zahlen, nur eine existenzsetzende, keine essentielle Kraft, sie realisiert die Worte und ihre Konnexe als linguistische Materialien, nicht als sprachliche Bedeutungsträger. Damit ist aber völlig klar, daß die künstliche Poesie im Prinzip infolge ihrer nichtkommunikativen Bestandteile pure Realisationspoesie ist. Denn nur Bedeutung ist übertragbar (und demgemäß kodierbar), nicht aber Realisation.

Eine Interpretation kann somit nie mehr sein als die Ableitung einer Information aus einer Information, und zwar aus ihren kommunikativ zugängigen, semantischen Bestandteilen. Interpretation bezieht sich auf redundante Merkmale. Das Zurückführen einer selektiv realisierten Information auf ihre redundanten (hochfrequenten) Bausteine, auf ihre Bedeutungsträger, ist der Sinn der Interpretation. Das Zurückführen auf Bedeutungen ist die reduzierende Funktion jeder Interpretation. Eine Interpretation der ästhetischen Bestandteile einer Information (d.h. also eine ästhetische Interpretation) müßte die Herstellung einer semantischen Information aus einer ästhetischen sein, demnach die Übertragung innovativer (niederfrequenter) Merkmale der selektiv realisierten Information in redundante (hochfrequente), was einer Aufhebung der ästhetischen Information gleichkäme. Seinsgerecht könnte also eine ästhetische Information nur dadurch interpretiert werden, daß aus ihr eine andere ästhetische Information abgeleitet würde. Doch kann hier nur der Begriff der ästhetischen Interpretation im eigentlichen Sinne gewonnen, aber nicht untersucht werden. Nur auf eines möchte ich noch aufmerksam machen. Es ergeben sich selbstverständlich in der künstlichen Poesie (etwa der Markoffketten-Texte) Wortfolgen, die einen Sinn zulassen. Meyer-Eppler sprach dabei von einem „wirklichen Text“. Künstliche Poesie kann durchaus die Züge der natürlichen annehmen.

Für den Begriff der Interpretation ergibt sich daraus die Unterscheidung zwischen willkürlicher und unwillkürlicher Bedeutungswelt. Jene ist von einem interpretierenden Willen abhängig, diese nicht; jene war präfixiert, diese nicht. In diesem Sinne ist auch jede fiktive epische Welt willkürlich wie die reale Welt des lyrischen Ich. (Vgl. hierzu K. Hamburger, Logik der Dichtung, 1958.) Aber was auch immer in der künstlichen Poesie eine episch fiktive oder lyrisch reale Welt andeuten mag, beide bleiben unwillkürlich. Durch den Modus der Unwillkürlichkeit unterscheidet sich die aus der künstlichen Poesie präparierbare Welt von der aus der natürlichen Poesie präparierbaren.

Über experimentelle Schreibweisen

Der poetische Algorithmus, von dem in den experimentellen Schreibweisen Gebrauch gemacht wird, kann nicht in jedem Falle herzbezwingend sein. Aber Poesie muß ja nicht darin bestehen, Gefühle und Stimmungen, Haltungen und Situationen, Figuren und Ereignisse nachzuahmen und analog zu reproduzieren. Digital schreiben heißt, sich durch Stimmungen, Gefühle, Personen, Landschaften, Vorgänge oder Erlebnisse veranlaßt zu sehen, jedoch nicht den Anlaß zu transponieren, sondern ihn bewußt in den Worten und Sätzen preiszugeben. Denn nicht Charaktere und Verwicklungen, Befindlichkeiten und Seinsweisen sind das Ziel ästhetischer Abläufe, sondern Worte, Sätze, Texte.

Methodisches Schreiben bewußter Poesie in einer gewissen Feindschaft zur Außenwelt des Worts ist der Sinn eines jeden poetischen Algorithmus und ein Stilmerkmal der experimentellen Schreibweise.

Die statistische und die topologische Auffassung von Texten ermöglichen jedenfalls nicht nur neue mathematisch orientierte Beschreibungen von Texten, sondern auch neue Schreibweisen, die erprobt werden müssen, und im Unterschied zu den bisher üblichen führen die statistische und die topologische Schreibweise zu viel weniger speziellen, als vielmehr äußerst generalisierten Formen, und liegt ihr Reiz vielleicht weniger in makroästhetischen Textgestalten traditioneller Art als vielmehr in mikroästhetischen Zusammenhängen von Textstrukturen.

Es kennzeichnet die bisherigen Verfahren des Schreibens, daß man von Worten zu Sätzen, von Sätzen zu Zeilen, von Zeilen und Sätzen zu Perioden, Abschnitten, Passagen, Kapiteln etc. übergeht und auf diese Weise vom Element superierend zu Textgestalten gelangt. Das Schreiben entwickelt sich dabei als eine methodische Zusammenfassung von Worten, arbeitet also, trennend, bedeutet eine s e p a r i e r e n d e Schreibweise. Das Schreiben als methodische Hinzuführung von Wort zu Wort, als eine Konsequenz statistischer und topologischer Textauffassung, führt stets nur zu Textstrukturen und bezeichnet eine a d j u n k t i e r e n d e Schreibweise. Die separierte Textgestalt, ein Sonnet, eine Novelle, ein Essay etc. ist in diesem Sinne ein makroästhetischer Text. Die adjunktierte Textstruktur jedoch ein mikroästhetischer Text. Man kann auch von einer finalen Schreibweise sprechen und darunter die Tatsache verstehen, daß ein Text von einer im voraus selektierten Textgestalt her konzipierbar ist im Gegensatz zu einer kausalen, die ein Wort eines Textes lediglich durch das vorangehende verursacht sein läßt, daher nur an der sichtbar werdenden Textstruktur orientiert ist. Die finale Schreibweise ist deutlich separierend. Finale Textgestalten sind abgeschlossene Texte und von ihrer Außenwelt bestimmt, also intentional; aber kausale Textstrukturen sind offene Texte und von ihrer Eigenwelt bestimmt, also material.

Der poetische Algorithmus, der, wie Moles ihn beschrieben und gerechtfertigt hat, wesentlich permutationell gerichtet ist, kann sowohl in der Separation wie in der Adjunktion permutationell vorgehen. Textgestalten können in der gleichen Weise Ergebnisse der Permutation sein wie Textstrukturen.

Logik und Poesie als extrem verschiedene Wege, Formen und Merkmale geistiger Produktion treten in der Texttheorie wieder zusammen und wirken sich experimentell in der Schreibweise aus. Sie erscheinen, was die Anordnung der Worte und Wortfolgen zu Texten anbetrifft, einmal als Prinzip R e i n h e i t und ein andermal als Prinzip G e s t a l t u n g . Texte einer L-Sprache angenähert oder ganz und gar in der L-Sprache abgefaßt, also auf ein genau fixiertes Sprachsystem reduziert, erfüllen das Prinzip Reinheit. Texte einer poetischen P-Sprache angenähert, ausschließlich in ihr abgefaßt, also extrem weit von einem genau fixierten Sprachsystem entfernt, erfüllen das Prinzip Gestaltung. Gestaltung ist stets auf höchste Innovation, auf höchste ästhetische Information und Komplexität aus. Hingegen fordert Reinheit überraschungslose Vorbestimmtheit dessen, was das Resultat sein soll. Wir können somit die innovative von der redundanten Schreibweise unterscheiden, stochastische Selektionen von grammatischen, was die Wahl der Worte anbetrifft, die eine ästhetische Botschaft realisieren.

Poesie ist die ästhetische Form der Spekulation. Der poetische Algorithmus dient der bewußten Erzeugung spekulativer Poesie. Spekulation bedeutet immer, daß auf eine Transzendenz spekuliert wird. Zweifellos ist eine bestimmbare Außenwelt ein Ziel der spekulativen Poesie, und diese Außenwelt verhält sich zur materialen Eigenwelt der Texte stets transzendent.

Literaturverzeichnis

Alexandroff, P.: Einfachste Grundbegriffe der Topologie, 1932.

Bar-Hillel, Y., M. Perles, E. Shamir: On Formal Properties of Simple Phrase Structure Grammars (Ztschr. f. Phonetik, Sprachwissenschaft u. Kommunikationsforschung, 14.2.1961).

Bense, M.: Aesthetica I-IV, 1954-1960.

Birkhoff, G.D.: Collected Mathematical Papers, Vol. III, 1950;

– Quelques éléments math. de l'art.

Bolzano, B.: Wissenschaftlehre, 1837.

Bortklewicz, L.v.: Die Iterationen, Leipzig 1917.

Bourbaki, N.: Topologie générale (Eléments de Mathématique), 1951.

Burks, A.W.: Icon, Index and Symbol (Philosophy and Penomenological Research, Vol. IX, 4, 1949).

Carnap, R.: Der logische Aufbau der Welt, dtsch. 1959 (1928);

– The Continuum of Inductive Methods, 1952;

– Die logische Syntax der Sprache, 1934;

– Logical Foundations of Probability, 1950;

– und W. Stegmüller: Induktive Logik und Wahrscheinlichkeit, 1959.

Cherry, C.: On Human Communication. A Review, a Survey and a Critism, New York und London, 1957.

Chomsky, N.: On Certain Formal Properties of Grammars (Inf. and Control, 2, 1959).

Cube, F. von: Grundsätzliche Probleme bei der Anwendung der Shannonschen Formel auf Wahrnehmungstheorie und Lerntheorie (Grundlagenstudien, 1, 960).

Dodge, E.: Die motorischen Wortvorstellungen, 1896.

Frank, H.: Grundlagenprobleme der Informationsästhetik, Diss., Stuttgart 1959.

Franz, W.: Topologie I (Sammlung Göschen), 1960. (Die texttopologische Terminologie wurde gelegentlich diesem Buch angepaßt.)

Fréchet und Ky Fan: Introduction à la Topologie Combinatoire, 1946.

Frege, G.: Begriffsschrift, 1879; die Grundlagen der Arithmetik, 1884.

Freudenthal, H.: Zur intuitionistischen Deutung log. Formeln, 1934.

Fucks, W.: Mathematische Analyse von Sprachelementen, Sprachstil und Sprachen, 1955.

Guirand, P.: Les Caractéres Statistiques du Vocabulaire, 1954.

Gunzenhäuser, R.: Ästhetisches Maß und ästhetische Information. Eine Einführung in die Theorie G.D. Birkhoffs und die Redundanztheorie ästhetischer Prozesse. Quickborn b. Hamburg, 1962.

Hamburger, K.: Logik der Dichtung, 1956.

Hartley, R.V.L.: Transmission of Information (Bell Syst. Tech. 1928).

Hartmann, N.: Zur Grundlegung der Ontologie, 1935.

Hermes, H.: Einführung in die Verbandstheorie, 1955.

Jackson, W.: Communication Theoriy, 1953.

Jakobson, R. und M. Halle: Grundlagen der Sprache, 1956.

Kaeding, W.F.: ed., Häufigkeitswörterbuch der deutschen Sprache, Berlin 1897/98.
Kailo, E.: Der physikalische Realitätsbegriff, Helsinki 1940.
Krause, K.C.F.: Zur Sprachphilosophie, 1891; System d. Ästhetik 1882.
Lutz, Th.: Stochastische Texte (Augenblick, ¼. Jahrg. 1959); über ein Programm zur Erzeugung stochastisch-logischer Texte (Grundlagenstudien, 1, 1960), Stuttgart.
Mackay, D.M.: The Nomenclature of Information Theory, 1950;
– The Relation of Meaning to the Concepts of Information Theory (3rd Symp. on Inf. Th., London 1955).
Mandelbrot, B.: Der Ingenieur als Stratege: Verhaltenstheorien (NTF 3);
– An Informational Theory of the Statistical Structure of Language (Communication Theory, Ed. Jackson, 1953).
Martini, F.: Das Wagnis der Sprache, 1954.
Mead, G.H.: The Philosophy of the Act, 1938.
Meyer-Eppler, W.: Grundlagen und Anwendungen der Informationstheorie, 1960.
Miller, G.A.: Language and Communication, 1951.
Moles, A.A.: Théorie de l'information et perception esthétique, 1958.
– Manifest der permutationellen Kunst (Serie „rot", 1962).
Morris, Ch.W.: Esthetics and the Theory of Signs (Journal of Unified Science, VIII, 1939).
Pakswer, S.: Information, Entropy and Inductive Logic (Phil. of Science, 1954).
Peirce, Ch.S.: Collected Papers, I-VIII (vor allem: Vol. II, pl. 156ff., Vol. VIII, Book I, p. 131ff., Book II, p. 220ff., 231ff.) 1935-1960.
Ponge, F.: Le parti pris des choses, 1942 (1945); Le grand Recueil, I-III, 1961.
Quine, W.V. Orman: Word and Object, 1960.
Roberts, L.N.: Art as Icon (Tulane Studies in Philosophy, Vol. IV, 1955).
Rothstein, J.: Information, Logic and Physics (Phil. of Science, 1956).
Saussure, F.d.: Cours de Linguistique générale, 1949 (1956).
Scholz, H.: Abhandlg. der Friesschen Schule, 1937.
Scholz, H. und H. Schweitzer: Die sogenannten Definitionen durch Abstraktio, 1935.
Schulz, Th.: Die Ästhetik von Ch.S. Peirce, Doss., Stuttgart 1962.
Shannon/Weaver: Mathematical Theory of Communication, 1949.
Stein, G.: Lectures in America, 1934.
Wald, A.: Statistical Decision Functions, 1950.
Walther, E.: Die Begründung der Zeichentheorie bei Ch.S. Peirce (Grundlagenstudien, 2, 3, 1962); Francis Ponge. Analytische Monographie, 1962.
Weyl, H.: Philosophie der Mathematik und Naturwisschenschaften, 1928.
Wiener, N.: Cybernetics, 1948.
Wittgenstein, L.: Logisch-philosophischer Traktat, 1921.
Zemanek, H.: Elementare Informationstheorie, 1959.
Zipf, P.: Human Behavior ..., 1949; Semantical Analysis, 1960.

Namensverzeichnis

Bar-Hillel 114, 123, 142
Bergson 102
Birkhoff 57-59, 62f., 66, 70-72
Bolzano 39, 107-109, 114
Boole 130
Brentano 43
Carnap 39f., 46, 73, 105, 107, 111, 114, 116-121, 123, 125, 142, 147f.
Cherry 48
Clausius 36
Cube 49, 70, 72, 95f.
Curtius 157
Dewey 53
Dodge 152
Ehrenfels 96, 157
Fichte 43, 50
Frank 80
Fréchet 136
Frege 112, 122, 137
Freudenthal 112
Fucks 54, 63f., 67, 81, 87-90, 92f., 103, 127, 153
Gomringer 7, 132, 162
Guiraud 54, 81, 87f.
Günther 35, 44, 48-50
Gunzenhäuser 57, 59, 63, 66, 70-72, 92-94, 96, 152
Halle 102
Hamburger 136, 165
Harig 8, 16, 130
Hartley 31, 70f.
Hartmann 46
Hausdorff 133
Hegel 24, 43, 51, 73, 91, 114, 136, 161
Heidegger 91, 101
Heissenbüttel 138, 162
Humboldt 91, 148
Husserl 43f., 48f., 107
Jakobson 102
James 43f.
Joyce 87, 89, 148, 150
Kaeding 37, 88f., 93
Kafka 138
Kant 43, 46, 50, 108, 148
Krause 51, 100f.
Langer 142
Lessing 151
Lutz 125
Mach 121
Mackay 32f., 39
Mallarmé 88f.
Mandelbrot 77-79, 88, 102, 149f.
Mann, Th. 91, 106
Markoff 12, 15f.
Martini 106, 157
Mckeon 44
Meyer-Eppler 38, 48, 78, 115, 164
Moles 9, 11, 19f., 49, 66, 79, 96, 168
Moore 146
Morris 34, 51-54, 84
Moreno 96
Neumann 78, 150
Nietzsche 50, 79
Nöbeling 127
Pakswer 107, 119, 121
Palagyi 43f.
Patschke 45
Peano 104
Peirce 20, 34, 45, 48, 50-52, 56, 83f., 101, 108, 114f., 118, 121f., 135f., 139, 155, 159
Ponge 15, 81, 84f., 88-90, 94, 123, 124
Post 110
Proust 92, 94, 102, 157
Rehmke 43
Reinhold 43
Rothstein 107, 119-122
Russell 104
Sarraute 138
Saussure 51, 100, 150
Scholz 46, 108f.
Schützenberger 96
Schweitzer 46

Shannon 15, 18, 33f., 36-38, 70f., 78, 88, 95f., 133, 151, 162
Stegmüller 105, 118
Stein, G. 17, 87, 136, 150, 153, 162
Valéry 88f.
Vander Beke 88
Wald 77
Walther, E. 15, 27, 81, 88, 94, 110, 123, 125, 159
Weaver 34, 36, 48
Weyl 46
Whitehead 43, 51
Wiener 29, 35, 77f.
Wittgenstein 36, 40, 108, 142, 145-148, 150
Zabrocki 155
Zemanek 95
Zipf 88f., 156

Sachwörterverzeichnis

abgesättigt 45
abgeschlossen 9, 14, 47, 49, 55, 130f., 133f., 138f., 168
Abstraktion 18, 46f.
Achsensymmetrie 58
adjunktierend 21
Akt 44, 46f., 68, 79, 144, 158
Aleatorisierung 77
Algebra 128f.
analog 37, 44, 64, 72, 90, 102f., 112, 114, 130-133, 137, 149f., 167
Analyse 11, 13, 38, 66, 72, 81, 87, 92, 94, 104, 107f., 121, 123, 141
Annäherung, statistische 15, 37f., 44, 66, 89, 94, 161-163
Apperzeption 46f., 75, 141, 145, 155
Apperzeption, transzendentale 43, 46
Äquivalenzklasse 46
Ästhetik 7-11, 23, 24, 27, 51, 54-56, 65, 67, 70, 72f., 77, 81, 85, 87, 99, 101, 125, 127, 133, 141f., 144-147, 150, 164
ästhetisch 7-11, 14-16, 20f., 23-25, 27, 51, 54-59, 61-68, 70-77, 79, 81, 84f., 87-89, 92, 95, 97, 101, 105, 116, 123, 125, 127, 132f., 135f., 138, 141-1151, 153-158, 161, 163f., 167f.
atomar 40, 109-111, 117f., 123
Atomsatz 40
Aussage 19, 39f., 43, 81, 102f., 105-115, 117-120, 122f., 146, 151, 156, 158, 164
Aussage, atomare 40, 109-111, 118, 123
Aussage, informationelle 107, 117, 120, 122
Außenwelt 27, 34, 54, 100-102, 123, 153, 158, 167f.
Axiomensystem 104f., 109, 112, 148
Bedeckungsentropie 65f.
Bedeutung 72-74, 76, 79, 85, 88f., 92, 96, 99f., 107, 109, 111f., 122, 127, 132, 135, 138, 141-146, 151f., 157f., 164
Bedeutungsträger 153, 164
Beobachtung 119-123
Beobachtungskette 78f.
Beschreibung 124, 127, 148, 150f., 167
Beweis 112, 121
Bewußtsein 50, 76, 161
Bewußtseinsfunktion 45f., 48-50
Bewußtseinstheorie 43, 45, 47-50
Bild 146, 156
Bildästhetik 65
Bildelement 65
Bildtheorie 65
Boolesche Montage 130
Botschaft 147-150, 157, 168
cognitiv 52
Darstellung 27, 30, 32f., 38-40, 67, 77, 92, 97, 100, 105, 108, 111-117, 120, 122
Definition 31f., 46f., 71, 77, 104f., 108f., 113, 119, 130, 134f.
Deformation 136-138, 161-163
Deformationsmaß 137f.
Dekodierung 34
Denotata 53
Designata 53f.
Designation 54
designieren 53, 85
Deutung 27, 57, 95f.
Dichte, semantische 20, 85, 125, 154
digital 102f., 149f., 167
Disjunktion, disjunktiv 21, 40, 118f., 123
Durchschnitt 76, 128f., 131, 139, 156
Eigenschaft 117, 123, 128, 136, 145, 148
Eigenwelt 27, 54, 100-102, 123, 153, 163, 168
Einsetzung 44f., 77, 110
Element 121, 127-129, 131f., 135, 137, 141, 143, 149, 153, 163, 167

Elementarereignis 96
Elementenmenge 63-65, 67, 81, 89, 104, 127, 153
Empfänger 11, 31, 52, 56, 72f., 75, 78f., 95f., 111, 115
Entropie 36, 64-66, 68, 88, 90, 92-96, 142, 147f., 153
Entscheidung 33, 35, 69f., 72, 79, 149
Ereignis 22f., 57, 67, 96, 116, 137, 167
Etwase 44f., 76, 112
Expedient 45, 48, 78
extensional 57, 100, 133, 135, 138, 147
Explikandum 105f.
Explikat 105f.
Explikation 104f.
factual, faktisch 117
falsch 39f., 102f., 107-114, 117, 133, 146, 148
Falschheit 39f., 108-111, 117, 146
Farbe 23f., 56, 65, 68, 70, 73, 113, 115f., 118, 124
Film 67
Filmästhetik 67
Filter 131
Fläche 65f., 162
Form 9f., 12, 14, 20f., 57f., 60f., 65, 70f., 73, 83, 89, 106, 119, 125, 141, 143, 145f., 154, 158, 162, 167f.
Freiheitsgrad 52, 55
Frequenz 57, 89, 105f., 128f., 132f., 135f., 147, 156
Frequenz-Länge-Wortart-Beziehung 87
Frequenz-Rang-Beziehung 88f.
Frequenzstil 87
frequenztopologisch 135
Funktion 16, 27, 43-45, 49-53, 56, 58, 68, 75, 78, 83, 87, 99, 103, 114, 121f., 132f., 142f., 150, 153, 155-157, 164
Funktionsontologie 44
Funktor 18, 46, 48f., 110, 133f., 152
Gehalt 27, 33, 26, 163
Gerade 58-60, 65, 73
Gestalt 49, 58f.
Gestaltung 7, 21, 66f., 96, 100, 157, 168
Gestalttheorie 34
gleichwahrscheinlich 37, 69
Halbordnung 129
Häufigkeit 13, 19, 35-38, 57, 60f., 73f., 87f., 90, 95f., 100, 128, 135f., 155-158, 163
Häufigkeitsverteilung 14, 57, 88, 93f., 141
Häufigkeitswörterbuch 12f., 15, 37, 88, 93, 132f., 135f., 156
Horizontalität 66
Ichrelation 158, 161, 163
Information 10f., 21, 24, 29-41, 48f., 56, 67-75, 80, 95f., 105, 107, 111-117, 119-121, 123, 125, 138, 142f., 147f., 150, 157f., 164
Information, ästhetische 10f., 56, 68, 71-75, 79, 84, 141-143, 157, 164, 168
Information objektive 49, 72
Informationsbetrag 32f., 40, 96
Informationsquelle 37f., 70
Informationstheorie 10, 27, 29f., 32f., 35, 48-41, 44, 48f., 51f., 67, 72, 78, 107, 111, 113f., 116f.
Informationstheorie, semantische 105, 107, 117, 123, 125
Informationsverminderung 72
informativ 49f., 52, 56, 135, 143f., 156
Inhalt 124f. 141, 146, 158
Inhaltselement 124f., 142
Ikon 16, 52-54, 56, 82-84, 99-101, 122, 135f., 138f., 156f.
Index 32, 52f., 56, 83-85, 99, 101, 122, 135, 138f., 156
Innovation 21, 24, 35, 49, 48, 56, 64, 74f., 95, 111, 141, 149, 157, 168
innovativ 21, 48f., 56f., 64, 72, 74, 105, 120, 164, 168
intentional 16f., 20f., 27, 48-50, 52, 76, 100, 138, 143-145, 158, 161, 168

Intentionalität 43-46, 48f., 76, 158
Intermittenz 44
Interpretation 9f., 75f., 83, 85, 96, 99f., 103-106, 112, 141, 155-158, 163-165
Interpretationstheorie 27, 155
Karte 69
Kennzeichnung, semiotische 138
Klassifikation 8, 53, 85, 135, 148, 151
Kode 33, 135, 158
Kodierbarkeit 54
Kodierung 33f., 80, 142, 146f., 155, 158
Kommunikation 30, 32, 34, 45, 48, 57, 75-77, 79, 87, 142f., 149f., 155, 157
Kommunikationsschema 51, 56, 76, 115
Kommunikationstheorie 30, 34, 48, 56, 99, 156
Komplement 129f., 138f.
komplementär 48, 74, 77
Komplexität 21, 57-63, 66, 71, 96, 141, 168
Komposition 57, 68
Konjunktion 20f., 118, 123
konkret 12, 16-21, 65, 85, 101, 112, 132, 150-153, 163
Konnex 14, 22, 112, 131-135
Konstellation 16, 73, 132
Konstitutionstheorie 73
Kontext 8, 14, 16f., 22, 102f., 105, 131-138, 146
Konvention 36, 56
Konvergenz 134
Kritik 77-79
künstlich 24, 64, 92, 104, 106, 127, 146, 161-165
Kunsttheorie 7, 24, 55
Kunstwerk 9-11, 23f., 54-56, 67f., 71-73, 79, 84f., 101, 141, 143, 149, 157
Kurve 65
Kybernetik 29, 77-79
Kybernetische Bewußtseinstheorie 49f.
Limes 134
Limeswort 134
linear 14, 17f., 127, 129, 161
Linguistik 7, 37, 38, 87
L-Sprache 39, 106, 117f., 123, 125, 168
L-Text 144
Logik, transzendentale 43, 46, 49f.
Machen 67, 77f., 141
makroästhetisch 15, 20, 73, 88f., 167
Malerei 7, 63, 66-68, 150
Markoffketten 15, 18, 162, 164
Maß, ästhetisches 169
material 10, 12, 16f., 23f., 27, 44, 51-55, 65, 67f., 72-74, 76, 78, 81, 87, 92, 56f., 101, 127f., 132, 137, 143, 145, 148, 150, 152, 154, 161-163, 168
Materialität 50, 76
Menge 13, 32, 35, 65, 79, 87, 99f., 104, 117f., 127-132, 135, 138f., 145, 163
Merkmalswert 63-65, 67
Metapher 12, 14, 56, 71, 84, 102, 105, 132, 136, 156f.
metaphorisch 102f.
Metaphysik 9, 44, 91, 106, 118
Metasprache 103-105, 144, 149, 155
Metatext 103, 105
mikroästhetisch 15, 20, 73, 88f., 95, 154, 167
Mitteilung 12, 30f., 95, 99, 121
Modell 48, 104f., 112, 128, 143, 155
mots-clés 88
mots-thèmes 89
Muster 59, 66, 143
Nachricht 30f., 111
Negation 114f., 118, 124
Netz 59-62, 65
normierbar 142f.
normiert 64, 94, 142, 147f.
numerisch 9f., 32, 55, 57, 63-69, 72, 77, 87, 89f., 94-96, 100, 107, 113-115, 119, 123-125, 127, 134, 136, 142, 153, 155, 157
Objektpol 44, 158

Objektsprache 103, 105, 144, 149, 155
Objektzeichen 76
offen 130-133, 38f., 151, 153, 168
ontologisch 24, 43, 45, 47, 54f., 57, 100, 111, 161, 163
operativ 49
Ordnung 12, 18f., 24, 36-38, 47f., 57f., 63, 66, 71, 84, 143
Ordnungsfaktoren 63, 66
Ordnungsmaß 59, 61f., 71f.
Organisation 36, 120
Originalität 35, 56, 64, 74, 96, 141
Ort 50, 108, 137
Permutation 96, 168
Perzeption 75, 141, 145
Perzipient 45, 48, 78, 115
Phänomenologie 43, 48, 107
phänomenologisch 8, 27, 34, 46, 48-50, 81, 100f., 157f.
Poesie 7, 16, 21, 27, 63, 68, 71, 116, 132, 145, 156, 161-165, 167f.
Poesie, konkrete 7, 22, 152, 163
Polygon 57-62, 65f., 72
Potentialfeld 79
pragmatisch 20, 52f., 55, 144
prälogisch 115
Präzisionssprache 106, 148
Programme 11, 152, 162f.
Programmierung 11, 151f., 162f.
Progression 104
Prozeß 37, 45-47, 51, 55, 71, 73, 76, 81, 104, 114, 141, 143f., 151
P-Text 124, 144
Punkt 58, 62, 65, 71, 94, 127, 137
Punkte, charakteristische 62, 66
Rang 88f., 161
Realgehalt 119-122
Realisationskette 78-80
realisieren 52f., 78, 150, 168
Realisierung 50, 146f., 162f.
Realität 57, 73, 87, 95, 122f., 145, 147, 149
Rechenanlage 21, 44, 92, 152, 163
Redundanz 11, 71f., 138, 147, 149
Redundanzgewinn 72, 74
Reflexion 46, 148f., 157
Regel, semantische 100, 104-106
Regelsysteme 77
Relation 20, 22, 25, 44-46, 50f., 129
relational 9, 54f., 57
Relative 129
Repertoire 23f., 35, 37f., 43, 66, 68-71, 73, 76, 79, 95f., 142, 162
Repertoireabhängigkeit 67f., 72
Roman 12, 96, 112
Rotationssymmetrie 58, 60f., 66
Rotationszentrum 60
Rückmeldekreis 79
Sachverhalt 29, 32, 35, 52, 58, 68, 99, 102f., 108f., 111, 116, 119, 122f., 145f.
sättigen 54
Satz 15, 40, 56, 90, 104f., 108-110, 112, 116-122, 137, 144-149, 152, 155f.
Schönheit 9, 24, 57, 72, 74, 145
Schreibweise 13, 14f., 20f., 132, 167f.
Sein 54f., 141
Seinsfunktion 55, 76
Selektion 19, 23, 37, 76, 80, 96, 123, 151, 153, 162f., 168
selektiv 35, 52, 76, 87, 89, 141, 162, 164
Semantik 18, 39, 99, 101-104, 106
semantisch 11, 16, 18-20, 34, 36, 38-40, 52-55, 71, 73-75, 78, 80f., 85, 87f., 95, 99-101, 103-110, 112-114, 116f., 119, 123, 125, 132f., 135-138, 141-145, 147f., 150-154, 157f., 163f.
semiotisch 17, 24, 48-51, 54-57, 99f., 102f., 122, 127, 135, 138f., 156
separierend 20f., 168
Signal 31, 48, 50, 76, 78
Signaltheorie 29
Silbenzahl 63-65, 88, 90, 92f., 153
Simplex 65, 102f.
Simularität 102
singulär 8, 54, 83-85, 143
Singularität 22, 54

skalar 58
Spiel 11, 18, 79, 104, 118, 143, 150
Spielraum 148
Spieltheorie 78, 150
Sprache 11, 17, 19, 22, 24, 37f., 41, 64, 88, 91-93, 99-105, 116, 121, 132f., 135f., 138, 142-144, 146f., 149f., 153, 155, 161
Sprachspiel 150
Sprachsystem, fixiertes 39, 116, 142, 168
S-Text 144
Stil 21f., 56, 64, 71f., 87
Stilcharakteristik 64f., 67, 88f., 92f., 95, 138, 143
stochastisch 15, 18f., 133, 145, 150-152, 162, 168
Struktur 11, 13, 19, 51, 83, 88, 95f., 102, 104f., 112f., 128f., 149, 152f., 162
Struktur, topologische 14, 16, 128, 130
strukturell 16, 20, 100, 129, 142, 153f., 162
Strukturtheorie 29, 34
Subjekt 19, 45f., 48, 76, 78, 102, 125, 151
Subjekt-Objekt-Relation 45, 115
Subjektpol 44f., 158
Subjektzeichen 76
sukzessiv 37, 64, 70f., 77, 80, 162
Superzeichen 24, 70f., 80, 83f.
Symbol 33f., 52-54, 56, 82-85, 96, 99-101, 122, 135f., 138f., 156
Symmetrie 56, 58-60, 72, 143
syntaktisch 18, 52-55, 135, 137, 144, 153f.
Tautologie 40f., 110, 118
Teilmenge 13, 128, 130f., 133f., 163
Telegramm 31
Textästhetik 54, 99, 127, 141, 144-147
Textentropie 13, 64, 89
Textlogik 145-147
Textmaterialität 100, 141f., 144f., 147, 149
Textraum 130, 133-135, 162f.
Textschliff 151f., 154
Textsemantik 99f., 102f.
Textsemiotik 27, 100, 127
Textsorten 16, 18f., 151
Textstatistik 63, 127
Texttheorie 127, 131, 135, 142, 144f., 147, 151, 155, 168
Texttopologie 18, 127f., 130-134, 136f.
texttopologisch 104, 112, 129, 131f., 134, 137f., 163
Theorie 8f., 25, 29-31, 34, 43, 47, 50f., 55, 57, 62f., 77, 88, 95, 99f., 102-104, 107, 111, 116, 119-122, 127, 136, 142, 147f., 155
Theorienbildung 107, 120, 122
Thermodynamik 36f.
Topologie 57, 100, 127, 130-132, 134
topologisch 12, 13-16, 20, 57f., 63, 65-67, 100, 112, 127-138, 162, 167
Träger 9f., 13, 23, 51, 54f., 67f., 73-75, 78, 142, 157, 163f.
transzendental 43, 46f., 49f., 108, 148
transzendieren 67, 85, 144
Trennungsaxiom 129, 133
Typentheorie 45, 47
Typographie 62,64
übertragbar 9, 134, 142f., 166
Übertragbarkeit 143
Übertragung 31f., 34, 67, 75, 99, 110, 157, 164
Umgangssprache 29f., 74, 82, 103, 105f., 156
umgangssprachlich 30f., 34f., 39, 92, 136, 156
Umgebung 14, 128-131, 134, 138
Umrißfigur 62
Unbestimmtheit 10f., 73, 79, 110, 117, 146f.
Unkenntnis 30, 32f., 68-70, 147-149
Unordnung 46f.
Unwahrscheinlichkeit 24, 73, 143, 147f.

Verband 128f.
Vereinigung 128f., 139
Vereinigungsmenge 129f.
Vertikalität 66
Vokabular 19, 87, 89, 112, 129, 135, 156
Vokabularstil 87
wahr 17f., 39f., 102f., 107-114, 117, 119, 133f., 145f., 148, 155
Wahrheitskriterium 111
Wahrheitswert 109-111, 113-115
Wahrheit 39f., 90, 101f., 108 112, 117, 121, 145
Wahrnehmung 11, 51, 71f., 77, 141f.
Wahrnehmungstheorie 169
Wahrscheinlichkeit 15, 19, 31, 36f., 68-70, 73, 95f., 143, 147, 169
Weltaspekt 161, 163
Weltrelation 152
wertneutral 114
Wirklichkeit 10, 21f., 24, 39, 65, 146, 148, 157
Wissenschaftstheorie 46, 99, 104, 108
Wort 14f., 37, 63-65, 83, 89f., 103, 105, 123, 127-131, 133-136, 138, 151, 153, 156, 161f., 167
Wörterbuch 88, 128, 131, 133-137, 162
Wortfrequenz 87, 106
Wortmengen 127, 129-133
Wortschatz 14, 129-134, 137, 155, 157, 162
Zeichen 10f., 18f., 20, 22, 24, 33-37, 41, 44f., 47f., 51-54, 56f., 60-73, 76, 78, 82-85, 95, 99, 101-103, 119, 122, 128, 138, 141, 144f., 155, 161
Zeichenfolge 24, 35, 56, 142
Zeichenfunktion 10, 45, 48, 50-52, 83, 156
Zeichengestalt 62, 64, 83f.
Zeichenklassen 56, 81f., 100, 159
Zeichenprozeß 47f., 50, 52, 54, 56, 73, 76, 84f., 144, 149, 155, 159
Zeichentheorie 29, 33f., 51, 81-83, 85
Zeichenträger 48, 51f.
Zeichenvorrat 78
Zufallssysteme 77
Zusammenhang 10, 22, 29, 33, 40f., 44, 48f., 66f., 70, 89, 99, 102, 112, 118, 131, 135, 145, 148, 150
Zustand, ästhetischer 141, 145
Zustandsbeschreibung 148
Zweierentscheidung 33, 35
zweiwertig 109f.